Franco Rest

Das letzte Fest Gottes

Franco Rest

Das letzte Fest Gottes:

Menschwerdung und Tod

Eine andere Sicht auf Menschlichkeit, Sterben und Tod

Steinmann

Gewidmet meiner geliebten Gemahlin Gisela Rest-Hartjes,
die mir 2017 vorausgegangen ist, um uns die andere Wohnung in dem anderen Zuhause vorzubereiten, welche uns zugesichert ist

Erste Auflage

ISBN 978-3-927043-72-5
Covergestaltung: Elsa von Rahden, Fischerhude
Titelabbildung: Rogier van der Weyden, Columba-Altar (Ausschnitt),
© Alte Pinakothek, München; Autorenfoto: Franco Rest, privat
Herstellung: BoD - Books on Demand, Norderstedt

www.steinmannverlag.de

Inhaltsverzeichnis

Vorspiel

Vom Leben des Sterbens

„Gott hat sich ein Fest bereitet, das es in seinem Himmel nicht gab: er wurde Mensch“, so hat es Karl Rahner einmal ausgedrückt. Dass zur Menschwerdung auch das Sterben und so etwas wie der Tod hinzu gehören, haben wir erst sehr viel später wahrgenommen und zu akzeptieren gelernt.

Bevor in den nächsten Kapiteln und sonstigen Texten zu Fragen des Gottesbildes, der Erlösungs- und Versöhnungshoffnung sowie zu den Möglichkeiten eines Weiterlebens nach Verzweiflung, aber auch zu allem vertrauensvoll Erwarteten Stellung bezogen werden kann und soll, möchte ich Hinweise auf die Motivation geben, ohne die es zur Zusammenstellung dieser Überlegungen vermutlich nicht gekommen wäre. Alles hier Gesagte widme ich meiner Lebensgefährtin, Gisela Rest-Hartjes, mit der ich 50 Jahre in Liebe verbunden war, und durch die ich immer wieder zu den Fragen (zurück)gefunden habe. Dank sei Dir und dem mir in Deiner Gestalt sich offenbart habenden Gott. Also bildet Dein Sterben, Geliebte, das „Vorspiel“ der dann folgenden Gedanken. Bitte, mach Dir die Mühe und lies diese Texte „Korrektur“; Du weißt jetzt vermutlich Vieles noch „besser“.

Vor über 50 Jahren machten wir, meine geliebte Frau Gisela Rest-Hartjes und ich, uns auf den Weg, in unserem „Liebesleben“ zentrale Fragen aufzuspüren, wie:

Wenn Gott uns als Frau und Mann nach seinem Bilde, Abbild, Ebenbild, erschaffen hat, was unterscheidet uns dann von ihm? Antwort: Die Unausweichlichkeit des natürlichen, menschenwesentlichen Sterbens.

Wenn durch den „Ungehorsam“ der Menschheit in der korporativen Persönlichkeit des Adam, des „Das Mensch“ der Tod in die Welt gekommen sein soll, in welcher die Menschen ja bereits unausweichlich sterblich waren, welchen

Tod brachte dann „die Sünde"? Antwort: Einen zweiten Tod der „Ver-Nichts-Ung".

Wenn Gott in der Gestalt seines Sohnes so menschlich, menschenwesentlich geworden ist, und wir Menschen nach seinem ebenfalls menschenwesentlichen Tod doch weiterhin sterben, welchen Tod hat er dann durch diesen, seinen Tod besiegt oder überwunden? Antwort: Den Tod der Ver-Nichts-Ung.

Nun weiß ich Dich, Geliebte, wahrlich erlöst (nicht nur von den viele Jahre dauernden irdisch-natürlichen Leiden). Nun weiß ich, dass die „Erlösung" bereits vor unserem unausweichlichen, menschenwesentlichen Sterben beim letzten Fest Gottes erliebt wurde, nämlich bei der „Menschwerdung".

Unser Lebensmotto, das nun auch Deine Abschiedsanzeige schmückt, und in vielen unserer Bücher abgedruckt wurde, lautete:

Die Liebenden kennen den Tod am besten,
weil sie am meisten Leben haben;

wer nirgends und nie mehr die Nähe des Todes spürt,
hat aufgehört zu lieben.

Versprochen! – Versprochen?

Und als Du dann starbst am 28. August 2017, wusste ich nur, dass wir unser Versprechen gehalten hatten, welches in die allzu einfachen Worte gekleidet war: „Ich verspreche Dir die Treue in guten und in schlechten Tagen, in Gesundheit und Krankheit, bis der Tod uns scheidet. Ich will Dich lieben, achten und ehren alle Tage meines Lebens."

Nur diese irrtümliche Begrenzung, die dem Tod das Recht einräumen will, uns zu scheiden, konnte ich nicht akzeptieren. Den Widerspruch zwischen allen Tagen meines Lebens, in denen meine Liebe, meine Achtung und die Verehrung Deiner Person dauern sollen, und dem uns angeblich scheidenden Tod erlebe ich nun als völlig unsinnig, da ich Dich als Teilnehmerin am letzten Fest

Gottes weiß. Das Sterben Deines Körpers, Dein menschenwesentliches Sterben, kann überhaupt keine Liebe „scheiden". Der ver-nichts-ende Tod hätte vielleicht Liebe scheiden können, aber ihn gibt es nicht (mehr). Auch ich werde eines Tages natürlich, wie es dem Menschsein entspricht, sterben. Die Eingangstür zu Gottes letztem Fest kann nur von Innen geöffnet werden. In der Liebe dürfen wir entdecken, dass sie bereits weit offen steht.

Als man Deinen geschundenen, geschwächten und doch immer noch schönen Leib aus unserem Hause trug, schepperten leise die Pillen des Selbsttötungs-Mittels in meiner Hosentasche, mit deren Hilfe ich mir vorgenommen hatte, Dir nach Deinem Heimgang unverzüglich zu folgen. Unsere Kinder waren darüber informiert, nicht über die Weise, sondern nur über den Willen. Ich hatte gemeint, Selbsttötung sei eine Chance, dem angedeuteten Versprechen gerecht zu werden.

Da aber hielt mich unsere Schwiegertochter im Arm, bevor ich vom Schmerz kraftlos geworden, in die Hosentasche hätte greifen können. Dreimal forderte sie mich auf, meine Ankündigung zu widerrufen. Es gelang mir nicht, mich ihrer Umklammerung zu entziehen. Dreimal antwortete ich nicht; musste mich dann jedoch geschlagen geben, nicht wissend, nicht ahnend, wie schwer es sein würde, das neue Versprechen zu halten.

Jetzt sitze ich wieder an meinem Computer und schreibe an diesen Zeilen, in der Hoffnung, dass es viele Zeilen werden. Hinter mir und vor mir liegt das große Loch, die unendliche Leere, die Perspektivlosigkeit des mir gebliebenen, alternden Lebens. Ob sich die Leere durch Schreiben füllen lässt? Im Jahr 2018 hätten wir unseren 50. Hochzeitstag gefeiert; und sei Du gewiss, dass wir ihn feiern, auch wenn Du daran in anderer Weise teilnehmen wirst, als wir es uns vielleicht gewünscht hätten.

Am Morgen des 28. August 2017, einem Montag, wenige Stunden nachdem ich mit Dir, trotz Deiner sterbensbedingten Abwesenheit unseren 150. Geburtstag (2x75) mit Freunden, Verwandten und Nachbarn gefeiert hatte, bist Du, Gisela, die Liebe meines Lebens, nach einer langen Heimreise zu Hause angekommen. Damit endete auch für mich eine Zeit langer Schlaflosigkeit bzw. Schlafknappheit. Seitdem gelang es mir kaum noch, längere Texte zu schreiben, ohne dass sich meine Augen mit Tränen füllten und also die Texte verwischten. Einige vertraute Personen Deines Lebens kamen noch am Abend zu Dir, um sich von Dir zu verabschieden, vor allem Deine ältere Schwester; vielleicht war das ein wichtiger Impuls, damit Du am anderen Morgen „loslassen" konntest.

Aber in der Nacht vom 8. auf den 9. September 2017 träumte ich dann trotzdem und zum ersten Mal von Dir, „meiner" Gisela, nachdem ich einige Nächte nur wenige Stunden, und wie ein Stein, geschlafen hatte. Dann aber hatte ich einen Traum: Wie so oft in den kostbaren Jahren unseres gemeinsamen Lebens war ich wieder einmal mit Dir in irgendeinem Tagungshotel, wo ich mal wieder ein Seminar zu halten hatte. Irgendwie hatte ich unser Hotelzimmer für einen Augenblick verlassen, um mit der Tagungsleitung ein Organisationsgespräch zu führen. Als ich in das Zimmer zurückkam, fand ich dort mein Cello in Einzelteile zerlegt vor unseren Betten liegen. Diesmal waren wir also auch als Musiker gefragt gewesen bei dieser Tagung. Aber Du, Gisela, warst nicht da. Mein Cello lag da, die Saiten säuberlich entfernt, der Steg daneben, die Wirbel aus der Schnecke und der Stachel aus dem Klangkörper entfernt, der Saitenhalter von den Saiten getrennt, aber der hölzerne Bauch unversehrt. Ich eilte vor die Hotelzimmertür und sah meine Gisela, wie sie mit einer mir völlig fremden Gestalt den Gang hinunter ging, sich einige Male umdrehte, mir zuwinkte und dann im Hotelaufzug verschwand.

Da wurde ich wach und die Tränen rannen mir über die Wangen. Ich ging sogleich in Dein Arbeitszimmer, wo ich seit vielen Jahren bereits mein Cello unbenutzt stehen wusste, und fand es unversehrt. Vor langer Zeit hatte ich das Cellospiel aufgegeben, wohl zeitgleich mit dem Ende Deines Flötenspiels, geliebte Gisela, allerdings mit der Begründung, dass mir mein Rheuma das Cellospielen verbieten würde; die Kraft in den Fingern der linken Hand reichten nicht mehr, die Saiten hinunter zu drücken. Für Dich war es um das Jahr 2001, dass die Parkinson-Erkrankung Dir das Flötenspiel unmöglich gemacht hatte.

Dann rannte ich die Treppe hinunter, griff mir mein „Handbuch zur Sterbebegleitung“ und fand dort das Kapitel „Vom Verlust zur Trennung“. Dort hatte ich geschrieben: „Es gibt gewissermaßen ein nebeneinander von harmonischer und schmerzvoller Trauerarbeit; soll sagen, es gibt keine Regelverläufe, sondern eine große Vielfalt von Trauerwegen. Am Beispiel von Träumen ließe sich dies verdeutlichen. Da träumte der Trauernde den Verstorbenen und während des Träumens wusste er, dass der Geträumte verstorben ist. Und dann wandte sich der verstorbene Geträumte an den träumenden Trauernden und gab diesem z.B. durch eine Geste, ein Wort, ein Zeichen zu verstehen, dass alles gut ist. Dann wachte der Trauernde auf, erholt und erleichtert, vielleicht mit der Überzeugung in dem Verstorbenen einen Wegbegleiter gefunden zu haben. – Manchmal wird die Beziehung zwischen den Geträumten und den Träumenden durch den Traum sogar in eine nie dagewesene Harmonie gebracht. Es kann aber auch sein, dass sich in diese Träume Elemente großer Grausamkeit oder Heftigkeit einmischen. Man kann sogar von verschiedenen Ebenen und Phasen solchen Trauer-Träumens sprechen: Man sieht den Toten wie er zu Lebzeiten war; man sieht den Toten im deutlichen Gegensatz zu den Lebenden, z.B. von einer Glaswand getrennt, an dem anderen Ufer eines Flusses stehend; schließlich sind die Träume gemischt von merkwürdigen, oft surrealen Symbolen und vielleicht auch erschreckenden Ritualen.“

Und dann hatte ich dort aufgezeichnet, was Du selbst vor vielen Jahren von Deinem Vater nach dessen Tod beschrieben hattest: „Da berichtete uns eine Frau, ihr Vater sei ihr erschienen, habe die Schuhe unter den Betten hervor genommen und mit einer Heckenschere zerschnitten. Derartige geträumte Abschiedsrituale und Zerstückelungen brauchen den Träumenden nicht zu erschrecken. Sie sind vielmehr wie der erzwungene Abschied, mit dem der Gehende dem Bleibenden das Weiterleben erleichtert. Hier zeigt sich die Fortdauer der Sterbebegleitung in der Trauer. Der Verstorbene ist wieder ein Sterbender und Lebender; er handelt mit mir und begleitet meine Trauer.“ Als letzter Satz in diesem Kapitel steht da: „Aus der Sterbebegleitung, die ich ihm gab, ist eine Trauerbegleitung geworden, die er mir gibt.“ Heute müsste ich den Satz neu schreiben: Aus der Sterbebegleitung, die ich Dir gab, ist nun eine

Trauerbegleitung geworden, die Du mir gibst. Also versuchte ich etwas erleichtert und beruhigt wieder in den Tag zu kommen.

Vom Heimweg nach Hause

Als Du Dich auf den Heimweg begeben hattest, begab ich mich an Deinen Schreibtisch und fand dort eines Deiner letzten Gedichte:

Unsere Wege begegneten sich,

meine Welt wurde auch eure Welt.

Ich gab euch meinen Lebenshauch,

meinen Raum,

meine Zeit,

meine Liebe,

mein Leid.

Mein Lebenslicht, es geht mit mir

in eine andere ferne Welt.

Ihr bleibt trauernd in der Dunkelheit.

Auch wenn Sterne verglühn,

seht ihr mein Lachen

in der Liebe verblühn.

Nichts zählt mehr,

nur Helle

und Dunkelheit,

Ferne

und Nähe,

wenn Dein Fenster,

durch welches Du schaust,

eine Träne ist.

Selbstverständlich weiß ich, dass Deine Augen jetzt nicht mehr von Tränen getrübt werden. Aber kann man da wirklich sicher sein, dass Du selbst aus dem Grabe heraus mir keine Tränen mehr auf den weiteren Weg mitgibst? Manchmal habe ich durchaus den Eindruck, dass wenn ich wieder einmal weine, eigentlich Deine Tränen meine Wangen hinunter fließen. Jedenfalls scheinen sie mir manchmal wärmer und sogar salziger als meine eigenen.

Und dann habe ich mich wieder ans Klavier gesetzt, so wie ich es zuletzt getan hatte, während Du neben mir in unserem Wohnzimmer ungestört von Atemnot und Speichelfluss ruhig zu schlafen versuchtest. Immer wieder spielte ich eine kleine „Französische Romanze" von Peter Tschaikowsky mit zwei sehr unterschiedlichen Teilen, wobei ich gerne den ersten Teil nochmals zu wiederholen pflegte, Andante e mesto, mit einem kleinen Arpeggio am Schluss, wie es Tschaikowsky dorthin zu komponieren vergessen hatte. Noch in der Nacht Deines Sterbens hatte ich mit dem Klavierdämpfer dieses Stück für Dich gespielt und mich dann in den Fernsehsessel gelegt, von wo aus ich Deinen Atem noch besser hören konnte als durch die Babyphonanlage an meinem und Deinem Bett. „Mesto" heißt „traurig"; und so half uns die Trauer in den Schlaf, einen kurzen Schlaf unterbrochen von sorgenvollen Blicken auf Dich und Deine mir unzugänglichen Träume.

Um kurz nach 7.00 Uhr klingelte die Palliativpflege. Ich erzählte mit einigen kurzen Sätzen von dem Geburtstagsfest am Vorabend, und dass einige Freunde noch bei Dir gewesen seien. Zum Waschen Deines geschundenen Rückens musstest Du wie immer auf die von Dir eher nicht geliebte rechte Seite gedreht werden. Dazu ging ich wie stets hinter Dein Bett, nahm Deinen schweren Kopf in die linke Hand und stützte mit der rechten Deine Hüfte. Du schautest mich kurz an, wie Du es immer getan hattest, wenn ich Deinen Kopf so hielt, als die Pflegerin sagte, die Pausen zwischen Deinen Atemstößen würden immer größer, ich solle Dich doch auf das Kopfkissen zurücklegen.

Ich hielt meine Hand unter Deinem Kopf. Die Komposition Deines Atmens hatte tatsächlich die Pausen behutsam durchkomponiert. Erst jetzt erfasste mich die Traurigkeit, klang in mir ein vorläufig letztes Mal das Andante e mesto. Ich blieb dort stehen, wo ich stand, wartete auf eine erneute durchkomponierte Pause, aber es blieb nur das Dröhnen Deiner überaus reichen Stille. Erst dann kamen die Tränen. Seitdem weiß ich, was es bedeutet, wenn eine Romanze traurig klingen darf.

Das Sterben eines Menschen ist so sehr individuell und einzigartig, dass niemand darüber ein allgemeines Bild zu zeichnen imstande wäre. Meine Gisela schlief ein, ohne wieder aufzuwachen. Dafür hatte die Palliativversorgung gesorgt. Sie gab ihr in den letzten Tagen bis zu dreimal Morphin, weil sie sich nicht äußern konnte (oder wollte), also auch uns Begleiter hilflos machte wegen der möglichen Schmerzen. Man gab ihr auch ein sedierendes und angstlösendes Medikament, weil es hätte Ängste geben können; „Ängste“, so hatte ich einmal geschrieben, „sollte man behandeln, aber dabei beachten, dass man die existentielle Furcht nicht erstickt“. Ich konnte mit Dir, zu Dir sprechen über die Kraft, die wir brauchen, und über unseren Willen, die möglichen Ursachen der gewaltsam sich in Dein Sterben einschleichenden Ängste nicht zuzulassen.

Der Sälde Leid und Leiden

Vor Jahren hatte ich in einem Gedicht versucht, Ärzten und Pflegekräften diesen Gegensatz zu erklären, dem ich so viel Texte, Aufsätze und Darstellungen gewidmet hatte. In Deinen letzten Tagen las ich Dir, liebe Gisela, dies Gedicht wieder einmal vor, allerdings leicht abgewandelt, damit Du es verstehen und auf Dein eigenes Sterben beziehen könntest:

Immer hat man Dir von Realitäten erzählt,

Hat Diagnosen und Prognosen gegeben;

Wir aber haben die Wahrheit gesucht

Nach unserm innersten Streben.

Deine Wahrheit, Gisela, blieb immer in Deiner Verfügung, selbst wenn Diagnosen und Prognosen – auch in Deiner Gegenwart – besprochen wurden; Dir und ebenso uns beiden waren die Realitäten Deiner Krankheit vollumfänglich bekannt. Trotzdem suchten wir weiter nach unserer Wahrheit, die oft auch „Liebe" genannt wird.

Ärzte gaben Vertröstungen uns mit guten sogar

Mit ausgesucht wohligen Worten.

Was hätte uns öffnen können quellwasserklar

Zum Frieden die Klosterpforten?

Trost ohn' Vertröstung blieb zwischen uns liegen

Wie auf den Streich hin die Fliegen.

Schließlich blieben wir vereinsamt abseits

Und verloren unsere Einsamkeiten.

Natürlich wussten wir um den Gegensatz von Trost und Vertröstung. Trotzdem kamen immer wieder Menschen, darunter auch Freunde, und wollten uns Mut zusprechen. Sie fragten: „Wie geht's?“, obwohl sie wussten, dass Deine Krankheit eine unheilbare war. Und wenn ich antwortete: „Danke, auch schlecht“, waren sie ratlos; denn ihnen ging es ja nicht „schlecht“, aber wir wussten, dass die „schlechten Tage“ begonnen hatten. So zogen sich denn die Freunde oft wortlos zurück. Ich blieb vereinsamt zurück bei Dir, liebe Gisela, aber wir versuchten, jene Einsamkeit zu finden, die uns eins werden lässt mit uns selbst, mit Gott, mit den Menschen bei den „Leuten“, mit dem Schicksal, der „Sälde“, wie sie von den vor uns Gegangenen oft genannt wurde. Du, liebe Gisela, hattest unserer deutschen Sprache dienen wollen mit Deinen Gedichten und mit der Differenziertheit auch vergehender Worte. „Wörter bauen Brücken“, nanntest Du Dein bedeutendstes Werk zur Poesietherapie. So kanntest Du den Unterschied zwischen „Schicksal“, dem wir lediglich ausgeliefert sind, und der „Sälde“, die wir uns wünschen, die wir wertschätzen könnten. Die Sälde steht auf unserer Seite, während sich das Schicksal oft eher als feindlich darstellt. Deine Krankheit wurde uns zum Schicksal; aber die Sälde wurde uns Begleiterin, nicht einfach nur „Seligkeit“ oder „Glück“, sondern eben heilsames Schicksal. „Mîn sælde hât mich wol bedâht ...“, heißt es bei Tristan, soll heißen: Meine Sälde, das – letztlich doch auch günstige – Schicksal, hat es doch gut mit uns gemeint.

Statt unseres innersten, einzigen Leids

Blieben uns fremde, erdrückende Leiden.

Unsere Ängste behandelte man

Mit allen erdenklichen Mitteln;

Schließlich verlorst Du sogar noch die Furcht.

Nichts konnt aus dem Tod Dich aufrütteln.

So habe ich schließlich alles verloren.

Wie oft habe ich über den regenbogenartigen Spannungsbogen zwischen Leid und Leiden nachgedacht und geschrieben! Leid (engl. loth), ein Wort, das es nur in der Einzahl gibt, ein „Existential", wie es die Philosophen nennen. Solches „Leid" ist Teil des Lebens und sollte deshalb nicht unterdrückt oder beseitigt werden, wenn man die fremden, von Außen kommenden, passivischen Leiden bekämpft oder doch wenigstens behandelt. Ganz so wie die Furcht, von der es keine Mehrzahl gibt im Gegensatz zu den Ängsten. Erlaube Du mir, du lautlose Sängerin, hier einen kleinen Exkurs anzubringen, wie ich ihn als Sprachphilosoph so liebe: Singularische Nomen könnten unser Leben immer begleiten, wie das „Gepäck", welches wir mitschleppen, wie der „Stolz", der „Mut", die „Treue", die „Toleranz". Singulär sind auch das „Böse", das „Vollendete" und die „Stille". Dagegen stehen die deutschen Worte, die es nur im Plural gibt, in denen der Einzelne verschwindet, wie die „Eltern" oder die „Leute". Meine Zentralbegriffe waren das „Leid", die „Furcht" und die gelebte „Treue"; Deine Zentralbegriffe waren die „Stille" und jene „Freud", die ebenfalls nicht multipliziert werden kann wie die „Freude" zu den sich in der Mehrzahl irgendwie verflachenden „Freuden".

So haben wir schließlich alles verloren.

Denn nur aus der Trennung sind wir geboren.

Nur als Einzahl gibt es die Freud und das Leid

Und die handlungslose Zärtlichkeit.

Statt der angetanen Verluste

Hätte ich gerne mich trennen gekonnt.

Gerade dort wo die Liebe oft wohnt.

Über Wunden schließt sich die Kruste.

So habe ich in den 16 Jahren Deiner Krankheit eben auch den Gegensatz erlernen müssen zwischen Verlusten und Trennungen. Als wir unsere Musikinstrumente nicht mehr spielen konnten, Du Deine Querflöte, ich mein Cello, mussten wir den Verlust in Trennung verwandeln, Du durch die Schulung Deines Gehörs, dessen Trichter außen immer enger, aber nach Innen immer weiter wurde, ich indem ich das Cello durch das Klavier ersetzen wollte, bei dem ich jedoch bald die Meisterschaft als unerreichbar erkennen musste. Du verlorst die Stand- und Fußhaftigkeit, verlorst den Kau- und Schluckreflex, verlorst die Sprache und sogar die Mimik. Immer wieder verwandelten wir die uns von Außen zugefügten Verluste in Trennungen, aus denen wir die Ressourcen herausfilterten und „verdichteten", die uns geblieben waren; aus dem Verlorenen erwuchs so etwas wie Energie. Nun, da Du in Deiner Körperlichkeit ganz gegangen bist, erwarte und beobachte ich, wie sich über den offenen Wunden meiner Seele eine dicke, dann dünnhäutige Kruste bildet. Wir werden sehen, wohin das führt.

Als dann Dir die Worte versagten,

Und sie da stand, die Sprachlosigkeit

Zerstörerisch für all die Heiterkeit,

War Antwort auch ohn' dass wir fragten.

So entstand erlösende Stille

Und aus dem Wollen wurde Wille.

Zehn Jahre lang haben wir miteinander geschwiegen, nachdem Du jede Fähigkeit zur verbalen und dann auch nonverbalen Kommunikation verloren hattest. Aber „Sprachlosigkeit" ist eben etwas völlig Anderes als „Stille"; ich hätte es wissen können, lange bevor Du es mich in Deiner Krankheit erleben ließest. Schließlich hattest Du in Deiner Staatsarbeit über „Erziehung zur Stille" Folgendes geschrieben. „Als tiefes Schweigen das All umfing, stieg Dein Allmächtiges Wort vom Himmel herab von seinem himmlischen Thron" (Weish

18,14). Darin lese ich: „Das Schweigen heißt nicht einfach ein Fehlen von Wort und Ton, nicht ein bloßes Stummsein, ein Nicht-Reden. Ein Tier z.B. kann niemals schweigen, weil es nicht die Möglichkeit zu sprechen hat; es ist stumm. Das Schweigen gehört zum Wesen und zur Grundstruktur des Menschen ... Die Stille ist in ihrem Wesen etwas Unbestimmtes, das sich letztlich unserem Zugriff entzieht, etwas, das über den Personkern des Menschen hinausgeht und doch tief in ihm wirksam ist, wenn der Mensch sich der Stille öffnet. Sie ist etwas, das aus sich selbst besteht, etwas Ganzes, das nicht verkrampft, sondern gelöst, nicht tot, sondern lebendig und immer auf etwas hingeordnet ist." Nicht verkrampft, sondern gelöst – schriebst Du und nanntest es später „erlösende Stille".

Ich erwartete nichts mehr

Vom salzig vertrockneten Meer.

Weil Erwartungen lügen.

Lag da wie in zeitigen Zügen

Die Geburt der Hoffnung aus der Erwartungen Tod.

Sie hat neue Macht mir gegeben.

Die Nacht fließt aus in das Morgenrot.

So steigt aus dem Mord wieder Leben.

Erst ganz langsam habe ich den Unterschied zwischen Hoffnung und Erwartung gelernt. Nach Deinem Sterben erwartete ich meinen Zusammenbruch – er blieb aus. Dann erwartete ich eine große Leere in unserem Haus – sie kam, und blieb für lange Zeit, obwohl sie keinen Vertrag bei mir hatte. Ich erwartete viele Besuche mit ihren Beileidsbekundungen – sie blieben aus. Ich erwartete Angst- und Verzweiflungsträume – sie blieben aus. Und so dehnte sich die erwartete große Leere vor mir und füllte sich schließlich mit nur einer einzigen Hoffnung. In dem Maße, wie die Erwartungen nicht eintraten oder sogar enttäuscht wurden, begann ich mich an die Hoffnung festzuklammern, die von manchen Menschen einfach „Sinn“ genannt wird. Zunehmend erfahre ich, dass dafür sogar die „Sinne“ hilfreich sein könnten, obwohl sie so wenig mit dem singularischen „Sinn“ zu tun haben, wie das Leid mit den Leiden, die Furcht mit der Angst, die Einsamkeit mit der Vereinsamung.

Irgendwann begann die Zeit, wo fremde Menschen Dich gewaschen haben. Ich gebe offen zu, mir ist es nicht gelungen. Zwei Handlungen habe ich während Deiner Krankheit und dann während Deines Sterbens nicht „geschafft“, Dich im intimsten Bereich Deines kranken Körpers zu waschen und Dir Infusionen zu setzen. Zum Letzteren habe ich den Pflegekräften gesagt, ich könnte es nicht, Dich, meine geliebte Frau, zu stechen; Dich von Nadeln und Infusionen zu befreien, traute ich mich, aber mit einer Nadel in Deinen Leib zu stechen, habe ich bis zum Schluss nicht gekonnt. Nun wussten sich andere Menschen in der Verantwortung für Deinen Körper, an den Du für lange Zeit keinen männlichen Pfleger ließest; ich entdeckte Wunden unter Deinen Brüsten, zwischen Deinen Schenkeln und an den Beckenknochen, und ließ behutsam den Hautfalten etwas Wundsalbe zukommen; ich streichelte ätherische Öle auf Deine Haut und breitete sie im umgebenden Raum aus. Du warst sehr warm, aber Du hattest kein Fieber; um uns her tobte ein Gewitter, aber Deine Haut war weich und blass.

Jetzt endlich warst Du nur geliebter Mensch; jetzt warst Du mir erst wirklich „greifbar“ geworden, als ich Dich loslassen musste. Vor vielen Jahren haben wir beide in unseren Pädagogik-Studien unabhängig von einander Martin Bubers „Reden über Erziehung“ gelesen; jedes unserer Exemplare enthält Unterstreichungen, manchmal sehr unterschiedlich, aber mindestens folgende Stelle ist bei beiden vermerkt: „Ein Mann liebkost eine Frau, die sich liebkosen lässt. Nun geschehe ihm, dass er die Berührung doppelseitig verspürt: noch mit seiner Handfläche und schon auch mit der Haut der Frau. Die Zwiefaltigkeit der Gebärde, als einer zwischen Person und Person sich ereignenden, zuckt durch die Geborgenheit seines genießenden Herzens und rührt es auf. Wenn er sein Herz nicht übertäubt, wird er – nicht etwa dem Genuss absagen: Er wird lieben müssen." Gerade weil diese Stelle so ungewöhnlich ist für einen pädagogischen Diskurs, erkenne ich jetzt den tieferen, hinter den Zeilen verborgenen Sinn, da ich mich der Haut meiner sterbenden und „endlich" sterbenden Frau zuwandte. Mit der Haut, durch sie hindurch, spürte ich, wie sich das Durchtönende, „personarende" Ich aus ihrem Körper in meine Hände zurückzog. Eine geistige Transfusion fand statt; ich verlor endgültig meine Subjektivität. „Erst der Eros, der umfasst, ist Liebe"; die volle Gegenwärtigkeit des Partners wurde umfassend und also auch erneut aktuell.

Vielleicht darf ich Dir kurz beschreiben, warum ich zusammen mit unserem Sohn gerade diesen Ort ausgewählt habe. In der Nähe unseres Hauses gibt es zwei kleinere Friedhöfe. Du hattest bei unseren Spaziergängen einmal zu dem einen gesagt, der sei Dir wegen der Nähe zur Hauptstraße „erheblich zu laut". Bei dem anderen beschäftigte Dich der Gedanke, wer sonst noch dort liegen würde aus unserem dörflichen Zusammenhang; und deshalb wolltest Du dort ebenfalls nicht liegen. Abweichende Bestattungsformen wie Feuer, See, Verstreuen, Friedwald waren oftmals Themen unserer Gespräche gewesen. Besonders als Du mich zu einer Feier begleitetest, bei der ich für den Sohn einer ehemaligen Studentin, der sich selbst das Leben „genommen" hatte, die Trauerrede hielt. Dieser Junge wurde anschließend auf einem Friedwald-Berg bestattet. Da zeigtest Du mir Deine Abneigung gegen „Einäscherung", gegen „Verbrennen", welches ja Bedingung für die anschließende Bestattung im Friedwald wäre.

Noch aufgeregter warst Du stets, wenn wir Krematorien aus der Deutschen Verbrechensgeschichte besuchten in Dachau, Struthof, Buchenwald, und zuletzt 2012 – Du bereits im Rollstuhl und sprachunfähig – in Oranienburg / Sachsenhausen. Seitdem haben wir beide diese Form des organisierten Vergessens als unerträglich empfunden.

Als unser Sohn und ich auf den städtischen Friedhof kamen, dort die Bäume bereits hoch, Rhododendronbüsche verteilt und ein kleines Naturschutzgebiet sich um den Friedhof schmiegend fanden, war die Entscheidung schnell getroffen. Schon oft hab ich Dich dort besucht und mit Dir, Deinem Rhododendron, unserer Erde, unseren Bäumen, Zwiesprache gehalten; der Platz neben Dir ist noch leer, aber ein Stein trägt bereits meinen Namen – nur die Lebensdaten fehlen (noch).

Bei einer Dichterlesung im stationären Hospiz in Eisenach, wo wir im Besucherzimmer übernachten durften, und wo sich eine der Schwestern liebevoll um Dich kümmerte, als ich mich noch mit den vielen Besuchern befasste, habe ich Gedichte vorgelesen, die von Deiner Krankheit, unserem Sterben sprachen, und dabei zu Dir herüber geschaut. „Wie nahmst Du solche lyrische Bewältigung Deines Weges auf? Machte ich alles richtig, wenn ich Dich zum Thema meiner Lesungen machte?" Du lächeltest, wie Du es immer tatst, wenn Du gerne meine Bemühungen „mitleidig" kommentiert bzw. eben „belächelt" hättest.

Am anderen Morgen, als wir mit einigen Hospizpatienten und Pflegekräften zusammen frühstückten, schautest Du erkennbar nachdenklich zu mir hinüber und aßest zögerlich, was ich Dir „zurechtgezaubert" hatte. Später, als wir auf der Autobahn heimwärts fuhren, sagtest Du, es sei schön gewesen, die Nacht in einem solchen Sterbehaus erlebt zu haben. Wir sprachen davon, wie es sein würde, wenn „man" sein Haus verließe und in einem anderen Zuhause Heimat finden müsse. Wir sprachen nicht davon, dass es ja auch uns und vor allem Dich treffen könnte. Aber die Möglichkeit, diesen Weg gehen zu können, gab mir sicher Kraft, ihn nicht mit Dir zu gehen. – Solche Erfahrungen waren in unserem Leben ja keine Seltenheit; oftmals haben Du, wir, und schließlich nur noch ich in Hospizen gelesen, gesprochen, ja sogar übernachtet. Die Alternativen einer „Versorgung" waren nie mehr wirklich Thema, als wir uns noch unterhalten konnten, aber ich bin sicher, dass Du mit ihnen gerechnet hattest. Heute bin ich dankbar, dass es bei dem „damit Rechnen" geblieben ist. Aber ich habe Dich nie versteckt und wollte Dich nicht verstecken; Du wurdest mir sogar „Programm" und ich bin sicher, dass Du es akzeptiert hast.

„Die Endgültigkeit des Todes gibt es nicht,

nur seine Unausweichlichkeit!"

So tönt ein Spruch aus dem Gerechtsprechungsgericht.

Die Liebe liegt tatsächlich außerhalb der Unerreichbarkeit,

und hinter uns liegt schon seit urdenklichen Zeiten

der Tod, denn grad aus ihm entstand das Leben.

Man muss das Kranksein vor den Menschen nicht verstecken,

selbst wenn der Kranke schlabbert, spuckt und schreit.

Gesunde sollen nicht vor Kranken mehr erschrecken,

denn Krankheit ist auch für Gesunde Ausdruck der Persönlichkeit.

Nie warst Du nur „die Parkinsonkranke unseres Dorfes", sondern immer Gisela, meine Gisela, mit ihrem unvergleichlichen Wesen, mit Deinem Ich und meinem Du, die jenes Gedicht schrieb, die diese Blumen, nur solche Musik liebte, die Mutter von, die Tochter von, die Antwort nur auf all diese Fragen.

Wenigstens Dein / unser Sohn dachte angesichts Deines Leichnams daran, Deinen Sarg mit etwas zu „bereichern". Also wählte ich das Halscollier, das Du zuletzt während Deiner Krankheit getragen hattest, wenn ich meinte, etwas Schmuck würde Dir Freude bereiten. Der Sohn wählte jenen Skarabäus, welchen er so oft bei Dir gesehen hatte, und legte ihn in Deine erstarrte Hand. Die Art und Weise wie der ägyptische Käfer seine Kugel aus Dung vor sich hin schiebt und rollt, imponierte den Menschen schon seit über 4.000 Jahren. Das Rollen dieser Mistkugel war für sie ein Abbild der Sonne, wie sie täglich morgens über dem Horizont erscheint. Also wurde der Käfer dem Gott der aufgehenden Sonne gleichgesetzt. Deine / unsere Schwiegertochter erfüllte Dir den Wunsch nach einem Blankbuch; und so hoffen wir alle, dass Deine poetische Kraft Dich auch in der anderen Welt, am Bahnhof Deiner letzten Reise nicht verlässt. Bitte, dichte weiter! Auch einen Bleistift aus der Fülle der in unserm Hause überall herumliegenden Bleistifte mit dem kleinen Radiergummi am Ende fügte sie hinzu.

Lebensmüde – lebenssatt

Warst Du, liebe Gisela, am Ende „lebensmüde“? Warst Du „lebenssatt“? Diese Begriffe bezeichnen keineswegs das Gleiche; man könnte noch die Begriffe „lebensüberdrüssig“, „lebensunwillig“ hinzufügen, obwohl diese bereits zu negativ belastet sind. Aber „müde“ und „satt“ sind Begriffe, die mitten aus dem Leben entnommen sind. Wie gerne hätte ich von Dir gewusst, als Du so schwach wurdest, dass Du plötzlich das Bett nicht mehr verlassen konntest, als das Essen nicht mehr in Deinem Munde Platz finden wollte, und ich also auch nicht mehr in der Lage war, Dir die angeblich „notwendige“ Medizin pulverisiert dort einzumischen, ob Du nun „müde“ oder „satt“ warst. Vielleicht hättest Du ja auch gesagt, du seiest zwar lebensmüde, aber noch nicht lebenssatt.

Ich habe zwar das Leben satt

Bin aber nicht des Lebens satt

Drum geh ich durch den Strom der Zeit

Verpasse Stunden und Minuten

Auf meiner Suche nach der Ewigkeit

Versinke lebend in des Lebens Fluten

Ich habe zwar das Leben satt

Bin aber nicht des Lebens satt

Der Augenblick ist mein Begehr

Die Sehnsucht nach der Zukunft

Schafft keine Gegenwehr

Und ich verpasse jegliche Vernunft

Erliege in den kleinsten Katastrophen

Und sing des Lebens Kanon sieben Strophen

Ich habe zwar das Leben satt

Bin aber nicht des Lebens satt

Denk ich an unsre Liebe

Wie sie einmal war

An die einst fröhlichen Getriebe

Wie sie einst fanden statt

Bin lebensmüde zwar

Doch keineswegs schon lebenssatt

Vielleicht hättest Du ja doch noch „essen" wollen; vielleicht hattest Du noch Lebens-„Hunger". Aber Du schlossest die Augen, als ich nach dem 150. Geburtstagsfest zurückkam, als die letzten Gäste Dein Bett, Deine „Bahre" vielleicht, verlassen hatten. Ich nahm Deinen Kopf sanft in meine Hände, gab Dir wie jeden Abend einen Kuss auf die Stirn, horchte auf Deinen ruhigen, jedoch wohl schon im Verlöschen befindlichen Atem und zog mich dann zur Nacht zurück. Warst Du müde oder satt, als Du Dich dann am Morgen aus meiner Hand in des Morpheus Arme begabst. Jenen Gott, den Sohn des

Hypnos und der Nyx, der Nacht, habe ich an diesem Morgen als Gott des einschlafenden Sterbens zu verehren begonnen.

Erstes Kapitel

Wenn Gott Mensch wird

Wer ist eigentlich Gott? So werden wir immer und immer wieder fragen, ohne darauf jemals innerhalb der zeitlichen Möglichkeiten eine Antwort zu finden. Mit der Frage nach Gott ist die Frage nach dem Menschen untrennbar verbunden: Wer (oder was) ist Mensch? Gab es wirklich einen Plan Gottes, so etwas wie einen Modellversuch, dem er folgte, und bei dem „das Mensch" gebildet wurde? Und weil wir schon diese Fragen nicht (abschließend) beantworten können, gelingt auch die Beantwortung der zusätzlich durch das Christentum hinzu gekommenen Frage nicht abschließend: Ist Gott Mensch geworden? Und wenn Gott Mensch geworden ist: Welche Konsequenzen hat das für uns Menschen? Schließlich gipfeln die unlösbaren Fragen in eine vollständige Verwirrung: Hat Gott seine Göttlichkeit verloren oder aufgegeben, wenn und als er tatsächlich Mensch geworden ist? Ist Gott gestorben, wie alle Menschen (auf unterschiedliche Weise) sterben? Was wurde aus dem Tod, als Gott durch ihn hindurch gegangen ist? Und welche Konsequenzen hat Gottes Sterben für unser Sterben und unseren angeblichen Tod?

1. Wer ist, war und wird sein „JHWH", „GOTT", „Allah"?

Die vier Buchstaben G-O-T-T sind die deutsche (indogermanische) Fassung altorientalischer und schließlich griechisch-römischer Bezeichnungen wie „Eloha", „Allah", „Elohim", „Baal", „Theos", „Deus", „Kyrios" im Gegensatz zu seinen verschiedenen Vornamen, Ehrennamen, persönlichen Benennungen wie JHWH, Adonai, Jesus, Zeus, Ra usw. Auf all das kann und soll hier nicht näher eingegangen werden. Bleiben wir bei den Bezeichnungen der orientalisch-semitischen Welt.

Die **Einheit** Gottes

Judentum, Christentum und Islam haben einen gemeinsamen Grundsatz, der da lautet: „Gott ist einer".

Im Verständnis dieses Satzes leuchtet jedoch bereits eine Schwierigkeit auf, das Verständnis von „eins“. Die „Einheit“ Gottes ist nämlich nicht identisch mit einer gewissen „Einzigkeit“. Der „eine Gott“ sammelt gewissermaßen die Vielheit in sich; er ist eins mit sich, der Welt und allen Gegensätzen (eine „coincidentia oppositorum“ = ein Zusammentreffen aller Gegensätze); er schließt also ein, nicht aus, wie es ein „einziger“ Gott tun würde. Im „einzigen Gott“ ist bereits die Abgrenzung und dementsprechend auch die Verurteilung und Zurückweisung von allem nicht „Einzigen“ enthalten[1]; im „einen Gott“ dagegen kann es nur Frieden geben. Der „Einzige“ steht der Menge gegenüber; der „Einzelne“ integriert das Viele im Einen.

Der eine Gott bezieht also auch die Vielheit in sein Selbstbild mit ein. So tat es vor allem der älteste Gottesname, den das Christentum von den Juden übernahm: „elohim“, der Herr namens „Götter“. Auch der „unaussprechliche“ jüdische JHWH, der „Ich bin, der ich gewesen sein werde“, schließt eben die Zeitlichkeit aus seiner Ewigkeit nicht aus, sondern realisiert den punktuellen Augenblick als Teil der unendlichen Linie „Zeit“ in seiner Gleichzeitigkeit eines stetig wiederkehrenden Kreises.

Deshalb lautet der christliche Glaubenssatz eben „credo in unum deum“ = „Ich glaube an den einen Gott“. Anders der muslimische Satz „Allahu akbar“, gemeinhin übersetzt mit „Gott ist der Größte“. Das Kleine und Kleinste ist eben aus dem Größten ausgeschlossen. Deshalb kann ein größter Gott nicht zugleich der kleinste sein, als Kind in einem Stall und sogar als Leiche.

Übrigens hat auch das „In“ einen theologisch besonderen Klang. Denn „*in* den einen Gott“ zu glauben ist mehr, als nur den einen von den vielen zu unterscheiden. Deshalb beginnt der biblische Grundtext mit einem „Im Anfang war“, also nicht, wie es vielfach übersetzt wird, „am Anfang“, also am Ausgang einer Linie. Wenn Gott „im Anfang schuf“, dann hat er mit seinem Darinnen-Sein nicht aufgehört, hat nicht einfach hinter sich gelassen, sondern „ist und bleibt“. Das wiederholt sich in den ersten Zeilen des Johannesevangeliums, da das Wort nicht am, sondern im Anfang war: „Im Anfang war das Wort und das Wort war bei Gott“.

Konsequenterweise feiern die Christen vor allem Gottes Identifikation mit dem Kleinsten und Geringsten bei seiner Menschwerdung in der Gestalt des Kindes Jesus im Elend der bethlehemitischen Armut (Weihnacht), eine Gestalt, die wiederum das Großsein Gottes durch seine Selbstminderung nicht verliert. Jedem Menschen, der sich selbst für groß hält, wie etwa Solowjews „Antichrist“[2], müsste deshalb nicht nur ein Bekenntnis zu Jesus Christus abverlangt werden, sondern viel schlichter: „Bekenne das Kind!“ Das gelte denn auch für Päpste und sonstige Weltenherrscher.

Deshalb kann es christlich betrachtet durchaus auch von Menschen gefertigte Abbilder dieser menschgewordenen Gottesgestalt geben, von der gleichzeitig jedoch niemand wissen kann, wie sein Bild wirklich sei. Für manche, ausschließlich in ihrem Glauben von der Größe Gottes Geprägte, kann und darf es jedoch die Geringheit (wie eine bildliche Darstellung) des Größten nicht geben; (sie übertragen dieses Bildverbot sogar auf den „größten“ Propheten des größten Gottes).

Die Vielheit des künstlerischen Ausdrucks unterstreicht geradezu die Einheit Gottes, weil sie sich eben nicht in der Einzigkeit verliert, sondern aus der Vielheit entsteht. So erscheinen dann auch die vielen „Menschenkinder als Gotteskinder“ (nach dem Bilde Gottes) christlich betrachtet ebenso wenig im Widerspruch zur Einheit Gottes wie die Selbstentäußerung in seinem Sohn.

Hier wird bereits ein bedeutender Unterschied des Christentums zu anderen Religionen deutlich: Zumeist lehren und lenken die außerchristlichen Religionsvertreter nahezu ausschließlich in den Kategorien von „Entweder-Oder“: entweder ist Gott der Größte, dann kann er nicht klein sein; entweder Gott ist einer, dann kann er nicht viele sein. Das Christentum gesellt zum Denken des Entweder-Oder immer zugleich auch ein „Sowohl-Als-Auch“. Nicht nur entweder Gott oder Mensch, sondern zugleich auch sowohl Gott als auch Mensch. Nicht nur ein Einziger oder viele, sondern sowohl ein Einer als auch der Zusammenfall des Vielen im Einen. Nicht nur unterscheiden sich die Menschen grundlegend von Gott, sondern sie erleben Gott sowohl im himmelsfernen Gegenüber als auch im Antlitz jedes einzelnen Menschen, dessen Individualität – also Ungeteiltheit – sich gerade in der Differenziertheit (Vielheit) als Gottes Ebenbild manifestiert. In der verschiedenartigen Personalität (lat. personare = durchtönen) des Menschen erklingt dann auch das eine Göttliche, welches selbst hinter der Maske des Verbrechers (griech. prosopon = Maske) tönt.

Die **Vielheit** Gottes

Vielleicht sollten wir an dieser Stelle noch etwas ausführlicher über die Vielheit des Göttlichen in der göttlichen Einheit nachdenken; denn hier liegen die Möglichkeiten der Menschwerdung Gottes und seines Sterbens begründet. Die Vielheit Gottes macht es uns möglich, daraus sogar die Gott-Ebenbildlichkeit des qualvollen Sterbens der Menschenkinder abzuleiten und ohne Blasphemie oder pan-en-theistische Anwandlungen dieses auch zu erleben.

Wer über Gott nachdenkt, sollte nichts ausschließen, sondern das Denkbare zulassen und besonders die Gegensätze inkludieren. So öffnet sich der zeitlos Ewige dem Sein in der Zeit, der Schöpfer der Menschen dem Menschsein, der ewig Unsterbliche dem Sterben und Tod, die Gottheit der Menschheit – es geschieht dem Außerweltlichen das weltlich Allzu-Weltliche, dem absolut Unversehrten der Schmerz, das Leid, das Sterben. Versuchen wir, den Gedanken über den bereits angedeuteten Götter-Gott „Elohim“ hinaus aufzuspüren.

Warum spricht dieser „nur-eine“ Gott im Schöpfungsbericht des jüdischen Fundaments in der Mehrzahl: „Lasset uns ...“? Und er tut dies ausgerechnet in jenem Moment, in dem er beschließt, den Menschen zu machen; alle anderen Schöpfungsakte werden dargestellt mit dem „und Gott sprach: Es werde ...“. Darin nun einfach einen Nachhall ehemaligen Polytheismusses zu vermuten, ist mehr als primitiv, zumal der eloistische Schöpfungsbericht bzw. die so genannte Priesterschicht (1Mose 1,1-2.4) sich gerade durch hohe liturgische und schriftstellerische Feinsinnigkeit auszeichnet; gerade ihm wären derartige bäuerliche Primitivismen kaum zuzuordnen. Auch eine Zwiesprache mit Engelwesen oder gar präexistenten Seelenkräften dürften einem theologischen Bauchladen entstammen. Nein, hier erleben wir eine Selbstberatung Gottes[3], einen innerpersönlichen Dialog, gezielt im Gegensatz zu den vorausgegangenen Monologen gestaltet. Ein ähnliches Selbstgespräch erleben wir später im Zusammenhang mit der Sprachenverwirrung beim Turmbau zu Babel (1Mose 11,7): „Auf, steigen wir hinab, und verwirren wir dort ihre Sprache, so dass keiner mehr die Sprache des anderen versteht."

Die in der Einheit Gottes eingeschlossene Vielheit begegnet uns nochmals besonders intensiv in der Präexistenz der göttlichen Weisheit. Meine Ehefrau liebte den Hymnus der Weisheit, wie er im Buch der Sprüche verzeichnet ist (8,22-32); während ihres Sterbens habe ich ihr diesen Text vorgelesen, und ich durfte erfahren, wie sie sich mit der dort sprechenden jungen Frau in der Göttlichkeit identifizierte, wie sich ihr das „Im-Sein" im Anfang öffnete und sie sich in die göttliche Leichtigkeit fallen ließ. In der personifizierten Weisheit hatte sie sich besser wieder gefunden als in JHWH, als im Vater, als im Sohn; ihre Dichtungen und ihr Lebenswerk, die „Poesietherapie", schöpften aus den Tiefen des Hymnus. Allerdings brach ich den Text nach Vers 32 ab; meine sterbende Frau brauchte nicht den folgenden erhobenen Zeigefinger, nicht die Drohungen und vor allem nicht den Schlusssatz: „Alle, die mich hassen, lieben den Tod."

„Der Herr hat mich geschaffen im Anfang seiner Wege, vor seinen Werken in der Urzeit; in frühester Zeit wurde ich gebildet, am Anfang, im Ursprung der Erde. Als die Urmeere noch nicht waren, wurde ich geboren, als es die Quellen noch nicht gab, die Wasserreichen. Ehe die Berge eingesenkt wurden, vor den Hügeln wurde ich geboren. Noch hatte er die Erde nicht gemacht und die Fluren und alle Schollen des Festlandes. Als er den Himmel baute, war ich dabei, als er den Erdkreis abmaß über den Wassern, als er droben die Wolken befestigte und Quellen strömen ließ aus dem Urmeer, als er dem Meer seine Satzung gab und die Wasser nicht seinen Befehl übertreten durften, als er die Fundamente der Erde abmaß, da war ich als geliebtes Kind bei ihm. Ich war seine Freude Tag für Tag und spielte vor ihm allezeit. Ich spielte auf seinem Erdenrund, und meine Freude war es, bei den Menschen zu sein. Nun, ihr Söhne, hört auf mich! Wohl dem, der auf meine Wege achtet!"

Die Weisheit ist offensichtlich von JHWH verschieden, von ihm erschaffen vor allen Geschöpfen, aus seinem Mund hervorgegangen, ein vernünftiges Wesen, das alles kann, alles sieht, alles durchwaltet. Sie ist eine junge Braut, die bereit ist, Verantwortung für die Menschen mit zu übernehmen, Gottes Ebenbild, Gottes Braut, neben ihm auf dem Thron. Aber ist sie wirklich eine zweite göttliche, Gott gegenüber selbständige Person? Wie aus anderen Quellen hervorgeht (Buch der Weisheit, Sir 24,1-24 u.a.), sprengt ihre Personifizierung, ihre Intelligenz, ihr durchaus materieller Charakter keineswegs den strengen Monotheismus. Sie ist mehr als nur eine Eigenschaft Gottes, aber weniger als eine eigenmächtige Hypostase, denn sie bleibt von der Gottheit abhängig; ihre Wirksamkeit ist und bleibt die Wirksamkeit Gottes selber.

Versuchen wir es also philosophisch in eine Begrifflichkeit zu bringen, was die Seinsstufen oder Seinsformen innerhalb der einen Gottheit beschreiben können, zu denen der „Nous" (Geist), die Seele, die Weisheit eben auch und dann vor allem „das Wort" gehören, welche in der Vertikalen unter dem Einen, in der Horizontalen allerdings neben ihm gesehen werden. Solche „vollkommenen Seinsstufen" werden neben jenen unvollkommenen gesehen, die an Raum und Zeit gebunden wären. Die genannten, und besonders die Weisheit, wie sie uns in der Weisheitsliteratur (Weish, Spr, Sir) begegnet, werden nirgends beispielsweise in Gebete eingeschlossen; Gebete richten sich an Gott, nicht an irgendwelche Seinstufen der einen Gottheit. Die Weisheit wäre demnach eine Funktion Gottes zur Welt, aber zugleich eine konkrete Wesenheit.

Darin bereitet die göttliche Weisheit der neutestamentlichen Offenbarung über Christus den Weg und entspricht weitgehend der Wirksamkeit des „Geistes" und des „Wortes". Als Zutat zum Menschsein ist sie erwünscht, aber mit ihrem Hang zur Selbstherrlichkeit auch verwerflich. Konsequent wird die menschliche Klugheit, mit der Gottes Pläne, vor allem seine Menschwerdung und sein Sterben, rationalisiert werden, zur „Torheit" (1Kor 1,26); wahre Weisheit steht nicht in der Verfügung des Menschen, nicht einmal nach seinem Sündenfall, mit welchem er sich ja die Erkenntnis von Gut und Böse hatte erobern wollen. Gelebte Torheit, gelernte und verinnerlichte Ignotologie

(Wissendes Nichtwissen-Können) eröffnen den Zugang zur göttlichen Weisheit. Das Wort vom Sterben und Tod des menschgewordenen Gottes wird selbst zu Torheit.

Besonders Paulus hat sich die Weisheitsliteratur zueigen gemacht und sie zugleich christologisiert: Christus ist der „Erstgeborene" vor aller Schöpfung, durch ihn ist alles geworden, er ist Abglanz und Abbild des göttlichen Wesens. Aber das ist keineswegs eine nur paulinische Tollheit; sondern im O-Ton Jesu begründet (Mt 11,25-27): „Ich preise dich, Vater, Herr des Himmels und der Erde, weil du all das den Weisen und Klugen verborgen, den Unmündigen aber offenbart hast. Ja, Vater, so hat es dir gefallen. Mir ist von meinem Vater alles übergeben worden; niemand kennt den Sohn, nur der Vater, und niemand kennt den Vater, nur der Sohn und der, dem es der Sohn offenbaren will."

Man hat an der Offenlegung des Geheimnisses der Sohnschaft viel herum-interpretiert: Der Sohn sei so etwas wie Lehrling des Vaters, weil dieser den direkten Kontakt zu den Unmündigen und Un-Klugen scheut; oder eigentlich ginge es um den „unbekannten Gott", der mit menschlicher Erkenntnis nicht erkennbar sei; Erkenntnis sei eben vermittelt nur durch den Sohn; oder zumindest sei apokalyptisch die Erkenntnis als Auserwähltheit und Legitimation zu verstehen: den Vater erkennen, bedeute, über den Sohn Einblick in den Heilsplan Gottes zu erlangen. – Das Bild von der weiblich verspielten Weisheit des Buches der Sprüche wird mit der Sohnschaft Christi verschmolzen. „Indem sich der Vater dem Sohn zu erkennen gibt, wird dieser zum Sohn; es ist eine Bewegung des liebenden Erkennens, die sich vom Vater über den Sohn zu den Menschen fortsetzen will."[4]

Das mag genügen als Blitzlichter in die Vielheit Gottes. Sie begründet unsere Theologie des Sowohl-Als-Auch, des nichts Denkbares Ausschließenden. Wozu brauchen wir solche Überlegungen?

Nun, da erdreisten sich immer wieder Gott-Suchende, entscheiden zu können, was Gott alles nicht könne: Er kann keinen Sohn haben; er kann nicht zugleich männlich und weiblich sein; er kann unmöglich sterben; er kann überhaupt keine Menschen erlösen, denn das müssen die Menschen schon selber tun; du kannst nicht versuchen, in der Beziehung zu einem geliebten Menschen Begegnung mit Gott zu finden; und Vieles mehr. Damit könnten wir unmittelbar zum Geheimnis der Menschwerdung Gottes vorstoßen. Aber zuvor soll noch ein kurzer Hinweis auf Gottes Zeitlosigkeit erfolgen: Gilt auch hier das Sowohl-Als-Auch statt des Entweder-Oder? Können Menschen Gott gedanklich zur Unfähigkeit verdammen, weil er seinem Sein nach ewig und unsterblich ist und bleibt – und zugleich menschlich, irdisch, sterblich wird, und sich den Menschen in Allem außer der Sünde gleich macht? Schließen Ewigkeit, Unsterblichkeit tatsächlich die Zeitlichkeit aus? Wir gehen davon aus, dass Gott sich von den Menschen dadurch unterscheidet, dass er von Ewigkeit her ist, also das zeitlich Menschliche aus seiner Definition selbst ausschließt.

Die **Zeitlosigkeit** (Ewigkeit, Unsterblichkeit, Gleichzeitigkeit) Gottes

Im Anfang, so sagen uns Astrophysiker, gab es nur einen hellen Lichtball. Es war vor etwa 14 Milliarden Jahren; da bestand der Kosmos ganz nur aus Licht und war völlig durchsichtig. Da hätte man keine Sterne, keine Galaxien, keine Sonnen erkennen können. – Übrigen: Unser Denken gelangt bei allem Mühen über diese 14 Milliarden Jahre nicht hinaus; vielmehr müssen wir das Denkunmögliche zulassen, dass es davon spiegelbildlich nach hinten noch weitere Universa gegeben hat. Aber davon sei es unmöglich, auch nur Spurenelemente des Seins zu erhaschen.

Im Innern dieses Lichtballs herrschte eine „innere Kraft“; sie bildete unablässig Sterne, immer wieder neue Sterne aus dem Lichtball heraus, der dort „im“ oder vielleicht sogar „am“ Anfang war. Sie verteilten sich ohne „erkennbare Ordnung“ im nichtsenden Nichts des reinen Lichtballs und bildeten ein großes Chaos. Das Ganze hatte keinerlei Gesetze und keine endliche Reichweite. Aber indem die Sterne auseinanderwanderten, entstand das Dunkel; sie nahmen gewissermaßen das Licht mit auf ihren Weg und hinterließen nur Dunkelheit zwischen sich. So wurde der Kosmos immer dunkler und wird es auch weiterhin, obwohl in ihm immer mehr Sterne entstehen.

Auf der Suche nach dem Sinn dieses kosmischen Geschehens kam „das“ Mensch ungeschlechtlich, aber sinnlich begabt; mit Hilf seiner Sinne gab er dem Geschehen Sinn, verhalf dem Ganzen zu so etwas wie einer Ordnung, indem er beispielsweise den Sternen in ihrem Dunkel ein Sternenbild hinzudichtete, ihnen einen Namen, eine Zählung, eine Nummer zuordnete. Dadurch gab sich der Mensch selbst einen Standort im Dunkel des nichtsenden Nichts.

Nun ist die „Zeit“ so weit fortgeschritten, dass wir auf das Licht verzichten könnten; aber damit gäben wir unseren Augen nur Verblendung. Also begannen wir damit, zunächst Feuer, und dann künstliches Licht zu erzeugen, damit wir uns nicht im Dunkel verlieren. Aber gerade mit unseren Feuern und dem künstlichen Licht blenden wir uns selbst. Folglich werden wir unfähig, den Sternenhimmel weiter zu betrachten; wir werden abhängig von den Partikeln, welche uns die Sterne gönnerhaft überlassen. So erlöschen unsere Sinne und der Sinn geht verloren.

Und dann kam ein Mensch zu den Menschen und forderte sie auf, „Licht für die Welt“ zu werden. Damit meinte er nicht, wir sollten noch mehr künstliches Licht erzeugen, sondern eben selbst Licht werden „für“ die Welt. Als sich damals ungebildete Hirten und überaus weise Suchende in der Nacht, im Anblick der Dunkelheit auf den Weg machten, dabei einem erwählten Stern folgten, fanden sie ein Kind und seine Mutter. Mit künstlichem Licht hätten sie diese sicher nicht gefunden; dafür brauchten sie die Dunkelheit.

Auf dem Weg aus dem Anfang und dem reinen Lichtball hinaus geriet das Universum und mit ihm die Welt nicht nur in die Dunkelheit, sondern auch in die Zwänge von Raum, Materie und Zeit. Damit begann das Leben im Zeichen einer Linie; es hatte nun Anfänge („am“ Anfang) und ein Ende; es war plötzlich eingespannt in Vergangenheit, Gegenwart und Zukunft. Im „vorzeitlichen“ Paradies hatte es diese Zeitkategorien nicht gegeben; Gott hatte keine Vergangenheit, keine Gegenwart, keine Zukunft; bei Gott gab es allenfalls die vierte Kategorie, die Gleichzeitigkeit. Vielleicht ist meine geliebte Ehefrau durch das zeitliche Sterben hindurch wieder in die Gleichzeitigkeit gelangt, und die Ewigkeit steht ihr noch bevor.

Ich meine damit nicht einfach die „Synchronität" oder das zugleich Hier und auch andernorts, jetzt und zugleich im Nicht-Jetzt, sowohl Leiche als auch geträumte Geliebte, sowohl Menschenkind als auch Gotteskind zu sein. Vielmehr ist es zwar dies, aber auch eben „Simultaneität", die Wirkmächtigkeit von Ewig-Gültigem und Vergangenem im Jetzigen sowie in erotischer Vereinigung mit Zukünftigem. Insofern kann Gott im Vollzug des Glaubens den Menschen gleichzeitig werden.

2. Wer / Was ist „das Mensch"?

Nun war bereits mehrfach von der Menschwerdung Gottes die Rede. Aber: Was oder wer ist denn eigentlich Mensch? Wie unterscheidet er sich von Gott? Schauen wir zu diesem Zweck nochmals genauer in die beiden Schöpfungsberichte des 1. Buches Mose: Dort hören wir von Adam / Adamah, einem Kollektivbegriff, weshalb ich gerne ein Neutrum verwende, nämlich „das Mensch". Allerdings wird er zugleich zum Stammvater aller Menschen; aber das soll uns hier nicht weiter interessieren. „Adam" heißt so viel wie „vom Ackerboden genommen". Den Texten sind die späteren griechischen Vorstellungen von Leib und Seele oder auch in der Dreiteilung von Leib-Seele-Geist fremd. „Das Mensch" ist eine Ganzheit, die lediglich unter verschiedenen Teilaspekten betrachtet wird, die jedoch nach den drei griechischen Wesenheiten zu klingen scheinen: bashar = „Fleisch", nephesh = „Atem", ruach = „Geist, Denkvermögen".

Bashar und Nephesh sind keineswegs menschenspezifisch, sondern auch im Tierreich anzutreffen. Nephesh und Ruach sind verschieden akzentuierte Bezeichnungen der Lebenskraft. Nephesh wird mehr in Hals und Lunge verortet, betont also die Atmung; sie beschreibt jedoch auch das seelische Leben und geistiges Erkennen.

Sterblichkeit

Die beiden Schöpfungsberichte unterscheiden sich in der Wahrnehmung des Menschseins grundsätzlich, obwohl die Tendenz gemeinsam beschreibt, dass der Mensch unter allen Geschöpfen Gottes auf besondere Weise ausgezeichnet ist. Der ältere Bericht (1Mose 2) betont jedoch seine Hinfälligkeit, dass er von Erde genommen und also sterblich ist, „bis du zurückkehrst zum Ackerboden, denn von ihm bist du ja genommen“ (3,19). Der jüngere Bericht (1Mose 1) sieht den Menschen dagegen als Krönung der Schöpfung.

Genommen wird das Material vom Ackerboden, also aus recht einfachem Material; dann wird er in den Garten Eden versetzt, in dessen Mitte zwei Bäume herausgehoben werden: der Baum des Lebens und der Baum der Erkenntnis von Gut und Böse (2,9). Aber genau diese Bäume sind uneindeutig. Ist der Mensch von Anbeginn an sterblich, also gerade durch seine Sterblichkeit von Gott verschieden? Erst später, nach dem so genannten Sündefall, wird deutlich, dass es genau so ist. Denn dort, als Gott die beiden sündigen Menschlein aus dem Paradies vertreiben lässt, gibt er als Grund an: Nun sind die Menschen ihm bereits annähernd gleich geworden, erkennen den Unterschied von Gut und Böse; nun müssten sie nur noch vom zweiten Baum essen, dem Baum des Lebens; dann hätten sie Gott usurpiert: „Dass er jetzt nicht die Hand ausstreckt, auch vom Baum des Lebens nimmt, davon isst und ewig lebt“ (3,22). Aber davon widersprüchlich wäre der Verbotshinweis auf den „Baum der Erkenntnis“: „Denn sobald du davon isst, wirst du sterben“ (2,17). Wie kann Gott dem Menschen mit „Sterben“ drohen, wenn der Mensch doch bereits sterblich ist? Nun, hier ist offensichtlich von einem ganz anderen Sterben die Rede, von einem „zweiten Tod“, von einem Tod der Ver-Nichts-Ung, wie ich es nun ausdrücken möchte. Alle Menschen sind sterblich geschaffen. In Gefahr geraten sie durch die „Erkenntnis“. Und diese Erkenntnis hat interessanterweise eine erotisch-sexuelle Komponente. Das Erste, was die Sünder „erkennen“, ist, dass sie nackt sind; und dann „erkennen“ sie einander immer wieder besonders als Mann und Frau: „Adam erkannt Eva, seine Frau; sie wurde schwanger und gebar“ (4,1). Später wird Maria bei der Ankündigung ihrer Schwangerschaft mit dem „menschgewordenen Gott“ bezweifeln, dass dies geschehen könne, da sie doch „keinen Mann erkenne“ (Lk 1,34).

Hier deutet sich bereits an, dass die Todesüberwindung durch diesen Jesus Christus sich nicht auf das menschlich-allzu-menschliche Sterben beziehen kann. Die Menschen bleiben auch nach Karfreitag und Ostern Menschen; sie sterben, wie es ihrer Menschenwesentlichkeit entspricht. Aber die „ver-nichts-enden“ Folgen ihres Erkennens wird er aufheben; er entmenschlicht sie nicht, indem er ihnen das natürliche Sterben nehmen würde, aber er sichert ihnen so etwas wie „Bleibendheit“. – Dazu jedoch später!

Als meine Frau und ich uns in liebend-zärtlichem Erkennen auch erotisch-sexuell begegneten, als der göttliche Funke solchen Liebens uns ergriff, war uns klar, in welche Gefahr wir uns begaben. Erkenntnis führte mich zu wissenschaftlicher Arbeit, sie zur Poesie. Wir begannen den Sinn des Erkennens zu erkennen, vor allem als wir lernten, dass die Gefahr des Absinkens in Ver-Nichts-Ung überwunden war.

Ebenbildlichkeit

Der erste, jüngere Schöpfungsbericht geht mutiger, glanzvoller mit dem Menschen um. Seine Erschaffung resultiert aus einem besonders feierlichen Entschluss Gottes: „Lasset (!) uns Menschen machen.“ Aber damit verbindet Gott etwas außerordentlich Kostbares, die Ebenbildlichkeit, die Abbildhaftigkeit, die Repräsentanz-Rolle des Menschen für Gott innerhalb der Schöpfung, die Du-Gestalt gegenüber dem Schöpfer in einer einzigartigen dialogischen Beziehung. „Lasset uns Menschen machen“, nicht „den“ Menschen, sondern eben *das Mensch*, ein menschenwesentliches Wesen „als unser Abbild, uns ähnlich!“ (1,26). Und dann wiederholt der Bericht noch zweimal die Abbildlichkeit: „Gott schuf also den Menschen als sein Abbild; als Abbild Gottes schuf er ihn“ (1,27). Von dieser Aussage gibt es keine Ausnahme, vielmehr sind alle Menschen jederzeit und überall von dieser Abbildlichkeit, zudem „als Mann und Frau“, wie ausdrücklich betont wird.

Der Islam, insbesondere die Grundtexte des Koran und der Sunna, sind im Gegensatz zu diesem Urtext aller monotheistischen Religionsäußerungen gekennzeichnet von der stetigen Wiederholung der Unterschiedlichkeiten: zwischen Gläubigen und Ungläubigen, Männern und Frauen, Reichen und Armen, Herrschern und Beherrschten, Paradies und Hölle, Imam und Kufr, halal und haram usw. Derartige Unterscheidungen sind zwar der Christenheit auch nicht fremd, aber gehören eher zu einem vereinfachenden Volksglauben, eher zur Christenheit also als zum Christentum, eher zur Folklore als zum Vollzug des Glaubens. Die jüdisch-christlichen Grundtexte gehen von der Unterschiedslosigkeit der Menschen aus; hier ist das Verständnis von „Humanitas“ begründet, welches simultan Menschheitseinheit, Menschenwesentlichkeit und Mitmenschlichkeit / Humanität beinhaltet.

Hier ist dann auch die Unterschiedslosigkeit des Erlösungswerkes Jesu Christi begründet. Die biblische Tradition der Unterschiedslosigkeit und des „Sowohl als Auch“ geht zurück auf diesen Schöpfungsbericht, in welchem Gott den Menschen nach seinem Bilde als Mann und Frau schuf (1Mose 1,27). Hier liegt die Wurzel der Möglichkeit, im Angesicht jedes Menschen nicht nur der ganzen Menschheit, sondern auch Gott selbst zu begegnen, und das ausdrücklich und unterschiedslos in fraulicher bzw. männlicher Gestalt, also nicht nur in Gläubigen oder prädestinatorisch Privilegierten.

Ausgerechnet bei der Übernahme des Schöpfungsmythos aus der Bibel in den Koran veränderte Mohammed die Unterschiedslosigkeit zugunsten einer wertenden Differenz. Er strich (Sure 96) die Gottebenbildlichkeit der Menschen und damit auch die Gleichebenbildlichkeit der Frauen mit den Männern. Außerdem fügt er die Höherwertigkeit der Glaubenden und der gute Werke Tuenden gleich hinzu: „Wir haben den Menschen in schönster Gestalt geschaffen und dann wieder zum Allerniedrigsten gemacht, außer denen, die glauben und gute Werke tun“ (Sure 95). „Er ist es, der euch (gemeint sind hier ausschließlich die Männer) aus einem einzigen Wesen erschaffen hat, und Er hat aus ihm seine Ehefrau gemacht, damit er ihr beiwohne; und als er sie beschlafen hatte, trug sie dann eine leichte Leibesfrucht und verbrachte damit einige Zeit“ (Sure 7). Das hier offensichtlich werdende Frauenbild ist besonders aus heutiger Sicht unerträglich.

Hinter ihm steckt das Bild von Bauern, die mit ihrem Penis-Pflug den Acker, die Frau, umpflügen, um dort ihren Privatsamen einstreuen zu können, in dem sich bereits so etwas wie das vollständige Menschlein befindet. Frauen haben keine mit Männern vergleichbare Würde, sondern sind dazu da, „begattet“,

„beibeschlafen" zu werden sowie für begrenzte Zeit eben „Zeitvertreib" zu ermöglichen.

Also betrachtete man (Mann) bis dahin die Frau im agrarischen Blick als „Acker", der vom Pflug (Penis) aufgebrochen wird und den Samen (das komplette künftige Wesen) aufnimmt. Dort hatte auch die Lust der Frau keinen Platz. Frauen wurden deshalb zwar behütet und gepflegt („Unkraut" gejätet, nicht in fremde Hände gegeben, gegebenenfalls in Harems und dergleichen eingezäunt), aber an dem „primären Zweck der Sexualität", nämlich dem Kindersegen, hatten sie nur empfangenden, nicht gebenden Anteil. Damit das noch besser klappte, wurde der Penispflug geschärft und gesäubert (Penis-Beschneidung) und der Acker für jederzeitliche Besamung hergerichtet (weibliche Genital-Verstümmelung). Die deutlichsten Spuren dieser Sichtweise zeigt bis heute das Frauenbild jenes Islam, der sogar stellenweise „Bildung für Mädchen" verhindert.

Gleichheit / Unterschiedslosigkeit

Die wichtigsten geistesgeschichtlichen Wurzeln der „allgemeinen Menschenrechte" sind die jüdische Verkündigung der Gottebenbildlichkeit aller Menschen aus dem 6. vorchristlichen Jahrhundert, sowie die theologische Lehre von der Menschwerdung Gottes, also die Aufhebung der Trennung zwischen himmlischen und irdischen Welten durch Jesus Christus. Der Islam hat keinen einzigen dieser Ansätze in seine Lehre aufgenommen, sondern alle direkt bekämpft und polemisch desavouiert.

Insofern gelten Toleranz und Gleichheitsgrundsätze dort lediglich innerhalb der muslimischen Gemeinschaft; in der Islam-Lehre gibt es kein Ende der Sklaverei, keine rechtliche Ebenbürtigkeit von Mann und Frau, keine Freiheit der Religionsausübung und Religionsentscheidung, keine Erlösung der Menschheit, keinerlei Bild von der Humanität als Menschheitseinheit, Menschenwesentlichkeit und Mitmenschlichkeit über die Grenzen der muslimischen Gemeinschaft hinaus, keine Vorstellung von der Zuwendung Gottes zu allen Menschen, keine Kultur des Verzeihens und Vergebens unter

Einbezug der Nicht-Muslime, also auch der Ungläubigen, eben aller Menschen.

Die christliche Lehre ist geprägt von der messianischen Erfüllung, die sich in jenem Gott offenbart, der im Vollsinn des Wortes „menschlich" geworden ist und dabei nichts von seiner Göttlichkeit verlor: er wurde *„menschheitlich"*, indem er keine Auswahl, Erwählung, Abgrenzung unter den Menschen mehr vornimmt, sondern seine Liebe Allen zufließen lässt; er wurde *„menschenwesentlich"*, indem seinem Wesen nichts Menschliches unbekannt geblieben ist einschließlich der Angst, der Sorge, des Schmerzes, des Geborenwerdens, des Sterbens; und schließlich wurde er *„mitmenschlich"*, also im Vollsinn einer von uns, der uns allen – also nicht nur den Frommen oder Schriftgelehrten – zuhört und Verzeihen schenkt: „Vergib uns unsere Schuld, selbst wenn es uns nicht gelang, unsern Schuldigern zu vergeben". Mehr kann und wird kein Gott geben als sich selbst.

Auf der Grundlage dieses vorbehaltlosen Liebens sollte es den Menschen möglich sein, endlich „Toleranz" zu lernen und zu üben. Diese christliche Tugend beinhaltet:

1. Geduld untereinander, denn niemand ist langmütiger und geduldiger mit uns als Gott,
2. die Fähigkeit zu warten, also Hast und Hektik zu meiden,
3. durchsättigt von Beharrlichkeit und Langmut und begleitet,
4. von der Klugheit (nicht unbedingt von Verstand und Intelligenz, wenngleich diese sicher nicht hinderlich wären).

Wenn meine Überlegungen hier vor allem die Christen ansprechen sollen, wäre deren Verhältnis zu den Muslimen von diesem Ausgang her zu bestimmen: Habt Geduld mit den Muslimen; wir sind ihnen ca. 500 schmerzliche Jahre voraus. Übt euch in hoffendem Erwarten, dass auch sie die Erfahrungen machen werden, für die wir selbst so viele Jahrhunderte benötigten, und mit denen wir selbst nicht am Ende sind. Aber gebt niemals auf, beharrlich und langmütig auf jene Errungenschaften aufmerksam zu machen, welche von einem Entweder-Oder innerhalb des Sowohl-Als-Auch berichten und gespeist werden im Gottesbild, im Menschenbild, in der endzeitlichen Erwartung. Und lasset bei all dem die notwendige Klugheit walten, immer wieder zu prüfen und zu hinterfragen.

3. Gottes Menschlichkeit für eine geliebte Welt

Das christlich-jüdische Gottesbild, ein von Gott her definiertes Menschenbild und die Menschwerdung Gottes sind die Quellen eines von „Menschenrechten" bestimmten Weltbildes unserer Zeit, wobei die überall manifester werdende Menschenverachtung nicht unbeachtet bleiben darf. Was sich daraus für den sterbenden Gottessohn, für den Erlösungstod und den sterbenden Menschen bei uns folgern ließe, werden die nächsten Abschnitte zu bedenken haben.

Warum sind in einer entchristlichten oder juden-christen-feindlichen Welt die so genannten Menschenrechte kaum vertreten? Die atheistischen, liberalistischen und muslimisch-arabischen Welten zeigen keine Internalisierung des Menschenbildes nach den Stichworten der Ebenbildlichkeit, der Unterschiedslosigkeit bzw. Gleichwertigkeit und der Orientierung auf eine Globalisierung und Universalisierung des Humanen einschließlich der niemanden ausschließenden Erlösung.

Liebe ist Verzeihen

Eigentlich haben die so genannten Ismen überhaupt kein Menschenbild; besonders der Islam kennt bei näherem Hinsehen kein Menschenbild. Während die anderen Ismen (Atheismus, Kapitalismus, Sozialismus, Liberalismus usw.) den Menschen nur als Subjekt und Objekt des Marktes und der Prosperität sehen, definiert der Islamismus den Menschen vom Gehorsam bzw. Ungehorsam oder von den Pflichten her. Die einen haben keinen Gott (mehr), die anderen haben Gott vollständig transzendiert oder zwischen die Deckel eines Buches gezwängt, Inlibration statt Inkarnation.

Die neben Judentum und Christentum verbliebenen Gottesbilder sind eigentlich menschenleer. Der jüdische Gott zog wenigstens mit seinem Volk, vor seinem Volk her, durch die Wüste, betreute sein Volk, beteiligte sich an seinen Leiden, lag sogar manchmal ganz „menschlich“ mit ihm im Streit, eifersüchtig und keineswegs nur „himmlisch“. Der christliche Gott hat sich den Menschen gleich gemacht, sich unter sie gemischt, wo er mit den menschlichen Händen agiert; er ist bei ihnen „alle Tage“, wenn zwei oder drei in seinem Namen beisammen sind. Der islamische Gott erwartet auch von „seinen“ Menschen eigentlich nichts außer des Aussprechens seiner Einzigkeit: „Es gibt keinen außer ...“, entweder mit der Zunge oder gar mit Überzeugung, mit dem Herzen. Im Übrigen hat der Mensch Pflichten zu erfüllen: sich unterwerfende Hingabe, Gebete sprechen (fünfmal täglich), Almosen, Fasten, Wallfahren. Der „Glaube“ nimmt durch Akte des Ungehorsams ab und durch Akte des Gehorsams zu.

Freies Gebet dreht sich um Bitten, Wünsche, Vergebung usw.; rituelles Gebet folgt den vorgeschriebenen Regeln aus Körperhaltung, Texten und Zeiten, manchmal sogar gebunden an die dem Sprechenden nicht verständliche arabische Sprache. Die Einhaltung der Regeln gilt als richtig, der Verstoß als unrichtig und erfordert dann eine Wiederholung; oder es ist schlicht weg ungültig.

Der Mensch als Individuum, als Partner Gottes, als Gesprächsteilnehmer, im Austausch von Worten, Gegenrede, Frage-Antwort, Zweitstimme in gemeinsamem Singen, Tanzpartner ist nicht vorgesehen. Und umgekehrt kommt Gott bei den Menschen nicht als Weggefährte, Mittäter, Berater, Anwalt, Tröster oder gar in der Gestalt des Mitmenschen vor.

Angesichts des Sterbens meiner geliebten Frau versuchte ich einmal mit einem Gedicht das auszudrücken, was sich in einer menschgefüllten Gottesbeziehung so abspielen könnte: „Wenn ich, mein Gott, denn sterben muss, / will ich noch einmal mich bei Dir beschweren; / denn Deine Welt verschaffte mir Verdruss, / und allzu wenig stillst DU mein Begehren. / DU gabst mir viel / und hast mir viel genommen. / Zu weit stecktest DU mir mein Lebensziel, / und manches ist mir durch die Hand zerronnen. / Doch eines Tages standest DU vor mir, / als ich gerade meine Wut gesammelt, / in gänzlich unerwarteter

Gestalt: / SIE stand ganz plötzlich in der Tür, / obwohl ich diese doch verrammelt, / DAS MENSCH in Unvergleichlichkeit und Allgewalt. / Ich hielt noch fest / an dem Protest, / wollt' gegen dich noch aufbegehren. / Die stille Wut / behielt die Glut, / doch gegen Liebe konnt' ich mich nicht wehren. / Mein Tod mag bitter sein; / DU hältst mir IHRE Hand. / Ich trete ein / in den Verein; / ich hab genug – ich bin am Rand. / Ich danke DIR für Deinen Abschiedskuss; / ich konnt' und wollt' mich Deiner Liebe nicht erwehren. / Wenn ich denn sterben muss, / so möchte doch ich meine Göttin noch verehren."[5]

Dieser Gott ist Gesprächs- und sogar Streitpartner; er nimmt menschliche Gestalt an; der Abschiedskuss der geliebten Person ist ein Kuss Gottes; er nimmt nicht übel, wenn ich mit ihm ringe. Geschrieben wurde das Gedicht in der trügerischen Hoffnung, vor der Geliebten „nach Hause" gehen zu können. Nun aber ist das Sterben der Geliebten wie die Präparation einer Loipe im Schnee des göttlichen Plans, deren Richtung feststeht, bei der sich das Landschaftsbild ändert, bei der sich Probleme der Schneequalität und Pistenkonsistenz ergeben.

Ein solches dialogisch gestaltetes Gebet erscheint in vielen Gottesbildern nicht wirklich denkbar und würde sogar als unangebracht oder verwerflich gelten. Für Christen, Juden und Muslime ist Gott zwar definiert als „einer" (im Sinne von ein-und-derselbe) wie es Sure 29,46 ausdrücklich betont; aber weder taucht der jüdische Gottesname JHWH im Koran auf, noch gibt es einen Rückhalt für die biblisch begründete Liebe des Menschen zu seinem Gott, noch greift Gott in die Geschichte der Menschen wie in die Herausführung des Volkes aus Ägypten (2Mose 3,7) ein, noch gibt es eine Widerspiegelung der partnerschaftlichen Kommunikation zwischen Moses und seinem Gott entsprechend der biblischen Geschichte, sondern Moses wird im Koran zum Modell für Mohammeds eigene Rolle und Botschaft umgewandelt; Gottes Verbundenheit mit dem Volk wird vollständig gestrichen. Der biblische Gott teilt seinem Volk seinen Namen „Ich bin, der ich bin" / „Ich bin, der ich gewesen sein werde" persönlich mit, verspricht die Fortdauer seines Mitseins mit den Menschen und seiner fortdauernden Wirksamkeit bei den Menschen, also auch und sogar z.B. beim Pharao.

Der jüdisch-christliche Gott beginnt eine Geschichte mit und bei den Menschen; im Islam wird er geschichtlich irrelevant, er „verharrt außerhalb der Geschichte“.[6] Folgerichtig kann der Islam auch der Zuwendung Gottes zu den Menschen in der Menschwerdung seines Sohne nicht mehr folgen. Zum Gott des Islam haben die Menschen keinen Zugang; vielmehr bleibt er völlig jenseitig, transzendent; er teilt sich den Menschen abgesehen von der Buchform nicht wirklich mit.

Die folgenden Bemerkungen gehen von dem aus, was im allgemeinen Sprachgebrauch „Christentum“ genannt wird, also nicht von „der Christenheit“, jener Menschengruppe, die sich zwar auf Jesus Christus beruft und seinen Namen trägt, aber eben (nur) aus „Menschen“ besteht, die Fehler begehen, „sündigen“, wie es im Christentum heißt, die Botschaft ihres geistlichen Zentrums vielleicht sogar verraten, weil sie eben Menschen sind, nicht unterschieden von Juden, Muslimen, „Andersgläubigen“, „Ungläubigen“ und „Antireligiösen“, die ebenfalls Fehler machen. Diese aus Menschen zusammengesetzte Christenheit, die so genannten Christen, unterscheiden sich auch nicht von Muslimen oder „Mohammedanern“, die nur gewohnheitsmäßig, gezwungenermaßen oder auch gleichgültig ihrem Islam folgen. Und die Mörder (in Kreuzzügen, Kolonialismen u. a.) im Namen jenes Christus unterscheiden sich schon gar nicht von den Mördern im Namen eines gewissen Mohammed. Also sind Verbrechen der Christenheit ebenso wenig Gegenstand dieser Darstellung wie die von Muslimen begangenen Verbrechen.

Vereinfacht ausgedrückt beschreibt der Begriff „Christentum“ die Lehre, „Christenheit“ die dazu gehörenden Menschen. Das ist im „Islam“ und bei den „Muslimen“ etwas komplizierter, weil diese Begriffe soviel besagen wie „Gehorsam, Unterwerfung“, also keine Lehre, sondern eine Haltung. Der Islam besitzt, ist, hat eigentlich keine „Lehre“, sondern eben neben dem Buch (Koran) „nur“ eine Haltung.

Betrachten wir in diesem Zusammenhang die Zentralgebete des Christentums und des Islam. Im so genannten „Vaterunser“ sind vor allem zwei Motive von Bedeutung: der „Vater“ und die „Vergebung“. Der vom Christen Angesprochene erscheint als „Vater", bei dem sogar seine „Mütterlichkeit" (das tägliche Brot) nicht ausgeschlossen ist. Er kommt demnach dem Menschen ganz nahe, wird zum Gesprächspartner, zu einem DU und Freund. „Vergebung" ist die Hauptbitte: eine Hoffnung für die Menschen und ein Auftrag an die Mitmenschen. Dazu gehören das Eingeständnis von Schuld, das Gewahrwerden fremder Schuld und die Vergebung angetaner Schuld.

Ganz anders die Zentralgebete des Koran (Sure 1 und 112). „Lob sei Gott, dem Herrn der Menschen in aller Welt, dem Erbarmer, dem Barmherzigen, der Verfügungsgewalt besitzt über den Tag des Gerichts! Dir dienen wir, und dich bitten wir um Hilfe. Führe uns den geraden Weg, den Weg derer, denen Du Gnade erwiesen hast, die nicht dem Zorn verfallen sind und nicht irregehen! / Er ist Gott, ein Einziger, Gott, der Undurchdringliche, von allen Angeflehte. Er hat nicht gezeugt, ist nicht gezeugt worden, und keiner kann sich mit ihm messen." Er wird zwar als Erbarmer bezeichnet, aber eben nur für jene, die ihm dienen und die er begnadet. Demnach gehört es zur Grundaussage, dass dies Gottesbild auch ausschließt und bedroht. Die Objekte der Bedrohung werden gleich ebenfalls benannt, nämlich die mit dem falschen Gottesbild, mit dem insbesondere Christen gemeint sind, denen die „Gottessohnschaft" eben zum Vorwurf bzw. zur Verdammnis wird. Wieso muss Abgrenzung gegen andere zum Gebet gehören? Wozu die Feststellung dessen, was Gott nicht kann?

So lernen Muslime gleich mit ihrem Zentralgebet die Abgrenzung und Zurückweisung der Christen, während in der Mitte des christlichen Vaterunser neben der Heiligung Gottes, der Hoffnung auf das Gottesreich und der Erfüllung göttlichen Willens vor allem seine unausschließliche Sorge für alle Menschen, die Vergebung der menschlichen Schuld und schließlich die endliche „Erlösung" stehen. Damit klingt ein zentrales Thema des Christentums an, nämlich der Zusammenklang von Verzeihung, Versöhnung und Erlösung.

Kann Gottes Handeln von der Pflichterfüllung der Menschen abhängig gemacht werden, seine Liebe auf die Treue zu ihm begrenzt werden? Kann Gott nur den erlösen, der zuvor sich selbst mit Pflichterfüllung und Gehorsam erlöst hat? Hat Gott den Kontakt zu den Menschen verloren und wird zu einer jenseitigen Regierungsgewalt? Ist auf der Welt letztlich alles vom Menschen abhängig, so dass Gott „weltfremd" wäre?

Die Weglassung der Gottebenbildlichkeit aus den Schöpfungsmythen wäre insofern konsequent; Gott soll gefälligst nicht aus seiner Isolation heraustreten und damit die Exklusivität seines Propheten stören. In biblischem Sinne wollte Gott sich im Menschen ein gleichwertiges Gegenüber schaffen, mit dem er seine Einsamkeit überwindet, ins Gespräch kommen kann, und dem er vertrauensvoll eine „Vertretung" im Verhältnis zur übrigen Welt, wie zu den Tieren, übertragen kann.

Selbst im Jenseits, also nach ihrem irdischen Sterben, gelangen nach islamischer Vorstellung die Menschen nicht in eine personale Gemeinschaft mit ihrem Gott; vielmehr werden sie mit der Perpetuierung irdischer Sinnenfreuden belohnt.

Die einzigartige Botschaft des Christentums ist – in Ergänzung ihrer jüdischen Grundlage – die vorbehalt- und bedingungslose Liebe Gottes zu allen Menschen. Aus der den Menschen durch Jesus Christus zugesprochenen Erlösungsgewissheit sogar (und besonders) für die Sünder resultiert letztlich die neuzeitliche Lehre von der Menschenwürde aller zur Menschengemäßheit zählenden Wesen, welche ausnahmslos und bedingungslos von vor der Geburt bis nach dem so genannten Tod gilt. „Die Würde des Menschen ist unantastbar" (GG Art. 1,1) gilt vor allem als Feststellung, also nicht nur als Appell. „Unantastbar" besagt: Niemand kann die Würde antasten, weil sie in der Gottebenbildlichkeit des Menschen verankert ist; und niemand darf sie antasten, niemand sollte sich erdreisten, sie anzutasten.

Vielen Heutigen ist kaum noch bewusst, dass unser Grundgesetz „im Bewusstsein seiner Verantwortung vor Gott und den Menschen" (GG Präambel) verfasst wurde, also (der christliche) Gott ausdrücklich im ersten Satz benannt wird. Aber gerade hier wäre auch der erste Satz des ersten Artikels zu verankern, der eben nicht von der Würde der Deutschen (oder mit anderen Einschränkungen) spricht, sondern von der Würde „der" Menschen, aller

Menschen ohne Unterschied und in jeglicher Situation, also von vor der Geburt (Embryonenschutz) bis nach dem so genannten Tod (Verbot der Leichenfledderei, Friedhofsruhe usw.). Die Bedeutung dessen beispielsweise für die Würde der Sterbenden (Entwürdigung der Zu-Explantierenden zugunsten der Organempfänger; Abschaffung der „Einwilligung" durch den „Widerspruch") wird uns noch beschäftigen.

Die Würde des von Gott Geliebt- und Erlöstseins können die mordenden Terroristen, die ausgrenzenden Christenmenschen, die faschistischen Mörderbanden und die strukturell Hassenden den Menschen nicht nehmen, denn sie wurzelt in Gott. Und sogar sie selbst sind und bleiben trotz ihrer schweren Schuld von Gott geliebt. Gott lässt sich nicht in seiner Liebe kleinmachen durch die Schwächen und Verstrickungen der seine Liebe nicht anerkennenden Kleingeister. Die „Inkarnation" ist eindeutig die umfassendere Botschaft als die „Inlibration", also die „Buchwerdung" Gottes – gleichgültig ob in der biblischen oder der islamischen (Quran) Gestalt. Die Menschwerdung (Inkarnation) bedeutet zugleich Entäußerung Gottes (Phil 2,7) und sein reales Wohnen unter den Menschen (Joh 1,14).

Wegen dieser Totalität der in Jesus Christus erfahrenen Liebe brauchte es auch nicht einer erneu(er)ten „Lehre" oder eines weiteren „letzten Propheten"; noch umfassender kann das Verständnis unseres „gemeinsamen" Gottes überhaupt nicht sein, als dass er auch die Ungläubigen, die Sünder, die ihn Verachtenden liebt. „Wie sollte Gott uns mit seinem eigenen Sohn nicht alles schenken, da er doch nicht einmal ihn verschont, sondern hingegeben hat" (Röm 8,32). Indem versucht wird, die Person Jesu Christi um seine Göttlichkeit, seine Menschwerdung, seinen Kreuzestod, sein Erlösungshandeln zu betrügen, wird Gott auf eine jenseitige Erscheinung und auf einen nachtragenden Staatsanwalt (bzw. Richter) reduziert.

Wer (auch bei den Christen) aus kleingläubiger Angst heraus Gottes (sogar die größten Sünder einbeziehende) Liebe meint bezweifeln zu müssen, weil er Rachegefühle gegenüber den Verbrechern hegt, Undankbarkeit wegen der auch geliebten Ungläubigen empfindet und sein lediglich in menschlichen

Kategorien operierendes Gerechtigkeitsgefühl unerfüllt meint, hat noch nicht verstanden bzw. realisiert, was diese Liebe bei den Menschen auslösen wollte: Da die Menschen sich bereits beschenkt, also auch als Sünder gerechtgesprochen wissen dürfen, könnten sie sich auf die Liebe zu den anderen Menschen und zu Gott direkt konzentrieren; sie müssen nicht mehr „lieben", um „geliebt zu werden". Gottes Liebe ist nicht ausgezahlter Lohn, findet nicht am Ende menschlichen Handelns statt, sondern gibt dem Menschen einen neuen Ausgangspunkt, eine „spirituelle Energie".

Christozentrisches Gottesbild

Mit der Versöhnung durch Jesus Christus entscheidet sich auch das Verhältnis des Christentums zu den Nichtchristen; „denn da wir Gerechte wurden durch sein Blut, wurden wir auch gerettet vor dem Zorn; versöhnt mit Gott durch den Tod seines Sohnes, obwohl wir noch Feinde waren, werden wir umso mehr Rettung finden in seinem Leben" (Röm 5,9.10). Hier erlangt der Mensch von seinem einen Gott das tiefste Verstehen, da er erleben kann, wie sich die Dreiheit zur Einheit schließt, wie nämlich die *Macht* des Vaters sich der *Güte* des Sohnes bedient und in der *Weisheit* des Geistes vollendet. Zusammen nur können die drei Personen die eine und einzige göttliche Substanz und einen Inbegriff des vollendet Guten bilden: Macht ohne Weisheit wäre ruinös; Weisheit, die sich nicht durchsetzen kann, wäre ineffizient; aber Macht und Weisheit wären ohne Güte schädlich für die Welten und die Himmel. Gott könnte zwar sicher, was und wie er will; aber er will es nur gut, insofern er gütig ist, und er will es nur nach den Maßen der Weisheit.

Genau diese Trinität – hier auf den Spuren des Petrus Abaelardus[7] formuliert – entstammt der Zeit (um 1118) der Kreuzzüge und des beginnenden ernsthaften Dialogs mit Judentum und Islam. In der so gedeuteten Trinität vollendet sich Gottes Güte und Liebe zu den Menschen. Der Islam kennt zwar Jesus in der Gestalt eines Propheten namens Isa, aber er bestreitet dessen Göttlichkeit, seine Gott-Sohnschaft, sein Sterben, seine Auferstehung, sein Erlösungshandeln und seine Lehre von der Feindesliebe bis zur Versöhnung besonders mit den Sündern; er bestreitet also abgesehen von der Einheit / Einzigkeit Gottes die gesamte Zentral-Botschaft des Christentums.

Wozu braucht es die Erniedrigung der Rolle Jesu, wenn man arabischen Nomaden den Monotheismus erklären möchte? Warum tauchen biblische Jesusworte auch außerhalb der sich auf Jesus beziehenden Suren auf? Wozu dient die fakehafte Missdeutung der Trinität (Allah + Jesus +Maria)?

Der Menschgewordene beschreibt (übrigens in einer der ältesten Quellen, der so genannte Spruchquelle) seine Aufgabe in der Mittlerschaft zwischen den Menschen und dem Vater, nämlich diesen aufgrund seiner Sohnschaft offenbar zu machen: „Alles ist mir von meinem Vater übergeben worden. Und niemand kennt den Sohn, nur der Vater; noch kennt einer den Vater, nur der Sohn, und wem es der Sohn offenbaren will“ (Mt 11,27 / Lk 10,22). Gemessen daran ist Mohammeds Deutung zur Person Jesu herabwürdigend und minimalistisch; sie entfernt sich bewusst vom biblischen, christlichen Verständnis, obwohl sein Name in 14 Suren irgendwie auftaucht (vgl. vor allem durchaus respektvoll Sure 19,30-33). Aber damit verbindet Mohammed zugleich ein gegenüber Gott ausgesprochenes Verbot: „Es steht Gott nicht an, sich ein Kind zu nehmen“ (Sure 19,35).

Jesus kann nur christologisch – also von der Gottessohnschaft her – verstanden werden; dazu gehört auch das Wort vom präexistenten Logos (Joh 1,1). Da kann es nicht reichen, ihn in die Reihe anderer Gottgesandter aufzunehmen, seine Mutter Maria als durchaus besonders erwählt zu bezeichnen, die Geburt vaterlos erscheinen zu lassen und Jesus eine wichtige „Buchreligion“ zuzubilligen. Das christozentrische Gottesbild sieht ihn als Sohn Gottes, als realen Menschen, als Annäherung Gottes durch diesen Menschen zu den Menschen, als Offenbarung Gottes in und durch seinen Sohn, als Erlöser der (aller) Menschen, als gestorben am Kreuz, als erster Auferstandener unter den Toten, als Bringer des „Heils“, als Erlöser. Durch ihn erhalten alle Menschen, überall und auch die sündigsten Sünder so etwas wie Gottes-Kindschaft. Durch die Menschwerdung Gottes wird das ganze Geschlecht der Menschen, werden alle Töchter und Söhne „Gotteskinder“.

Die gläubige Haltung christozentrisch verstandener „Gotteskinder" erschöpft sich nicht im Gefühl der eigenen Ohnmacht und der totalen Abhängigkeit von Gott. Das Gottes- und Menschenbild des Christentums baut auf dem freien Akt der Entscheidung des Menschen für seinen Gott, also auf Bekenntnis auf. Zudem erscheint dem Christen Gottes Schöpfungswerk nicht als abgeschlossen, sondern als in die Hände der Menschen gegeben, welche mit der Hilfe ihres menschgewordenen Gottes und in freier Verantwortung für die Welt das Liebeswerk zur Vollendung bringen. Dabei ist ihnen bewusst, dass nicht sie es sein werden, welche dabei etwas leisten, sondern dass ihnen letztlich alles als Geschenk jenes Gottes erscheint, der ihnen „vorauseilend entgegen kommt". Besonders nach der reformatorischen Besinnung sind sich die Christen in der „Fragwürdigkeit" jeder Werkgerechtigkeit einig. Nicht der Mensch schafft durch seine Pflichterfüllungen Versöhnung mit Gott, sondern dieser ist mit seinem Heilshandeln den Menschen immer voraus; die Reihenfolge ist nicht „menschlicher Gehorsam bewirkt Gottes Liebe", sondern „Gottes unverdiente Liebe zu den Menschen befähigt diese zur Weitergabe von Liebe an die Mitmenschen".

Als ich kürzlich folgenden Satz las, mit welchem jemand seine religiös orientierten Mitmenschen zu verunglimpfen versuchte: „Keine Religion ist falscher als die andere; sie sind alle gleich falsch", entschloss ich mich zu folgendem Verständnis: Wenn jemand „falsch" ist, ist er nicht aufrichtig, nicht ehrlich, nicht echt. Deshalb habe ich dann für mich das „Falschsein" bei den Religionen auch nicht bestritten. Aber dann dachte ich, was denn wohl wäre, wenn es die Religionen überhaupt nicht gäbe bzw. nicht gegeben hätte und also nur „Atheismus". Da musste ich dann diesem Atheismus ein besonderes Maß an Falschheit zuordnen, weil er ja wohl meint, „besser" zu sein als die Religionen. Zwar gebe ich zu, keineswegs zu wissen, was auf jeden Fall gut oder „richtig" sei. Aber wenn nun dieser Atheismus (auch eine Form von Ismus) meint, alles wäre besser ohne Religionen, so frage ich mich: Was außer dem menschenverachtenden Kapitalismus, dem religionsfeindlichen Imperialismus und Kolonialismus oder dem zynischen Islamismus (denn auch der hat ja keinen Gott, selbst wenn er sich auf ihn beruft, der sich dagegen ja nicht wehren kann oder wehren will), Kommunismus und Nationalsozialismus hat der Atheismus eigentlich bislang zustande gebracht? Alle ISMEN haben ja wohl zweifelsfrei in Bezug auf das „Menschliche" versagt.

Auch alle drei Monotheismen, diese religiösen, an dem einen Gott orientierten ISMEN wie Judentum, Christentum, Islam (andere Monotheismen sollen hier nicht auch noch einbezogen werden, wie der Zarathustraismus, der Aton-Ismus von Echnaton u.a.) versprachen z. B. das Zinsverbot im Zusammenleben der Menschen; mindestens diesbezüglich haben sie kläglich versagt. Aber der Atheismus erfand gegen das Zinsverbot den DAX, die Wall Street usw. Vergleichen wir weiter: Das Christentum versprach die Fernsten- und Feindesliebe; der Atheismus aber schuf die Atombombe. Oder: Judentum und Christentum versprachen die Gleichwertigkeit und also auch Gleichberechtigung der Geschlechter infolge der Gott-Ebenbildlichkeit von Mann und Frau; der Atheismus erfand dagegen den Genderismus. Oder: Das Christentum und Judentum versprachen die Gotteskindschaft aller Menschen, aller Völker, Rassen usw.; der Atheismus erfand die Sklaverei bis hin zu Hartz IV. Oder: Nicht-monothestisch ausgerichtete „Religionen" wie Hinduismus und Buddhismus versprachen die Menschengleichwertigkeit gegenüber der weiteren Schöpfung; der Atheismus machte daraus z.B. Wellness-Oasen. Oder: Der Taoismus versprach die Entdeckung der göttlichen Energien in uns selbst; der Atheismus versprach (nach erfolgreicher Ausbeutung aller Ressourcen) nur noch die innere und äußere Leere.

Wenn sich die Menschen „religiöser" verhielten, könnten sie weiter bedeutsame Beiträge für die Welt der Menschen und der Natur leisten. Dann müssten sie aber weniger atheistisch nur an sich selbst denken und sich weniger atheistisch als Mittelpunkt der Welt begreifen. Sie müssten vom Thron der Selbstgerechtigkeit und ausschließlichen Selbsterlösung herab steigen, also tatsächlich zulassen, dass die Menschen nicht „das Oberste auf der Welt", sondern nur verantwortlich für die Welt sind – und vor allem auch für sich.

4. Tötet ein mütterlicher Vater, eine väterliche Mutter ihr Kind?

Das Christentum brauchte ca. 1.400 Jahre bis zur Reformation und Aufklärung und die sind ja bis heute noch nicht abgeschlossen. Nach 500 Jahren Reformation können konfessionsunterschiedliche Christen miteinander reden mit wechselseitiger Liebe und Vertrauen.

Durch die genannte Zeit zieht sich ein Ringen der Christen um das Verständnis von Barmherzigkeit und Liebe in ihrer Religion und in den anderen Religionen. Ein „barmherziger Gott“ muss ja nicht auch ein „liebender Gott“ sein, vor allem keiner, der seine ganze Liebe besonders den Sündern zukommen lässt. Auch der Rosenzweigsche Aspekt des ins Transzendente verbannten (islamischen) Gottes im Gegensatz zu dem sich ins Menschenleben involvierenden Gott müsste wohl weiter dialogisiert werden („Stern der Erlösung“, 3. Aufl. 1954). Durch derartige Lektüre bin ich z.B. zu dem Ergebnis gelangt, dass Dialogbereitschaft diesbezüglich oft weder vorhanden noch gewünscht ist.

Werfen wir ein Blitzlicht auf den Islam. Zu seinem Verständnis bezüglich des den Menschen zugewandten Gottes sei Folgendes bemerkt: Es steckt in ihm zunächst mal die semitische Wurzel „s-l-m“, arabisch „salam“, hebräisch „shalom“, lexikalisch übersetzt mit „Friede“. So gesehen könnte der Islam nach seiner Selbstbezeichnung zunächst eine Religion des Friedens sein. Ob nun dieser „Friede“ eher Folge ausschließlich einer Hingabe ist, was ja vielleicht noch erträglich wäre, oder gar gänzlich nur aus einer Unterwerfung und aus absolutem Gehorsam hervorgehen kann (wie beispielsweise bei der „pax romana“), oder nach der Vision der hebräischen Propheten ein Friede sein könnte, der auf Gerechtigkeit und Interessenausgleich beruht, und der zur Gleichstellung der Menschen und zum Dialog auf Augenhöhe führen würde, hängt von uns Menschen ab. Oder sollte ich sagen von uns Sündern, ob wir nun Juden, Christen oder Muslime oder was sonst sind?

Der „Friede“ als Resultat einer endgültigen Befriedung Gottes mit den ihn immer wieder verratenden Menschen, verdienstlos, ohne Vorleistung, ausschließlich als Geschenk, „gnadenvoll“ und deshalb „erlösend“, wie wohl ein konsequentes Christentum diesen „göttlichen Frieden“ verstehen müsste, erscheint mir ohne das „Ärgernis“ der Menschwerdung, des zeitlichen Todes und der Überwindung des zweiten, nicht leiblichen Todes (der Verdammung / Ver-Nichts-Ung) undenkbar; selbst nach abgeschlossener „Reformation und

Aufklärung“ aller Monotheismen dürfte dies Verständnis innerzeitlich unerreichbar bleiben. Aber es lohnt sich, trotzdem darüber nachzudenken.

Es verbleibt also innerhalb der Zeitlichkeit wohl nur der Vorschlag zum Beschreiten eines „Weges zu gemeinsamer Verantwortung in der Welt“ dahingehend, dass die Integration der unverfälschten von Gottes Geist gegebenen Worte uns alle, Juden, Christen und Muslime (und alle weiteren Monotheisten), einen Weg zu gemeinsamer Verantwortung in der Welt eröffnen möge. Oder anders gewendet: Ich glaube nicht, dass sich ein solcher Dialog über einen derartigen Weg mit islamischen Fundamentalisten führen lässt, wie er sich auch mit jüdischen und christlichen Fundamentalisten schlecht führen ließe. Ich glaube aber, dass er möglich ist und dass es dafür sogar muslimische PartnerInnen gibt!

Es sei in diesem Kontext an einen Satz aus dem Koran erinnert, der allerdings durch viele andere Sätze schrecklich verzerrt und verdorben wurde: „Ich habe euch zu Völker und Nationen geschaffen, damit ihr einander kennen lernen möget“ (Sure 49,13). Einer der größten Sätze über Völkerverständigung und interreligiösen Dialog, die ich kenne; er steht tatsächlich und ausgerechnet im Koran! Natürlich weiß auch ich, dass dort andere Sätze stehen; aber die findet man auch zumindest in der „vorösterlichen Bibel“, die ebenfalls nicht nur die unverdiente „göttliche Liebe“ verkündet.

All jene, die einen solchen Dialog nicht wollen, die keinen Frieden wollen, keine Liebe, keine Barmherzigkeit, haben wohl wirklich einen anderen Gott, der aber nichts ist als ein Götze. Dass wir trotzdem immer mehr uns dem Barmherzigen, dem Allerbarmer, anschließen und uns zusammentun mit allen Kräften, die Ihm dienen wollen aus allen Lagern, das wünsche ich uns!

Allerdings darf die Frage gestellt werden, ob das große „Aber“, herrschen muss, solange weiterhin das Entweder-Oder über das Sowohl-Als-Auch herrschen möchte. Meine an anderer Stelle dargelegten zehn Thesen zu den gefahrvollen „Mythen der Islam-Freunde“ haben zumindest zwei Reaktionen hervorgerufen, eine israelische und eine alevitische.

Meine zehn Thesen hier holzschnittartig und in Kürze:

1. Der Islam ist keine Offenbarungsreligion, sondern eine politische Doktrin;
2. Allah ist ein Gott des monotheistischen Atheismus;
3. der Islam ist eine Kriegsreligion;
4. der Islam missbraucht die Person Jesu;
5. der Islam ist eine Gehorsams- und Unterwerfungsdoktrin;
6. der Islam hat für sich die Gottebenbildlichkeit aller Menschen gestrichen;
7. der Islam ist eine Doktrin der Ungleichheit unter den Menschen;
8. der Islam hat öffentlich die vorbehaltlose Annahme der Menschenrechte abgelehnt;
9. die Leichen von Christen und Juden bilden das Fundament des historischen Islam;
10. die Kreuzzüge waren eine Reaktion auf menschenverachtende Provokationen.

Dazu bezog sich die Reaktion aus Israel auf das Gottesbild und betonte, dass sie „erstmals verstanden habe, warum sich der jüdische (und christliche) G'tt mit Allah nicht vereinbaren lasse, selbst wenn Elohé und Allah vielleicht die gleichen Wurzeln hätten". Die alevitische Reaktion bezog sich auf die Zuordnung des Islam zu den „Frömmigkeiten" und betont, dass sie dies genau so empfindet, weshalb sie für sich weder Moscheen besucht noch die Scharia akzeptiert.

Wenn nun im Folgenden nochmals der ebenbildliche und menschgewordene Gott im Mittelpunkt stehen wird, dann erleben wir ihn als mütterlichen Vater und zugleich als väterliche Mutter. Im Jahre 2000 veröffentlichte ich in einem angesehenen, aber kleinen Verlag ein Buch unter dem Titel: „Wer seid ihr eigentlich, Christen? Briefwechsel über zwei Jahrtausende mit DIOGNET – zugleich eine Neuerschließung des Glaubensbekenntnisses" (LIT-Verlag: Münster, Bd. 38 der Reihe: Philosophie).

Nachdem ein wohl gut etablierter *heidnischer* Bürger Roms namens DIOGNET an einen unbekannten Christen die Frage gerichtet hatte, wer oder was eigentlich „Christen“ sind, hatte der angesprochene Christ, dessen Namen wir nicht kennen, darauf – nicht theologisch umfassend gebildet, weil aus dem Embryonalstadium des erst wenige Jahrzehnte alten Christentums heraus –, aber ehrlich bemüht geantwortet. Mein Vater versetzte sich nun gedanklich nach einigen hundert Jahren in die Rolle des DIOGNET und antwortete auf der Grundlage der Erfahrungen dieser langen Zeit seinem christlichen „Brieffreund“. Ihm wiederum versuchte ich, „als Christ“, eine erneute Rückantwort auf der Grundlage des konstantinopolitanischen Glaubensbekenntnisses zu geben. Eines der Kapitel befasst sich mit der Frage der Geschlechtlichkeit des Gottesbildes. Denn allzu steif und wenig an der Gottebenbildlichkeit aller Menschen orientiert, sehen viele Christen und auch Nichtchristen GOTT als einen männlichen Herrscher irgendwo hinter den Wolken des „Himmels“.

Mein lieber DIOGNET, Du weißt, dass es mein „Vater“ war, der versucht hat, mit Deiner Stimme zu schreiben, nachdem der alte „Brief an Diognet“ deinerseits ohne Antwort geblieben war. Eine Beziehung zwischen dem Vater und seinem Kind ist nur selten ohne Spannungen. Das liegt vielleicht z.B. daran, dass den Vätern die „Mütterlichkeit“ fehlt oder abhanden gekommen ist.

Auch die Beziehung des göttlichen Vaters zu seinen Kindern, seinem berühmt gewordenen Sohn beispielsweise, Jesus, aber auch zu uns allen, ist keineswegs ungetrübt geblieben. Schließlich hat dieser Vater seinen Sohn in den zeitlichen Tod getrieben, anders als der Vater, Abraham, von dem das jüdische Fundament (oftmals als „Altes Testament“ bezeichnet) gesprochen hat, der seinen Sohn zwar zu opfern bereit war, dessen Opfer aber gerade nicht zustande kam. Du könntest davon lesen[8], wie sich diese Geschichte, mit den Grausamkeiten unserer Zeit erst zu decken begann, als das Kinderopfer angenommen wurde, nämlich im Christentum.

„Du hast mich bedrückt und schweigsam den Berg Moria hinaus- und hinuntersteigen lassen“, sagte Issak in einem Theaterstück von Elie Wiesel, „ich wusste nicht, Herr, ich wusste nicht, dass es geschah, damit ich sehe, wie meine Kinder, die großen und kleinen, in Maidanek eintreffen“.[9] Väter schützen gemeinhin ihre „Brut“ und töten sie nicht. Aber die Christenheit hat den tötenden Vater durchaus so sehr verinnerlicht, dass sie einige ihrer mordenden Väter sogar „Heiliger Vater" genannt hat. Vor Jahren habe ich einem dieser so genannten Heiligen Väter einen liebevollen Brief geschrieben, wie Dir jetzt, lieber DIOGNET.[10] Immer wieder habe ich mich gefragt, wie sich wohl die Mütter dabei gefühlt haben, wenn Väter an ihre Kinder Hand anlegten, Sarah beispielsweise oder Maria, die Mutter Jesu, oder auch die Mutter jener Tochter, die Jephthe (Jiphtah) als Brandopfer seinem Gott darbrachte, nachdem er siegreich aus der Schlacht nach Hause heimkehrte (Ri 11,30 ff.).[11]

„Im Namen Gottes, der uns Vater und Mutter ist", so sprach der Wenige-Tage-Papst Johannes-Paul I. nach seiner Wahl zum Oberhaupt der katholischen Kirche. Manche vermuten, dass er deshalb nur eine begrenzte Zeit zu leben hatte. Solange diese Kirche nur von alten Männern regiert und beherrscht wird, kann Gott als Mutter sich nicht im Gottesbild wiederfinden.

Ein Vater ist männlich. „Gott" ist aber doch eigentlich ein „Neutrum". Erst als „Göttin" oder auch als „Vater" wird er geschlechtlich festgelegt und damit das jeweils andere Geschlecht aus seiner Definition verbannt. Ein Gott, der die Menschen nach seinem Ebenbild, als Mann und Frau erschuf, kann nicht eines Geschlechts allein sein, kann nicht „väterlich" mit seinen Geschöpfen allein umgehen, muss der „Mütterlichkeit" in seinem eigenen Wesen Raum geben.

Der erste Vater entstand nach der ersten Zeugung oder noch deutlicher nach der ersten Geburt; denn der Zeugungsakt allein gebiert noch keinen Vater. Vatersein ist nur durch Kinder möglich; ohne Kinder kein Vater; aber Kinder gibt es zahllose ohne „einen Vater", ohne einen einzigen Vater. Kinder haben Erzeuger; aber Väter haben Kinder. Die Kinder brauchen den Vater nicht, um Kinder sein und werden zu können. Aber Väter brauchen die Kinder um Vater zu sein. Sehr häufig bleiben manche Männer ihr Leben lang vielleicht so etwas wie Erzeuger; Väter werden sie nie. Was also ist ein Vater?

Die Rede vom Vatergott soll ja unser Bild von Gott nicht verarmen, nicht das Gottesbild kastrieren um seine Mütterlichkeit. Viele Wörterbücher übersetzen das Wort „Vater" einfach mit „Erzeuger eines Kindes". Ein solches Verständnis reduziert den Vater auf sein männliches Geschlechtsorgan, macht aus ihm einen Penisträger. Aber das kann ja wohl nicht der erste Grund gewesen sein, Gott zum „Vater" zu ernennen.

Also wird er zum „Familienoberhaupt". Danach hätte Gott notwendigerweise eine Familie, eine Frau und eben Kinder. Aber wer ist dann seine Frau? Die Erde etwa? *Die* Sonne vielleicht? Dann wäre er *der* Mond. Das wäre ein germanisches Bild; denn romanisch ist die Sonne ja männlich und der Mond weiblich. Dieser internationale, sprachvergleichende Gedanke lässt uns an seiner Richtigkeit zweifeln. Es gibt keine Frau Gott bzw. keine Frau in der Familie Gottes. Also ist er auch nicht Familienoberhaupt. Außerdem entstammt eine solche Vorstellung aus der Geschichte der Unterdrückung der Frauen überhaupt, als wäre der Mann das „Oberhaupt". Zusatzfrage: Wo wäre denn das Unterhaupt, wenn es da ein Oberhaupt geben sollte?

Der „Familienvater", der „Hausvater", wird offensichtlich von einem Tun her definiert, von seiner Rolle in der Familie, im Haus. Beispielsweise könnte er auch der „Ernährer" sein. Aber die Realität unserer Zeit hat bereits viel zu oft den Müttern diese Rolle zugesprochen, zusprechen müssen. „Gib uns unser täglich Brot!"

Gott ist kein Ernährer seiner Familie, sondern ist selbst Familie: Er ist Vater, Mutter und Kind zugleich; weiblich, männlich abgeschlossen und zugleich noch werdend. Mit imperialistischer Männlichkeit haben sich Priester z.B. selbst zu „Vätern" erklärt, zum „Pater" und dann die Frauen zu „Schwestern" herabgewürdigt. Widersinnigerweise wurden den Schwesternschaften dann eine „Mutter Oberin" vorangestellt, die demnach Mutter werden konnte, ohne einen Vater anzuerkennen. Oder hatten diese Mütter die Vorstellung, mit einem Gottvater in ehelicher Beziehung zu leben? Es wäre wohl besser gewesen, wenn die Erfinder des Vaterbildes in der Gottheit aus einer eigenen Familie heraus hätten sprechen können, die sie meist nur in der Kindheit hatten kennen lernen dürfen. Dann hätten sie Gott als wahrhaft umfassend begriffen – nicht Vater, nicht Mutter, sondern Vater, Mutter und Kind zugleich, also „gleichzeitig".

Oftmals wird der Vater auch als „Beschützer" verstanden. Dieser Begriff enthält keinen Machtanspruch; denn ein Beschützer übt gerade keine Macht aus, sondern bietet Schutz. Auch Dächer bieten Schutz vor Regen, wie auch Regenschirme. Gott ist ein Regenschirm gegen vieles, das auf uns einstürzen will.

Schutz bietet eine Höhle gegen die wilden Tiere; Gott ist eine Höhle gegen die Unbill der Natur und gegen die anderen Gefahren. Mehr Schutz vor den Tieren bietet aber ein Verständnis für und von den Tieren; dann sind die Tiere keine Gefahr mehr; Gott ist Verständnis von den Inhalten der jeweiligen Gefahr. Schutz bietet das Geld, das geregelte Einkommen; Gott sind die Regelungen, die verhindern, dass ich in Armut versinke. Solche Vorstellungen bietet der Vater-Begriff.

Auch als „Leiter" und „Vorsteher" wird der Vater begriffen, bei den „Stadtvätern" beispielsweise selbst dann, wenn die Stadt eine Bürgermeisterin hat und die Ratsmitglieder Frauen sind. Der „Herbergsvater" ist ebenfalls keine Geschlechtsbezeichnung, sondern die Beschreibung eines Tuns. Ein Vater bietet Herberge, schließt als letzter abends die Tür, entbietet dem Fremdling beim Eintritt den Willkommensgruß, bricht mit dem Gast das Brot, rechnet die Kosten für den Aufenthalt ab. Ich könnte mich jedenfalls nicht wirklich geborgen fühlen bei einem Gott, der mir nur Vater wäre. Und also hab ich auch ein gebrochenes Verhältnis zu den Vertretern dieses Gottes, die nur Väter sein können, weil sie nur Männer sind, in der katholischen Kirche ebenso wie im Islam oder im strengen Judentum. Die Gaben der „Kirchen" einschließlich der Sakramente, sind erst dann wieder, aber dann auch voll umfänglich akzeptabel, nachvollziehbar, wirksam, ersehnt und erhofft, wenn sie den ganzen Gott repräsentieren, jenen Gott, der uns Vater und Mutter, Schwester und Bruder ist.

Man mag hinter solchen Aussagen eine „unerlöste" Geschlechtsrollenvorstellung vermuten. Aber: entweder wir weisen die sexistischen Vorstellungen zurück bzw. in ihre Schranken und schaffen also die Geschlechterrollen-Fixierungen in allen kirchlichen Ordnungen und Gremien ab, oder wir bewahren uns eine Vorstellung von dem, was die Geschlechter in das Gesamtbild des Menschseins einbringen, eingebracht haben und jeweils weiterhin einbringen werden; aber gerade dann müssen wir das Gottesbild erneuern und auch der Mutter-Gottheit einen besonderen Stellenwert im Christlichen zubilligen. „Mutter“, das ist eine „Menschin“, die Kinder geboren hat, eine Frau also im Verhältnis zu ihren Kindern. „Wir glauben an ein einiges Gottwesen, das uns Vater und Mutter ist“; also sind wir wirklich Kinder Gottes. Gott ist definiert als Vater dadurch, dass er uns gezeugt, und als Mutter, dass er uns geboren hat.

Hier erhält für uns der Begriff der „Mutter Erde“ und „Mutter Natur“ einen geradezu göttlichen Sinn. Dieser Gott nährt und bringt hervor. „Mütterlichkeit“ und „Väterlichkeit“ sind gleichklängige Ausdrucksformen im Generationenverhältnis. Manch ernster Christ würde wohl zu den Riten und Sakramenten zurückkehren, wenn sie von einer Frau gegeben würden; und manch ernster Christ, manch ernste Christin ist zu ihnen zurückgekehrt, als eine Frau sie gab. „Mütterlicher Vater, väterliche Mutter im Himmel. Geheiligt wäre dein Name. Deine Liebe komme hier wie auch überall. Sprich du und lasse geschehen hier wie auch überall. Gib uns deine Speise in jeglicher Form. Vergib uns unsere Schuld, und erwirke uns Mut, anderen die Schuld zu vergeben. Führe uns, die wir nicht hinreichend erkennen, deine Wege. Und erlöse uns. Denn Dein ist die Liebe, die Kraft und Geborgenheit. In Ewigkeit. Amen.“ Ich bin überzeugt, dass das christliche Grundgebet heute ungefähr so oder ähnlich lauten müsste.

Zweites Kapitel

Was ist Tod? Was ist Sterben?

1. Zur Geschichte und Heilsgeschichte des Todes

Die nun gestellte Frage nach dem Tod und folglich auch nach einem nachsterblichen Weiterleben des Menschen ist eine Frage der Philosophie und der Religion, nicht der Medizin oder der „Wissenschaften". Medizin, Biologie, Wissenschaften aller Art haben keinen Zugang zu Wahrheit, sondern produzieren Resultate eines Denkprozesses mit vorläufiger Richtigkeit, bis jemand kommt und das Gegenteil „beweist", also immer nur zeitlich gültig. Zur Philosophie (und Religion) zählen auch die spirituellen „Disziplinen" wie Kunst, Poesie, Musik, Gesang, Tanz usw. Sie erschließen uns kraft ihrer besonderen Weisheit Zugänge zur „Wahrheit", welche auf andere Weise verschlossen blieben.

Wenn wir nun versuchen, uns auf diesen Wegen Zugang zum Unerklärlichen, zum Unfassbaren und zu sprachloser Betroffenheit zu verschaffen, so dürfen wir nichts Falsches erwarten: Ethik, Philosophie und Religion sind nicht dazu da, medizinische oder andere rational(istisch)e Entscheidungen und verantwortliches Handeln zu erleichtern oder nachträglich zu legitimieren, sondern sie sollen differenzieren und über eine Zunahme an Nachdenklichkeit die zeitlich-menschlichen Entscheidungen erschweren. Sie sind auch nicht dafür zu missbrauchen, das Gewissen von möglicher Schuld zu entlasten, wenn Handlungen getätigt werden, deren Tragweite nicht abschließend bedacht worden sind.

Nun gibt es im Umfeld von Sterben und dem so genannten Tod Felder der Fragwürdigkeit und sogar des Verbrechens. Ethik, Philosophie und Religion haben aber auch nicht die Aufgabe, die Strafwürdigkeit oder Straffreiheit eines Handelns zu begründen; denn Strafwürdigkeit ist Folge einer gesellschaftlichen Vereinbarung, für die das Recht und die Justiz zuständig wären. Allerdings muss das Recht versuchen, in der Regelung äußeren Verhaltens der

Handelnden (hier der Mediziner, Pflegenden u. a.) nicht die ethischen und religiösen Grundlagen dieser Gesellschaft zu verletzen.

Nun hat man von den Rationalismen und Gebrauchsvorstellungen her versucht, den „Tod“ zu definieren: als Ganztod, Herz-Kreislauf-Stillstand, Übergang zur Leiche, Trennung des Seelischen vom Körperlichen usw. In unserer Zeit benötigte man eine praktikable Definition, um Organe aus „lebenden“ Körpern ernten zu können: Wenn der Tod des Gehirns zum Tod des Menschen umdefiniert wird oder sogar geworden ist, dann wurden dadurch jedoch keine Probleme gelöst, sondern es ergaben sich neue und noch viel größere Probleme wie: Können, dürfen wir Gehirnzellen, gehirnliches Gewebe transplantieren? Sind Menschen ohne lebensfähiges Gehirn oder mit anlagebedingten Hirnschäden für Transplantationszwecke freizugeben? Könnte man vielleicht sogar Anenzephalie (Gehirnlosigkeit; schwerste Fehlbildung eines Neuralrohrdefektes) künstlich herstellen, um auf diese Weise an embryonales Gewebe (Blut, Rückenmark, Organe) zu gelangen? Was ergäbe sich für die Explantation von Organen bei Sedierten oder gar nur Tief-Schlafenden, bei denen ja die messbaren Gehirnfunktionen zumindest eingeschränkt, gegebenenfalls sogar aktuell nicht nachweisbar sind? Sollte man Menschen auffordern, den eigenen künftigen (Gehirn)-Tod zu definieren, damit man darüber Zugang zu seinen Ressourcen erhielte?

Man spürt den wissenschaftlichen Mythos, den rationalistischen Dünkel, mit dem das Menschsein für Zwecke erobert werden soll. Die Gehirnmythologie der „wissenschaftlich begründeten Rationalität“ fußt im Denken des 19. Jahrhunderts. Psychiatrie, Psychosomatik, die metaphysische und existentielle Philosophie, Religionswissenschaft, Theologie, die gelebte Spiritualität, Dichtung, Musik, Kunst und andere haben den Nachweis der Bedeutung anderer Organe an menschlicher Personalität bereits vielfach erbracht und ihre Schädigungen zu Schädigungen des Person-Seins bzw. der Persönlichkeit erklärt (mehr als den „Hirntod“). Nicht nur das Herz wird als Ort der Liebe verstanden, in welchem der geliebte Mensch verborgen werden kann. Auch die Augen wurden zum „Fenster der Seele“, die Füße zum Inbegriff des Weges, die Hände zum Werkzeug Gottes usw.

Eines Tages kam ein Medizinstudent zu mir, weil er sein Studium abbrechen wollte. Im Rahmen der Anatomie hatte er die Hände eines Mannes seziert. Als er schließlich an der Beerdigung teilnahm, kam er neben den Sohn dieses „Vaters“ zu sitzen, der ihm immer wieder von den Händen seines Vaters erzählte, von ihrer Tatkräftigkeit, ihrer Schlagfestigkeit, ihrer Zärtlichkeit beim Streicheln über das kindliche Haar seines Sohnes. – An einem anderen Tag wurde ich mit einem lieblos-hässlichen Mann konfrontiert, der nach einer Herzoperation seine Frau, seine Kinder, seine gesamte freundschaftliche Umwelt schroff und „gemein“ zurückwies mit der Begründung, er könne nicht mehr lieben. Es war keineswegs leicht, ihm nicht mehr zu erlauben, seinen „Herzinfarkt“ als „gebrochenes Herz“ zu deuten. – Eine junge Frau, die versucht hatte, mit dem Trunk eines Glases purer Salzsäure sich das Leben zu nehmen, und also die gesamte Speiseröhre sowie die komplette Mundhöhle verätzt hatte, erklärte mir eingehend, was „Lebenshunger“ bedeuten kann, wenn man nichts mehr schmeckt.

Nochmals: Medizin und Wissenschaft treffen keine Aussagen zur Wahrheit, weil sie lediglich vorläufige Resultate eines Denkprozesses in Abhängigkeit von Hypothesen und Methoden produzieren können. Und deshalb besagt auch die Hirntoddefinition nichts zur Frage nach dem Tod des Menschen, da sie sich nicht mit dem Menschen, sondern mit dem Gehirn, also einem willkürlich gewählten Organ befasst, und dies auf der Grundlage nur kurzzeitig (heute) geltender Methoden, Messverfahren, Vorannahmen, Hypothesen, die nicht nur bereits bestritten, sondern auch und vor allem vorläufig sind.

Bei meiner geliebten Frau wurde das Lebensende durch ein Puls-Messgerät festgestellt; Organe hätte man von ihr vermutlich nicht mehr „verwenden“ können. Der Hirntod stellt die irreversibel scheinende Unfähigkeit eines Organs fest, dem heute Beobachtenden einen Nachweis der Tätigkeit dieses Organs zu erbringen. Der als „hirntot“ diagnostizierte Mensch ist also allenfalls ein sein Leben nicht mehr nachweisen Könnender, ein „akut sterbender Mensch“, weil ein lebenswichtiges Organ seine Messbarkeit eingebüßt hat. Er ist kein Toter, keine Leiche („human vegetable“) und kein „Ersatzteillager“. Die Absolutsetzung dieses Organs „Gehirn“ stellt eine unzulässige Wertung dar. Die Feststellung seiner Wichtigkeit kann nur aufgrund einer Gesamtschau erfolgen. Die Aufteilung des Körper-Seele-Geist-Kontinuums in Bestandteile, die dann Aussagen über das Ganze treffen, ist ein Angriff auf die „Würde des Menschen".

„Immer langsam voran, damit auch die Feuerwehr noch mitkommen kann", heißt es in einem Volkslied. Aber der Wechsel der Definitionen und Zweckbestimmungen geht schnell vor sich: Die Todesdefinitionen und ihre Entwicklung haben die Definitionen von „Mensch" nicht berücksichtigt oder abgewartet, sondern folgen ausgewählten „Zwecken" (utilitaristisch-positivistisch).

Deshalb möchte ich feststellen: „Den Tod" gibt es eigentlich überhaupt nicht; er ist eine Erfindung der Menschen, eine Vereinbarung, an welche die Menschen Konsequenzen knüpfen wie die Beerdigung, die Organentnahme, die Weiterverwertung von Leichen (Körperwelten etc.), bestimmte Entsorgungsformen.

Ursprünglich hatte die Natur für das Leben so etwas wie Unsterblichkeit vorgesehen. Die Protisten vermehren und vermehrten sich durch Zellteilung, nicht durch Begegnung mit einem Gegenüber; ihr Weiterleben war unbegrenzt gesichert bis zu einem Unglücksfall, z.B. dem Austrocknen der Flüssigkeit, in der sie leben. Vielleicht paddelt das erste Lebewesen dieses Planten immer noch in irgendeinem Ozean umher. Die Natur brauchte viele Jahrtausende, Jahrmillionen, um aus den unsterblichen Einzellern, den Protisten, so etwas wie „Sterben" zu entwickeln. Zwischenstufen waren das „Verenden", „Krepieren", „Vertrocknen, Verwelken", „Vergehen" usw. „Sterben" ist so etwas wie die Krönung, ein Höhepunkt von Leben, auf den hin alles lebt. Demnach ist Sterben so etwas wie der Gegenwert, den die Natur aus dem Bemühen um die Kreation dessen, was wir „Liebe" nennen, zugestehen musste. Eigentlich wollte die Natur nur „Liebe" entwickeln, indem die Protisten sich nicht mehr durch Zellteilung, also ungeschlechtlich vermehrten, sondern über die Wahrnehmung eines „Gegenübers", also durch die „Erkenntnis" eines Du; das geschah dann zunächst in unbeholfenen Formen, schließlich jedoch beim

Menschen in der Form dialogischer Liebe: „Adam *erkannte* Eva, und sie ward schwanger und gebar." // Maria sagt: „Wie kann das mit mir geschehen (Schwangerschaft), da ich doch keinen Mann *erkenne*."

Bei Martin Buber lasen wir – wie im „Vorspiel" bereits zitiert: „Ein Mann liebkost eine Frau, die sich liebkosen lässt. Nun geschehe ihm, dass er die Berührung doppelseitig verspürt: noch mit seiner Handfläche und schon auch mit der Haut der Frau. Die Zwiefältigkeit der Gebärde, als einer zwischen Person und Person sich ereignenden, zuckt durch die Geborgenheit seines genießenden Herzens und rührt es auf. Wenn er sein Herz nicht betäubt, wird er – nicht etwa dem Genuss absagen; er wird lieben müssen."[12] Umfassung ist die volle Gegenwärtigung des Begehrten, des Partners, nicht mit irgendwelcher Phantasie, sondern mit der Aktualität eines Wesens. Die Hand, in der sich ein geliebter Mensch zur letzten Ruhe legt, wird nicht mehr die gleiche sein wie vor diesem Geschehen; meine bislang gering erachtete linke Hand ist seitdem zur Gleichwertigkeit aufgestiegen.

Halten wir für die weiteren Überlegungen fest: Um „erkennende Liebe" entwickeln zu können, musste die Natur das personale, individuelle Sterben gewissermaßen „in Kauf nehmen", also aus dem unpersönlich Geschlechtlichen wurde Liebe, aus dem unpersönlichen „Krepieren" wurde persönlich individuelles Sterben. Das Sterben ist demnach gleichsam ein „Abfallprodukt" der Evolution, als das Leben die Liebe entdeckte.

Der „Tod" war dabei nicht vorgesehen und wurde zu einer utilitaristischen Erfindung menschlicher Phantasie, die sich immer wieder wandelt: Es begann mit der „Ganztod"-Vorstellung, dem Tod als beginnendem Zellverfall, also als Übergang in den Zustand der Leiche. Diese „Ganztod-Definition" wurde aufgegeben zugunsten der Transplantationsinteressen, d. h. zugunsten anderer als ethischer Erfordernisse, welche der Unversehrtheit des ganzen Menschen als übergeordnet verstanden wurden. Dann kam es zur so genannten „Partialtod"-Vorstellung, also dem Herz-Kreislauf-Atemstillstand. Sie wurde aufgegeben zugunsten der „Hirntod"-Definition, also dem Tod eines einzigen Organs, nämlich des Gehirns. Aber auch die „(Ganz-)Hirntod-Definition" wurde aufgegeben als Folge der die Vitalfunktionen über die Gehirntätigkeit hinaus erhaltenden Intensivtherapie und zum „Zweck" der Minimierung der Anzahl von Menschen mit appallischem Syndrom. Nun ringt man um eine „Zweck-Tod-Definition", bei der wir den Tod definieren, wie wir ihn gerade brauchen, z.B. als partielle Hirnschädigung oder als „fehlende Rationalität", als „Zustand eines human vegetables", als Massa carnis. Die „Teilhirn-Tod-Definitionen" sind wohl nicht die letzte Stufe der Reduzierung des Menschenbildes. Weitere Reduktionsschritte wären das Lebensrecht nur für Menschen mit „Selbstbewusstsein, Zeitgefühl und Schmerzempfinden" bzw. nur für Menschen mit einer willkürlich definierten „Personalität" oder mit einer in Prozentwerten festgestellten Schädigung.

In manchen utilitaristischen Texten wird der Mensch bereits als tot bezeichnet, wenn ihm rationales Selbstbewusstsein und Zeitgefühl zu fehlen scheinen. Die Organentnahme ohne Zustimmung und nur zu „höheren Interessen" ist dann bereits nach Verlust von Selbstbewusstsein und Zeitgefühl gerechtfertigt, also bei Geistigbehinderten, Alzheimern, Schädel-Hirn-Traumatikern, Sedierten und Fixierten usw.

Versuchen wir jedoch die Formulierung des Art. 1 des Grundgesetzes ernst zu nehmen, dann wird die „Würde des ganzen Menschen" von vor der Zeugung bis nach dem „Tod" weder durch einen Leihvorgang („verliehene Würde") noch durch einen Bewertungsvorgang („gewertete Würde") konstituiert, sondern durch konstitutionelle Unantastbarkeit, Unteilbarkeit, Letztbegründetheit. Die Unantastbarkeit der Würde beruht auf der Anerkennung dieser Würde durch den sich selbst anerkennenden Menschen („Identität") und den anerkennenden Gott. Der Versuch, mit Hilfe einer medizinisch-biologischen Definition diese Anerkennungen zu okkupieren, ist „wissenschaftlicher Imperialismus" und zugleich ein Ausdruck von Antisemitismus und Antichristianismus.

Nicht nur in den Konzentrationslagern hat man versucht, den Menschen die Würde zu nehmen. Wenn diese Würde tatsächlich auf die „Ebenbildlichkeit mit Gott" und auf die „Geschöpflichkeit" des Menschen einerseits, und andererseits auf ein vollständiges Bild vom („beseelten“) Menschen zurückgeht, dann geht dessen Vollständigkeit (das meint ja In-Dividualität) auch dann nicht verloren, wenn er ein Bein in Russland, eine Niere an sein geliebtes Kind, seine Gehirnströme bei einem Autounfall, seinen Herzschlag bei einer Herztransplantation und sein Bewusstsein beim Übergang zum „Sein als Leiche“ oder schließlich seine ganze Einzigartigkeit, einschließlich seines Namens als „Plastinat“ verloren hat. Deshalb haben sogar die Menschen in den Gaskammern von Auschwitz und anderswo ebenfalls ihre Würde nicht verloren. Die „Körperwelten“ beispielsweise „dehumanisieren“ zwar nach allen Regeln sogar einer menschenverachtenden Wissenschaft, indem sie „entmenschlichen“ und entindividualisieren und aus verstorbenen Menschen Präparate, Ausstellungsstücke, Betrachtungsgegenstände machen; diese „nicht zu veräußerlichende Würde“ können sie aber dennoch nicht zerstören, nicht einmal indem sie die Verstorbenen ihrer Namen, ihrer Geschichte und ihrer gelebten Träume berauben. Der Mensch hat diese Würde ohne unser Dazutun oder ohne all unsere Dreistigkeiten unverbrüchlich, eben „unantastbar“.

Und wenn wir dies auf den Zu-Ende-Gestorbenen übertragen, bleibt auch der als nicht mehr vollständig definierte Mensch (Hirntod und „Enthirnung“) im Sterben auf seinem Weg zum Tode vollständig Mensch. Wer ihn nun zur (herrenlosen) „Sache“ herabwürdigt, leistet einen Beitrag zur Entwürdigung (vgl. Organ-„Raub“; Leben nur als „human vegetable“; Menschen mit demenzieller Beeinträchtigung).

Die Quelle der Individualität, Liebesfähigkeit, Gotteskindschaft usw. ist nicht im Verlauf der Entwicklung verloren gegangen; vielmehr erinnert die Natur an die ehemalige „natürliche Unsterblichkeit“ durch krankhafte Unsterblichkeitsimpulse wie HIV / Aids als „unbegrenzte Abnahme der Immunität“ oder durch die KREBS-Erkrankung als der unbegrenzten Wucherung von Zellen.

Das alles kennt der Schöpfungsbericht: Die Menschen unterscheiden sich ja von Gott einerseits durch fehlende Erkenntnis von Gut und Böse, ausgedrückt im Nicht-Verzehr von den Früchten des Ersten Baumes, andererseits durch die fehlende Unsterblichkeit, ausgedrückt durch den Nicht-Verzehr von den Früchten des Zweiten Baumes, dem Baum des ewigen Lebens.

Nun aber besagt der Text, würden durch den Verzehr der Früchte vom Baum der Erkenntnis die Menschen „mit dem Tod bestraft". Da sie jedoch ohnehin bereits sterblich waren, kann dieser Tod nur als ein anderer Tod, nämlich als Tod der „möglichen Wertlosigkeit" verstanden werden. Der Tod der totalen „Ver-Nichts-Ung" entstammt also nicht der Natur oder dem Leben, sondern eben der „Sünde". Durch ein „gottgefälliges Leben" können die Menschen Befreiung von dieser „Ver-Nichts-Ung" erlangen.

Aber dann kamen die geheimnisvolle Menschwerdung und der leibliche Tod Gottes. Die „Erlösung" der ganzen Menschheit durch Jesus Christus schaffte nicht die Überwindung des sterblichen, natürlichen Todes, der ja zum Merkmal des Menschseins gehört, sondern Überwindung des „zweiten Todes", der „Ver-Nichts-Ung" (z.B. als Folge der Sünde oder des Handelns eines „gewissen Satan"). Die Menschwerdung Gottes in Jesus Christus ist ja eine umfassende „Menschwerdung" unter Einbeziehung des Sterben-Müssens. Mit der Geburt des Menschensohns Jesus von Nazareth erbt dieser auch die allzumenschliche Sterblichkeit (vgl. dazu die Krippendarstellung von Rogier van der Weyden, wo an der Rückwand des Stalls von Bethlehem bereits ein Kruzifix als Symbol des mitgeborenen natürlichen Todes hängt – Coverabbildung).[13]

Da die Erlösung durch Kreuz und Auferstehung keine Ausnahmen kennt, werden alle Menschen einschließlich der Atheisten, Islamisten, Arschlöcher, Massenmörder und Schwerverbrecher von der „Ver-Nichts-Ung" befreit; aber niemand entgeht dem allzumenschlichen, natürlichen und dem individuell-persönlichen Sterben als Hindurchgang durch den irgendwie von Menschen definierten Tod.

Durch die umfassende Erlösung sind ab sofort Fegefeuer und Hölle, falls es sie überhaupt je gegeben hat, leer. Das Gericht ist die „überraschende Gerechtsprechung" auch und vor allem der Sünder. Von Hölle und Fegefeuer gibt es ohnehin keine „göttlichen" Quellen, sondern allenfalls trickreiche Menschenlegenden, die dem Zweck der Disziplinierung von Mitmenschen, nicht jedoch der Reflexion über „Schöpfung und Erlösung“ entstammen.

Wir Menschen müssen also auch nicht durch gute Taten, Werke etc. irgendwie die Erlösung erzwingen oder erobern; vielmehr können wir uns auf der Grundlage der sicheren Erlösung endlich auf die eigentliche Aufgabe des irdischen Lebens, nämlich auf die Vermehrung und Vertiefung der Liebe konzentrieren. Wir sind endlich frei für die Liebe: „Der Tod liegt hinter uns“; vor uns liegt die Realisation der umfassenden Liebe, also des mühsam erworbenen Auftrags der Menschheit.

Deshalb verspricht Jesus in der Stunde seines Sterbens den mit ihm gekreuzigten Verbrechern – und dabei hat er den „Schächer zur Linken“ keineswegs ausgenommen (!) – „heute noch wirst du mit mir im Paradiese sein“. Der Zielpunkt des Sterbens ist demnach das „Paradies“, nicht der Tod.

Wir werden also alle sterben, so lange und weil wir Menschen sind. Aber niemand geht jemals verloren. Die „Ver-Nichts-Ung“ ist durch das Erlösungswerk Jesu Christi und also letztlich durch die Menschwerdung Gottes nicht mehr; wir gelangen nach dem zeitlichen Tod in „Bleibendheit“, in nichts sonst.

Unsere zeitliche Bindung an den linearen Zeitprozess aus Vergangenheit, Gegenwart und Zukunft mündet so betrachtet konsequent in einer anderen Dimension, für welche wir die Aufhebung der irdischen Bindungen erwarten, und für welche wir die beschreibenden Begriffe „zeitlose Ewigkeit“ und/oder auch „Gleichzeitigkeit“ haben. Bleibendheit jenseits des zeitlichen Todes ist „Sein in ewiger Gleichzeitigkeit“, womit wir an den Anfang unserer Überlegungen anschließen können, nämlich an die Gewordenheit von Raum, Zeit und Materie.

Die Geschichte um die „Auferweckung“ des Lazarus schildert aus diesem Blickwinkel, dass seine Krankheit und sein Sterben „nicht zum Tode“, sondern zur „Verherrlichung Gottes“ geschehen ist, obwohl Lazarus bereits „in Verwesung“ überging = „Herr, er riecht schon!“ Aber: „Auferweckung“ (vgl. „die Tochter des Jairus“, den „Jüngling von Naim“, „Tabea-Tabita“) ist nicht „Auferstehung“, sondern ein Erwachen wie aus einem Schlaf, aus einem Zustand des Unbewussten in das Licht eines erneuerten Bewussten. „Erweckt-Werden“ entspräche einem Vorgang des Zurückrufens eines Verstorbenen in den nunmehr geheilten Leib zur Fortsetzung eines durch den zeitlichen Tod unterbrochenen Lebens. Dieses erweckte Leben endet auch eines Tages in einer erneuten Sterbestunde; aber es ist durch das „Erlebte“ in gewisser Weise geläutert.

Etwas gänzlich Anderes oder doch anders Geprägtes ist die „Auferstehung“. Sie ist das „Wiedererscheinen in einem Zustand, wo Geist, Seele und Leib gleich todlos sind“, d.h., wo der Leib so durchgeistigt und durchseelt ist, dass er nicht mehr an der Sterblichkeit der Natur, sondern an Gleichzeitigkeit und Bleibendheit teilnimmt.

Der gehirnlichen Bewusstseins- und Personalitäts-Definition ist eine ganzheitliche entgegenzuhalten, die den Menschen von all seinen Bewusstseinsebenen her versteht und den Tod als Beendigung der (diesseitigen) Wirksamkeit „aller Bewusstseine“ bzw. als theoretische Setzung ohne Seinsbezug bestimmt.

Wir alle dürfen uns also auf drei unterschiedliche Leben vorbereiten:

- das natürliche, gänzlich sterbliche Leben bis zum so genannten „Exitus“ = Leitmotive sind Vernunft, Ratio, Gehirn;

- das Leben nach dem Sterben, ein Zwischenzustand, bei dem unsere Taten aus dem ersten Leben fortwirken, bei dem wir in unseren Kindern, in der realisierten Liebe, in den Werken usw. fortleben („der Zar ist tot, aber Tolstoi lebt“) = Leitmotive sind Re-Inkarnation, Re-Animation, Nah-Tod, Out-of-Body);

- das Leben im paradiesischen Zustand, des Endes all unserer Erkenntnisse = Zustand vor dem Verzehr der Früchte des Baumes der Erkenntnis („Ignotologie“, Wissen des Nicht-Wissens, Zustand der Gedankenlosigkeit) = Hauptmotive sind das Leben im Angesicht Gottes, das Geschenkweise-Leben, das „totaliter aliter“, die „Gerechtsprechung“, die „Erlösung“, das „Alles-Neu“.

Eine Feststellung des zeitlichen Todes des Menschen stünde allenfalls diesem Menschen, also von jenseits der Todesschwelle, oder Gott zu, der den Menschen geschaffen hat, und Herr und Ursprung allen Lebens ist. Diese Vorstellungen ohne Grund beiseite zu schieben, käme einem neuen Antijudaismus und Antichristianismus gleich.

Es müsste demnach eine eingehende Prüfung des Seins des Menschen erfolgen: Welches Bewusstsein ist bereits für Feten, Zygoten, Embryonen gültig bzw. vorhanden? Welches Bewusstsein „überlebt" den Enthirnungszustand? Können Bewusstseine stellvertretend für andere (ausgleichend, ergänzend) wirksam werden bei der Aufrechterhaltung des Ganzmenschlichen?

Wir gehen nach dem leiblichen Tod also nicht irgendwohin, sondern das Irgendwo, Irgendwie, Irgendwas kommt uns entgegen. Die Pforten des Himmels öffnen sich nur: einerseits für die Weinenden (Offb 21,3-5: „Und ich hörte eine große Stimme von dem Stuhl, die sprach: Siehe da, die Hütte Gottes bei den Menschen! Und er wird bei ihnen wohnen, und sie werden sein Volk sein, und er selbst, Gott mit ihnen, wird ihr Gott sein; und Gott wird abwischen alle Tränen von ihren Augen, und der Tod wird nicht mehr sein, noch Leid noch Geschrei noch Schmerz wird mehr sein; denn das Erste ist vergangen. Und der auf dem Stuhl saß, sprach: Siehe, ich mache alles neu!)" und andererseits nur von Innen. Der erlösende Gott kommt den Menschen entgegen. Was dann geschieht, sollten wir ihm überlassen.

Nach dem Heimgang meiner geliebten Frau habe ich vergeblich auf eine Nachricht von ihr gewartet; als diese Nachricht ausblieb, wollte ich ihr unverzüglich folgen. Dann aber erfuhr ich, dass mein Mitwirken an dem Liebes-Entdeckungs-Auftrag hier im ersten Leben noch keineswegs beendet ist; dann erfuhr ich die Gewissheit, dass sie sich entweder in dem *Zweiten* „Zwischenleben" befindet oder sie bereits durch die in ihren Tränen geöffnete Tür gegangen ist, welche von meinen Tränen (und erst recht von meinen unbeholfenen Bemühungen um ein wissenschaftliches, philosophisches oder auch theologisches Verstehen) noch nicht erreicht werden konnte.

Deshalb hab ich begonnen, mich auf ihr „unvollendet“ gebliebenes „Lebens-Werk“ zu konzentrieren und dies durch jene Tränen hindurch zu vervollständigen, welche mir in diesem ersten Leben noch fließen werden: „Nichts zählt mehr / nur Helle / und Dunkelheit / Ferne / und Nähe / wenn die Tür / durch welche du gehst / eine Träne ist“ (Gisela Rest-Hartjes, aus: „... und in schlechten Tagen ... Letzte Brosamen vom Tisch eines ehelichen Lebens“, Dortmund 2017,18).

2. Von anfangslos bis neuanfänglich

Immer wieder, wenn es in zwischenmenschlichen Dialogen um die Bedeutung des Menschen im Universum, um dessen Leben, sein Sterben, die Ungewissheit des Danach und dann um die Antworten der Religionen auf die damit zusammenhängenden Fragen geht, stoßen wir auf den Widerstand der Rationalisten, Technikfreunde, Naturwissenschaftler bis hin zur Quantenphysik, aber auch auf das große Schweigen der Theologen und deren Ratlosigkeit. Insbesondere ist das Schweigen im Judentum und im Islam oftmals geradezu schmerzhaft zu spüren. Allein das Christentum sucht tastend und behutsam in den eigenen Quellen nach Spurenelementen einer Auskunft.

Und dabei stößt es auf drei wesentliche Bauelemente: die Schöpfungsberichte mit der Darstellung der Erschaffung des Menschen nach dem Ebenbild Gottes, / den Bericht von der Menschwerdung Gottes, in welchem sein allzu menschliches Sterben zum Instrument von dem wird, was dann „Erlösung“ genannt wird, / und auf die Rätselprophetie der Apokalypse, also der Neuschöpfung nach dem Untergang.

Auch und gerade als Theologe und Philosoph, nicht als Physiker oder gar Astrophysiker schaue ich auf den großen Beginn, den die biblischen Texte „Schöpfung“ nennen. Was wäre, wenn es vor unserem Universum, also vor ca. 13,5 Mrd. Jahren schon einmal ein Universum gegeben hat, in welchem spiegelbildlich schon alles einmal gewesen ist, und welches sich so sehr energetisch zusammengezogen hat, dass daraus erst das in einem großen „Schöpfungsakt“ entstehen konnte, was wir heute „Raum, Zeit und Energie“ nennen? Und wie wäre es, wenn die Bewegungen unseres Universums sich auf eine neue Zentrierung hin bewegen würde, hinter der dann Raum, Zeit und Materie keine Bedeutung mehr hätten?

Es gibt Wissenschaftler, die (mit mir) den „Urknall“ als Beginn von Allem bestreiten und einen Big Bounce statt eines Big Bang vermuten. Abhay Ashtekar, Direktor des Institutes für Gravitationsphysik und Geometrie der Pennsylvania State University und Mitbegründer der LQG-Theorie, erklärte beispielsweise Anfang 2006, dass die allgemeine Relativitätstheorie Albert Einsteins unser Universum im Großen sehr gut beschreiben könne, allerdings nur bis zu einem Zeitpunkt, „... an dem die Materie so dicht wird, dass alle Gleichungen nicht mehr funktionieren.“ Dort wird die Krümmung der Raumzeit unendlich und nähert sich dem Nullpunkt des Universums, der Singularität. „Ab diesem Zeitpunkt müssen wir Werkzeuge der Quantenphysik benutzen, die Einstein einstmals noch nicht zur Verfügung geständen hätten.“

So konnten nun Wissenschaftler rund um Ashtekar ein Modell entwickeln, mit welchem sie zurückzuverfolgen suchen, was vor dem angeblichen Urknall war. Die Wissenschaftler nutzen ebenfalls die LQG-Theorie für ihre Modellrechnungen und entdeckten vor dem Urknall ein in sich zusammenfallendes Universum, ganz ähnlich dem unsrigen(!!!). Unser Universum ist nicht in einem Knall aus dem Nichts entstanden, sondern ein vorheriges Universum hat sich winzig klein zusammengezogen um sich dann wie ein Gummiball wieder auszudehnen (!!!) – zu einem neuen Universum. Diese Universa atmen also, allerdings in zeitlich unbegreiflich ausgedehnten Zeiträumen, die selbst unsere Vorstellungen von Zeit sprengen.

Ashtekar ist auch noch nicht am Ende seiner Arbeit angekommen; denn er will zusätzlich zur bisherigen theoretischen Arbeit messbare Hinweise für ein Universum finden, das vor dem heutigen Universum existierte. Ashtekar vermutet, dass der „Big Bounce“ nicht alle Spuren dessen ausgelöscht hat, was unser Universum früher einmal war, sondern dass messbare Relikte nach wie vor in unserem Universum zu finden sind. Das alles mag für viele unvorstellbar klingen. Aber das muss einen forschenden Geist nicht entmutigen. Schon

Einstein sagte: „Phantasie ist wichtiger als Wissen, denn Wissen ist immer begrenzt."

Nachdem meine geliebte Ehefrau in ihr neues Zu-Hause gelangt war, bekam das Neujahrsfest für mich eine wahrlich andere Dimension; denn mein kleines Universum war ins Rutschen geraten. Und da verstand ich plötzlich den Abschluss des alten und den Beginn eines neuen Jahres als „guten Rutsch", als RoschHashanah (hebräisch רֹאשׁ הַשָּׁנָה), als Haupt des alten und als Anfang des neuen Jahres, als Wiederentdeckung dessen, was spiegelbildlich in einem vorzeitlichen, vormateriellen und vorräumlichen Universum schon einmal war und wohl nachzeitlich, nachmateriell und nachräumlich wieder sein wird. Es gibt gewiss ein Wiedersehen, wie es bereits ein Ehemalssehen gegeben hat.

Vielleicht können im Blick auf das Danach der Begriff und die Vorstellung von einer „Bleibendheit" hilfreich sein. Ich wage es, die Hoffnung auf ein Wiedersehen in der Bleibendheit an der Stelle des „Lebens nach dem Tode" zu denken. Wir sahen ja in unserem Gedankengang, die Unausweichlichkeit bzw. Natürlichkeit des Sterbens, aber zugleich auch, dass es offensichtlich Tod als Ver-Nichts-Ung nicht gibt. Vermutlich ist ja sogar der Tod ein Konstrukt des Menschen, welches er orientiert an gewissen Zwecken erfand, so dass er selbst begann darunter zu leiden.

3. Vom zweiten Tod / von der Ver-Nichts-Ung

Die biblischen Texte kennen offensichtlich, jedoch unausgesprochen, zwei Tode, wobei der erste, natürliche Tod des Leibes oder auch des „Fleisches" zum Menschsein dazu gehört, also „menschenwesentlich" ist. Da jedoch niemand jemals eine brauchbare Definition des Todes gefunden hat, sondern vielmehr diese Definitionen der Willkür gesellschaftlicher Zwecke folgen, habe ich mich entschlossen, von ihm zu behaupten, dass es ihn überhaupt nicht gibt. Dieser „erste Tod" steht für das Sterben, also für jenen zeitlichen Abschnitt des Lebens, mit welchem die Zeitlichkeit endet, und der Mensch in Unzeitlichkeit, Ewigkeit oder Gleichzeitigkeit hinüberwechselt.

Ein anderer Tod, der „zweite“, wird als im Zusammenhang mit der Sünde stehend begriffen. Er ist also eine moralische Kategorie, welcher keine „Realität“ zukommt. Das hat dazu geführt, dass man diese fehlende Realität zu ergänzen versuchte: Da erfand man die Hölle, als einen Ort ewiger Qualen; man erfand als Vorspiel zu dieser sadistischen Phantasie das Fegefeuer als Abglanz der höllischen Qualen auf Zeit; Dante Alighieri verspritzte seine ganze dichterische Kraft auf die Ausgestaltung dieser „Realität(en)“. Aber einen biblischen Beleg und vor allem einen theologischen oder gar christologischen findet man nicht.

Das menschliche Rachebegehren für Untaten und für irdische Hässlichkeiten seitens der Mitmenschen ist unbegrenzt. Aber wenn die Menschen schon Meister in all dem sind, was Menschen angetan werden kann, warum muss dann Gott bzw. eine Satansgestalt das alles noch übertreffen? Brauchen wir noch ein Mehr an Grausamkeiten als die von Menschen zu verantwortenden Konzentrationslager, den Gulag, den Atomkrieg, den Terrorismus, den Entzug von Nahrungsmitteln, den Klimawandel? Und da man sich als Mensch außerstande sieht, Rache zu üben für das, was Menschen Menschen antun können, erfand man den rächenden Gott: „Die Rache ist mein; ich will vergelten“ (5Mose 32,35). Da er den Menschen erlaubt, so zu sein, wie sie sind, soll er auch darin wieder Ordnung schaffen – wenigstens nachträglich.

Aber ausdrücklich ist vom „zweiten Tod“ erst im letzten Buch der Bibel die Rede, dort allerdings vier Mal. In der Offenbarung des Johannes, einer apokalyptischen Vision, wird der zweite Tod als der endgültige, unwiderrufliche verstanden, allerdings ohne reale Qualen. Er erscheint als Vernichtung in einem Feuersee, genauer als See aus brennendem Schwefel, oder wie Martin Luther ihn bezeichnet, ein „feuriger Pfuhl“ (Offb 20,14 und 21,8). Die allegorischen Bilder der Geheimen Offenbarung nehmen geradezu überhand: Dem zweiten Tod entspricht eine zweite Auferstehung, zusätzlich zur Auferstehung der Toten eine Auferstehung des verklärten übernatürlichen Lebens.

Für uns bleibt die Vorstellung interessant, dass der Vernichtung des sündhaften Lebens eine Vernichtung des Nichts folgt, also kein ewiges Leben in Qualen, sondern eine Ver-Nichts-Ung. Dieser zweite Tod wird „überwunden“

(Offb 2,11); über die Märtyrer hätte er ohnehin keine Macht gehabt (20,6); damit verschwindet alles, was mit der Totenwelt zusammen gedacht werden könnte, ebenfalls im Feuersee (20,14) und sogar die völlig Gottlosen, falls es sie denn geben sollte, verschwinden ebenfalls dort. Die Vernichtung des Nichts trifft vor allem die gottfeindlichen Gewalten, „das Tier", die falschen Propheten, den Teufel und sein Reich.

Dann werden auch Menschen von der Ver-Nichts-Ung erfasst, nämlich all jene, die „nicht im Buch des Lebens aufgeschrieben stehen": die feigen Götzenanbeter, die heimlichen Gottleugner, die unterdrückungsgeilen Frevler, die Mörder, die gegen Geld „Unzüchtigen", die Zauberer und Giftmischer sowie all jene, die lügenhaft sich von anderen Mächten (z.B. vom Geld) beherrschen lassen. Erlösung vom zweiten Tod würde nach dieser Vorstellung nur erlangen können, wer „umkehrt".

Welchen Erkenntnisfortschritt zumal für unseren Umgang mit sterbenden Menschen könnte dieser „zweite Tod" bringen? Entstammt er einer endzeitlichen Disziplinierungs-Pädagogik? Ist Gottes Erlösungsmacht selbst nach dem Kreuzessterben seines Sohnes so schwach, dass er nicht nach der Vernichtung des Nichts auch die „Verdammten" erlösen könnte? Oder müssen, dürfen wir sein Heilshandeln so umfassend und vollständig denken, dass ihm selbst das gelingt? Können die Arschlöcher dieser Welt Gottes Liebe denn doch irgendwie kleinkriegen? Nein! Gar mancher hat mich bereits wegen meines anderen Gerechtigkeitsdenkens beschimpft, weil die Verbrecher doch ihre Strafe bekommen müssten; sonst könnten doch weitere Verbrecher einfach „drauf los sündigen", da ihnen ja Gottes Vergebung bereits sicher sei. Ich bin mir sicher: Wir werden uns alle noch sehr wundern, welche Ausdruckskraft Gottes Liebe annehmen kann, sogar ohne unsere Umkehr und ohne die vorösterliche Rache.

In den 68er-Jahren des vergangenen Jahrhunderts verbrachten wir Frischvermählten, die Junglehrerin einer westfälischen Grundschule und der Referendar eines Gymnasiums, eine längere Zeit als Praktikanten bei A. S. Neill in seiner berühmten Modellschule Summerhill in Leiston (Suffolk, GB). Es soll hier nicht über das „pädagogische Modell“ gesprochen werden, vielmehr möchte ich nur eine Geschichte erzählen: Klein Jonny (Name geändert), etwa elf Jahre alt, wollte so gerne einmal ins nicht so weit entfernte London reisen und die „Reize der dortigen Großstadt“ erleben; aber das war – schon aus finanziellen Gründen – im Schulbetrieb nicht erlaubt. Also rief er mit verstellter Stimme von einer Telefonzelle im Dorf den Leiter A. S. Neill an: „Hier ist der Onkel von klein Jonny; seine geliebte Tante ist schwer erkrankt; könnten Sie ihm das nötige Geld geben, damit er seine Tante in London besuchen kann?“ A. S. Neill gab ihm bereitwillig das Geld. Kurze Zeit später sprach ihn ein Bewohner des Dorfes auf der Straße an: „Bei Ihnen können doch die Kinder jederzeit die Telefone benutzen; ist die Telefonleitung gestört oder etwas anderes passiert? Vorhin sah ich klein Jonny in der Telefonzelle.“ – A. S. Neill erzählte den Vorgang abends in der Erzieherrunde und forderte uns auf, über die Konsequenzen für klein Jonny nachzudenken. Noch während unserer Diskussion verschwand A. S. Neill; wir vermuteten ihn auf der Toilette. Als er wieder in unserer Runde saß, kam plötzlich klein Jonny ins Zimmer, sagte, er wolle am anderen Tag das Schwimmbad putzen; ob damit alles erledigt sei. A. S. Neill nickte nur. – Natürlich fragten wir nach dem Geschehen; da antwortete A. S. Neill nur: „Ich war kurz am Bett von klein Jonny; er schlief nicht; also sagte ich ihm, soeben habe seine Kusine angerufen, er komme mit dem bereits ausgehändigten Geld sicher für die Reise nicht aus. Dann hab ich ihm noch 5 Pfund dazu gegeben.“

Seitdem war ich mir sicher, dass Gottes Verzeihen mindestens die Genialität eines schottischen Vollblutpädagogen erreichen könne, wenn es darum ginge, auch die hinterhältigsten Verbrecher mit seiner niemanden ausschließenden Liebe zu beglücken. Wie er dies macht, möchte ich dankbar ihm selbst überlassen. Jedenfalls gibt es weder den ersten noch den zweiten Tod, weder das Gericht der Reparationen noch die ewige Ver-Nichts-Ung von Sündern. Einst hieß es: „Pecca fortiter, gratia melior“, was so viel heißt wie „sündige du ruhig frisch-fromm-fröhlich vor dich hin; Gottes gnadenhafte Liebe wird immer größer sein als dein Sündigenkönnen!“

Drittes Kapitel

Auch Gottes Menschwerdung endet im Sterben

1. Wie kann Gott das zulassen : Sterben und Tod

Am 28. August des Jahres 2017 starb meine über alles geliebte Ehefrau, Gisela Rest-Hartjes, von mir über annähernd 15 Jahre durch schwere Krankheit begleitet, in unserem eigenen Hause und vor allem in meinen Armen. Trotzdem stellte sich mir für lange Zeit die immer wieder unbeantwortet gebliebene Frage: „Wie konntest du, Gott, das nur zulassen?" Auch ich habe bis heute keine abschließende und vor allem wirklich befriedigende Antwort gefunden. Aber meine Auseinandersetzung mit dieser bedeutenden Frage ist auch nicht ergebnislos geblieben. Daran möchte ich die Leserinnen und Leser dieser Zeilen Anteil nehmen lassen, denn sie resultieren aus den beiden zentralen Erkenntnissen: der Ebenbildlichkeit aller Menschen mit Gott und der Menschwerdung Gottes.

Fragen wir uns also tatsächlich und grundsätzlich: Wie kann Gott das zulassen?

2. Gott ist nicht allmächtig

Das *Christentum* (nicht die Christenheit) galt und gilt teilweise noch heute als *Friedensreligion*. Aber gerade die Botschaft dieser Religion baut auf dem Widersinn einer Gewalt auf. Das brutale, gewaltsame Sterben Jesu Christi, eine tödliche Gewalttat, soll den Beginn der umfassenden Versöhnung der Welt und Gottes mit der Welt darstellen, weil Gott nicht nur diese Gewalttat zugelassen, sondern sogar gewollt und beabsichtigt hatte? Jesus hat in seinem Leben und gerade durch sein Sterben die Aggressivität nicht tabuisiert, sondern er hat sie allenfalls bloßgelegt. Wenn wir uns mit dem Willen Gottes auseinandersetzen, dürfen wir zwar die Gewalt nicht legitimieren, aber auch nicht tabuisieren, sondern wir müssen sie ebenfalls bloßlegen, und wenn wir

Gewalt anwenden, so nur wenn wir zugleich auf ihre Aufhebung erpicht bleiben.

Das wirkt sich unmittelbar auf unseren Gottesbegriff aus. Gott ist ja nicht nur pan-en-theistisch im Weltlichen aufgelöst vorhanden, und er ist auch nicht nur außerhalb der Welt als übergeordnete Regierungsgewalt, also total transzendent mächtig, wie es sich beispielsweise der Islam vorstellt, sondern er ist in der Welt wirksam, ja er ist ein Teil dieser Welt, so dass er gar spätestens in der christlich überlieferten Gestalt Jesu gänzlich dem eigenen außerweltlichen, für alles verantwortlichen und über- bzw. allmächtigen Sein entsagte, sich seiner herkömmlich mythologisch dogmatisierten Gottheit entkleidete, seine Sache jenen Bedingungen auslieferte, aus denen eine Entäußerung zugunsten der Welt statthaben kann bzw. konnte.

Hans Jonas beschrieb beispielsweise zwar nicht den jesuanischen Gott, sondern den jüdischen, sohnlosen Vater-Mutter-Gott, wenn er ihn als *„leidenden Gott“* benannte.[14] Das primäre majestätische Antlitz bekommt nun die Züge eines Sich-Grämenden, Sich Sorgenden, eines manchmal sogar eifersüchtigen Liebhabers, der wegen der Untreue seiner Partnerin voll Traurigkeit ist. Dieser Gott ist auch nicht allmächtig im Sinne einer immer schon vorhandenen Abgeschlossenheit, einer fehlenden Entwicklung, also einer immer gleichbleibenden außerweltlich konstanten Größe; dieser Gott befindet sich im Werden; er ist nicht außerhalb der Zeit, nicht unveränderlich. Bei Gott wird „nicht eine indifferente und tote Ewigkeit da sein, sondern eine, die wächst mit der sich anhäufenden Ernte der Zeit.“

Wie könnten wir der Aufforderung folgen, „all unsere Sorgen auf ihn zu werfen“, wie es in 1Petr 5,7 heißt, wenn dieser Gott aufgehört hätte, sich Sorgen zu machen? Seit der Erschaffung der Welt, seitdem er es geschehen ließ, dass es diese Welt und uns gibt, ist Gott nicht sorgenfrei; nun ist er gar abhängig von dieser Welt, gefährdet also und im Risiko. Er ist nicht an der Garantie eigener Befriedigung durch eigene Macht interessiert, sondern daran, dass wir ihn lieben, wie er uns liebt. Eifersüchtig sorgt er sich um die Fortdauer der Partnerschaft mit uns, wissend, dass diese Partnerschaft von uns aufgekündigt werden kann. Er lässt also nicht irgendwie zu, was er durchaus verhindern könnte, sondern er sorgt sich darum, dass uns gelingen möge, was er als unsere Möglichkeit geschaffen hat.

Ist die Allmacht also gar ein Widerspruch in sich selbst? Absolute Macht ist so leer wie absolute Freiheit, da sie ja nicht einmal die Macht zur Ohnmacht hätte, wie die Freiheit zur Abhängigkeit. Allumfassende Macht kann es also gar nicht geben. Die Frage, wie Gott dies oder jenes, Krankheit, Krieg, und vor allem das Sterben und den leiblichen Tod zulassen kann, ist also letztlich eine falsche Frage. Die Frage kann und muss heißen:

3. Wie gestaltet sich die Beziehung zwischen Gott und den Menschen angesichts des Sterbens, des Todes, der Krankheiten, der vielen Leiden, die unser Leben begleiten?

Diese Neuformulierung der Frage muss weiter begründet werden. Wäre Gott allmächtig, dürften wir von ihm erwarten, dass er bestimmte Ereignisse nicht zulässt. Aber er ist nicht allmächtig, will es überhaupt nicht sein.

Allmacht müsste ja aus sich selbst jede andere Macht neben sich vernichten; der allmächtige Gott müsste jede frei geschaffene Natur notwendigerweise neben sich zerstören. Und hätte die Allmacht dann kein Objekt mehr, an der sie ihre Macht demonstrieren könnte, wäre sie keine Allmacht mehr. „Wenn Gott auf gewisse Weise und in gewissem Grade verstehbar sein soll", und es wäre widersinnig, wenn er dies nicht selbst wollte, dann muss sein Gutsein (sogar) vereinbar sein mit der Existenz des Übels. Anders ausgedrückt, ist die Existenz des Übels eine Voraussetzung für Gottes Gutsein; also kann er nur gut sein, wenn er nicht all-mächtig ist.

Wenn diese Welt demnach von Gewalt, Grausamkeit, Hass, Krankheit, Sterben, Tod erfüllt ist, liegt das nicht daran, dass Gott dies zuließe, oder daran, dass er dies so wollte, denn das wäre ein Widerspruch zu seinem Gutsein. Vielmehr ist dieser Gott gerade deshalb ein guter Gott, weil er nicht allmächtig ist. Er *konnte* nicht in den Völkermord eingreifen; er herrscht nicht über die Schöpfung, belohnt nicht die Guten und bestraft nicht die Bösen. Er wirbt nur stetig und eindringlich, aber stumm und schüchtern um die Erfüllung seiner Liebe durch die Menschen.

Nachdem er die Welt erschaffen hatte, und sich ganz in diese werdende Welt hinein gab, hat Gott nichts mehr zu geben: Jetzt ist es am Menschen, ihm zu geben. Der werdende Gott vollendet sich nicht machtvoll selbst. *Wir* sind verantwortlich für die Vollendung Gottes. Es lohnt sich nicht, die „Allmacht" Gottes anzurufen, damit er eingreife in diese Welt der Tränen und sie, falls nötig, sogar einfach abbreche. Er hat dieser Macht entsagt; und also sind *wir aufgerufen*, die Tränen zu trocknen oder die vertrockneten Brunnen mit unseren Tränen wieder zum fließen zu bringen. Gott leidet mit uns in unserem Leid. Die Entsagung seiner Macht bestätigt ihn als den, der er ist, nämlich als Gott.

Auch die vorjüdischen und vorchristlichen Götter waren nicht allmächtig; denn auch sie waren ja darauf angewiesen, dass die Menschen ihnen zur Vollendung verhalfen – durch Opfer beispielsweise oder durch bestimmtes reguliertes Verhalten oder durch regelmäßige Gebete. Aus sich allein hätten diese Götter es nie geschafft, sich zu vollenden. Und wären sie bereits vollkommen gewesen, hätten sie die Verehrung durch die Menschen nicht gebraucht. Deshalb war es auch für die vielgötter-gläubigen Heiden sinnvoll, unter den ihnen bekannten Göttern auszuwählen, für wessen Vollendung sie ihre Kräfte einsetzen möchten. Die Götter der so genannten „Heiden" stehen ja für etwas und nicht für sich selbst: Sie stehen für Schönheit, Stärke, Kultur, Musik, Glück oder auch für den „rechten Augenblick"; schließlich hat der Gott „Kairos" bei den alten Griechen eine Haartolle vorne auf der Stirn und ist auf dem Hinterkopf kahl. Ergreife ihn „beim Schopfe", wenn du ihn triffst; sobald er vorbei ist, wirst du ihn nicht mehr zu fassen bekommen.

Sogar für die Zwietracht gab es bei den Griechen eine eigene Göttin. Götter sind nicht allmächtig; und wären sie es, wären sie es nicht. Das gilt noch viel mehr auch für den Gott der Christen (und Muslime). Diese Christen haben sich allerdings auf der Welt gebärdet als sei ihr Gott durch sie allmächtig. Aber was kann Gott dafür, wenn Menschen ihn missbrauchen?

4. Die Geschichte Gottes

Gelänge es uns, Gottes Plan mit uns Menschen, also seine „Geschichte" – was ja immer nur innerzeitlich gedacht werden könnte – zu verstehen, käme bis heute etwa dieser schematische Ablauf zustande. In ihm finden sich Elemente vor allem der so genannten monotheistischen Religionen, insbesondere der Juden und Christen. Jedes der genannten Stichworte würde mindestens eine Bibliothek für sich verdienen; und obwohl dies in einem einzigen Menschenleben nicht geboten werden kann, verweigere ich mich nicht, diese Stichworte zu benennen.

Gott der Präexistenz (trinitarisches Liebesspiel / Vater, Sohn, Weisheit, Gottes Geist) = Allmächtig / Ewig / Über allem / Vor allem, also auch vor dem Anfang und „im" Anfang.

Gott der Schöpfer (Mitwirkung der „Personen in der Gottheit") = Er teilt seine Macht mit den Geschöpfen, insbesondere mit dem „nach seinem „Ebenbild" geschaffenen Menschen; dieser wird „Verwalter" des Paradieses und der übrigen Schöpfung

Erste Partnerschaft Gottes mit seinem „Ebenbild" = Wechselseitige Verantwortung / „Lasst *uns* den Menschen machen, *uns* ähnlich, als Mann und Frau ... zur Herrschaft über alles" / Dieser Mensch ist sterblich von Anbeginn (Lebensbaum) und begrenzt in der Erkenntnis (von Gut und Böse), weil er sich im Angesicht Gottes befindet, wozu er dieser Erkenntnis nicht bedarf.

Aus der Freiheit des ebenbildlichen Menschen entsteht jedoch das Grundzerwürfnis der Partner: Weil den Menschen die Liebe im Angesicht ihres Gottes nicht reichte, wurden sie aufsässig und neidisch gegen Gott (Sündenfall); doch *Gott kündigte die Partnerschaft nicht, sondern zeigt sich „barmherzig"* und versucht eine neue Partnerschaft.

Zweite Partnerschaft: Obwohl die Menschen erneut versagt haben (Sintflut, Noah), *kündigt Gott die Partnerschaft wieder nicht, sondern zeigt sich „barmherzig"*; Gott wählt ein Volk als neuen Partner; diese Auserwählung ist nicht

Heraushebung, sondern korporative Verantwortung: Entweder das Volk liebt und erfüllt den Bündnisvertrag oder die Welt verliert die Liebe ihres Gottes.

Dritte Partnerschaft: Obwohl aber das „Volk" wiederum versagt hat (Verstockung Israels, Verweigerung der Verantwortung für die Welt), *kündigt Gott die Partnerschaft erneut nicht, sondern zeigt sich wieder „barmherzig"*; Gott schickt seinen Sohn / macht sich den Menschen gleich in allem außer der Sünde; nun sind die Menschen aufgefordert zur umfassenden Liebe (Gottes-, Nächsten- und Feindesliebe): Entweder sie lieben umfassend, oder es beginnt die „Apokalypse".

Vierte und (vorläufig) letzte Partnerschaft: Obwohl die Menschen Gott in der Gestalt des Sohnes „gekreuzigt" haben, *kündigt Gott die Partnerschaft nicht, sondern zeigt sich erneut „barmherzig"*; nun wird die Schuld der Menschen zu einem Mittel des Heils (felix culpa) / die Ermordung des Sohnes wird selbst zur „Erlösung der Welt – auch und gerade der Sünder"; die Menschen *sind* nun erlöst / es gibt keine Vernichtung (die Hölle ist leer) / Gott wird „um des Sohnes willen" *alles an sich ziehen*.

Nach der endgültigen Rettung der Welt und der Wiedervereinigung der Menschheit mit Gott verliert sich auch der Sohn wieder im Vater. Das „auserwählte" Volk ist und war immer beim Vater / alle anderen kommen nur (!) durch den Sohn zum Vater.

5. Zuflucht wirst du haben unter seinen Flügeln

„Sie (also die weibliche Göttin) wird dich mit ihren Fittichen decken und Zuflucht wirst du haben unter ihren Flügeln", so heißt es im 4. Vers des 91. Psalms, wenn wir den Mut haben, hier die Flügel einer Adlerhenne und nicht eines männlichen Adlers zuzulassen, wie es viele Übersetzungen tun.[15] Damit ist Gottes beschützendes Handeln nicht nur dem fraulichen und schon gar nicht nur dem männlichen Wirkungsbild unterstellt. „Die Weite deiner Flügel" ist deshalb eine Formulierung, welche uns ein Doppelbild des sorgenden Gottes beschert, das Bild der schützenden und das Bild der tragenden Flügel. Beide Motive sollen uns begleiten. Die Adlermutter breitet ihre Flügel über die

Leidenden, die Sterbenden, die Kranken und die Trauernden, sie schützt die ihr Anvertrauten vor der Unbill des Wetters, der Krankheiten, der Schmerzen und feindlicher Mächte. Die „Weite deiner Flügel" ist die Weite einer Gluckhenne.

Aber kann dieses Bild uns wirklich dienlich sein bei der Besinnung auf die Spiritualität, z.B. einer tröstlich-hospizlichen Begleitung? Ist es nicht vielleicht doch zu fremdbestimmend, zu gluckenhaft, zu sehr betuttelnd? Sollten wir nicht doch vorsichtig sein mit einer Sorge für die Menschen, bei der wir diese unter unseren Mantel, unter unseren Schutz, unter unsere Flügel, eben immer *unter* etwas nehmen?

Trotzdem, das Gottes-Bild von der Adlerhenne ist mir jedenfalls lieber als das des „Herrschers der Lüfte". Schließlich ist auch die heutige Menschensorge in erster Linie weiblich, selbst dann, wenn sich Männer dabei engagieren.

Beim Sterben und während der Krankheitsbegleitung meiner geliebten Ehefrau folgte ich schließlich dem von ihr in einem Gedicht beschriebenen Schwalbenflug. Die Schwalben sind so leicht und manchmal – besonders bei gutem Wetter – sind sie so unendlich scheinend hoch. Dann möchte ich mich unter ihre Flügel begeben und der o.a. Satz des 91. Psalms bekommt einen neuen Sinn:

Wenn die Winde kälter wehen

und die Schwalben südlich ziehn,

wenn die Wälder herbstlich blühen,

möcht ich vor dem Dunkel fliehn.

Wenn die Jahre einsam werden

und die Freunde alle gehen,

wenn die Mühsal hier auf Erden
wachsen, wer kann dann noch stehn?
Schwalbenflug, Schwalbenflug,
meiner Sehnsucht Traum,
Schwalbenflug, Schwalbenflug,
hinaus aus Zeit und Raum.

Alle angehäuften Gaben
drücken nur, sind viel zu schwer,
einzig die Erinnerungen
eurer Liebe gehn mit mir.
Freunde, meine schlechten Taten
bitte ich, mir zu verzeihn,
lasst mein Lachen, meine Liebe
nur in eurem Herzen sein.
Einer ist mein Weggeleite
aus dem irdisch dunklen Ort,
Engel sind an meiner Seite

bis zum Wiedersehen dort.

Es kehrn zurück des Frühlings Lieder,

auch wenn du jetzt noch so weinst,

dann kommen auch die Schwalben wieder

und sie fliegen hier wie einst.

Schwalbenflug, Schwalbenflug,

meiner Sehnsucht Traum,

Schwalbenflug, Schwalbenflug,

hinaus aus Zeit und Raum.

6. Einfühlung im spirituellen Weg

Nun hat man mich gebeten, Fragen der Spiritualität unter dem besonderen Vorzeichen von Schuld und Vergebung zu behandeln. Aber wer ist denn nun schuld an allem, also auch an Sterben und Tod? So dass ihm vergeben werden könnte oder müsste? Gibt es die Schuld Gottes, der Leid, Krankheit, Tod zulässt? Oder gibt es nur die Schuld des Menschen, der gegen den liebenden Gott unter Missbrauch seiner Freiheit handelt?

Sofort wird verständlich, dass es nicht reichen kann, den Menschen, der sich schuldig fühlt oder der sogar echte Schuld auf sich geladen hat, unter unsere Fittiche zu nehmen und ihm Zuflucht unter unseren Flügeln anzubieten. Unsere Antworten auf „Schuld und Sünde“ bzw. „Sühne und Vergebung“ scheinen erheblich komplizierter zu sein und vor allem mehr Aspekte zu beinhalten.

Wenn wir nach einer Begrifflichkeit von Schuld und Sünde suchen, so erkennen wir ein Nebeneinander von *subjektivem Schuldbewusstsein* und *objekti-*

vem Schuld- bzw. Strafverhängnis, ob der unter einer Schuld stehende davon ein Bewusstsein hat, oder ob er auch ohne das Bewusstsein davon schuldig ist. In beiden Situationen sucht der Mensch nach einer Lösung der Schuld durch so etwas wie „Abarbeitung“ oder durch ein „Geschenk“, z.B. durch ein Geschenk der Barmherzigkeit und Erlösung.

Im biblischen Verständnis kommen die Sünder vor die Gerechten zu stehen, weil sie Gottes Sorge umfassender und stärker herausfordern: Da gehen Kamele eher durch ein Nadelöhr als Reiche / Da herrscht größere Freude im Himmel über den Sünder, als über tausend Gerechte / Da gibt es das Gleichnis vom ungerechten Verwalter.

Angesichts des Todes taucht die Schuldthematik besonders ausgeprägt auf, wobei der Tod als „der Sünde Sold“ bezeichnet und dabei – sicher völlig unverständlich und dem Anliegen des dort Redenden zuwider – als leiblicher, nicht jedoch als moralischer Tod missverstanden und in der Verkündigung missbraucht wurde. Ohne Christi Erlösungshandeln bliebe der zweite Tod (Offb 21,8, die ewige Verdammnis) unausweichlich. Aber gerade an ihm verwirklicht sich die „Vergebung der Sünden der ganzen Welt“ (1Joh 2,2): „Er ist die Sühne für unsere Sünden, nicht nur für die unseren, sondern auch für die der ganzen Welt.“ Gott lässt die Sünden also nicht zu, sondern befreit von ihnen. Gott lässt die Sünder trotz schwerster Schuld nicht los, sondern schenkt gerade ihnen, die sie am meisten brauchen, seine Huld und Liebe.

7. Sterblich leben – lebendig sterben

Beziehen wir nun diese Besinnung auf die Tatsache des Sterbens. „Sterben heißt leben“, lautet die Erkenntnis jener, die im eigenen Sterben oder durch Begleithandlungen diesem Spannungsbogen begegnen.

Aber da finden wir z.B. die Schöpfungsgeschichte, die immer wieder fehlinterpretiert wurde, als seien Sterben und Tod Folgen der so genannten Erbsünde, als gehörten sie eigentlich gar nicht zum Leben der Menschen. Beginnen wir also mit der Schöpfung: Wenn das natürliche, alltägliche Sterben „der Sünde Sold“ wäre, dann gäbe es keine spirituelle Begründung für eine Sterbebegleitung, sondern nur für den Kampf gegen das Sterben und also für eine Lebensverlängerung um jeden Preis.

Ich habe mich ca. 50 Jahre meines Lebens „wissenschaftlich" mit Sterben, Tod, Trauer, Sterbebegleitung und Totenfürsorge befasst; 15 Jahre dieses gebrechlichen Lebens habe ich meiner schwerkranken, dann verlöschend sterbenden und nun „toten" Ehefrau gewidmet. Der Behauptung und dem Verständnis dessen, dass ich damit im Dienste der Sünde gestanden hätte, bin ich nirgends begegnet; allenfalls darin, dass sich die örtliche Priesterschaft nie hat sehen lassen; allerdings vermutlich mehr aus Faulheit, Desinteresse oder falsch verstandener Berufsauffassung denn aus Angst vor unseren (also meiner Frau und meiner Person) Sünden.

Vor der Schöpfung existierte nach 1Mose 1 und 2 ja so etwas wie eine einheitliche, göttlich-kosmische Lebensenergie: „Der Geist Gottes schwebte über den Gewässern." Dann pflanzte JHWH einen Garten und versetzte dorthin den Menschen. Dieser Mensch war von vornherein sterblich; gerade dadurch unterschied er sich von Gott trotz seiner „Ebenbildlichkeit" mit ihm. Denn Gott hatte allerlei Bäume aus dem Boden wachsen lassen mit wohlschmeckenden Früchten, darunter „auch den Lebensbaum mitten im Garten und den Baum der Erkenntnis des Guten und Bösen".

Das Gebot Gottes, nicht vom Baum der Erkenntnis zu essen, wird an eine Strafandrohung gebunden, die „Sterben" bedeuten würde. Aber welches Sterben ist dies, da doch der Mensch auch vom Lebensbaum nicht gegessen hatte, also von vornherein sterblich war? Und welches Sterben könnte das sein, das dem Menschen nach erfolgtem Erwerb von Kenntnissen über Gut und Böse blühen würde?

Der spätere Sündenfall, nämlich der Verzehr eines Apfels vom Baum der Erkenntnis, macht unmissverständlich deutlich, dass mit dieser anderen Sterblichkeit nicht das Ende des irdisch-leiblichen Lebens gemeint sein kann, sondern das Ende der Beschwerdelosigkeit, das nunmehrige Verfallensein an eine mögliche ewige Verdammnis und also Tod als Folge von Wertlosigkeit: „Im Schweiß deines Angesichts sollst du nun dein Brot verzehren, bis du zur

Erde zurückkehrst; von ihr bist du ja genommen. Vom Staub bist du genommen und zum Staub wirst du zurückkehren“ (1Mose 3,19), nicht als Strafe in der Form des „Solds der Sünde“, sondern als Konsequenz, als „Tod des besonderen Wertes, ein Ebenbild Gottes zu sein“. „Schweiß“ und „Staub“ sind Metaphern für Niederwertiges. Gott straft nicht; er liebt. Aber des Menschen Zurückweisung dieser Liebe hat Konsequenzen, über die er sich nicht wundern sollte.

Der Mensch hatte nie so etwas wie Unsterblichkeit; er hat sie nie gehabt, lautet die Botschaft des jüdischen Fundaments; denn vom Baum des „ewigen“ Lebens hat er nie gegessen; „gottgleich“ im Sinne von Unsterblichkeit ist er nie geworden – und wird er auch nie werden.

Bleibend ist allenfalls die Gattung Mensch, wie das Versprechen Gottes im Anschluss an die große Flut unterstreicht. Das Sterben ist den Menschen immer gewiss, sogar den von JESUS Auferweckten, die allesamt nicht mehr unter uns weilen, und sogar dem „Menschgewordenen“. Das Sterben ist und bleibt eine „Auszeichnung“ des Menschen: ausgezeichnet vor Gott – und vor der anderen Natur, die ja eher vergeht, krepiert, verendet, als Nahrungsquelle dient usw.

Das zweite Sterben der Verfallenheit an die vollständige Wertlosigkeit dagegen ist neu, ist durch die Sünde ins Spiel gekommen.

Und nur indem der unsterbliche Gott sich durch die Menschwerdung in der Gestalt seines Sohnes in die Sterblichkeit der Menschen begibt, überwindet er dieses andere zweite Sterben, hebt die Verfallenheit an die Wertlosigkeit auf und sagt den Menschen eine Bleibendheit in der Gnade der Erlösung zu. Das ist die Kernbotschaft von „Tod und Auferstehung des menschgewordenen Jesus von Nazareth“.

Übrigens: Indem der Koran genau dies aus seinem Bericht über den Propheten Jesus / Isa streicht, fällt er als „Heiliges Buch“ weit hinter die christlichen Evangelien, weit hinter das „Neue Testament“ zurück und verfehlt die eigentliche Liebesbotschaft des auch von ihm als „barmherzig“ erfahrenen Gottes.

Der moralische Tod ist durch Gott überwunden; an ihn kommt ohnehin die Medizin bei ihrem ständigen Bemühen um Lebensverlängerungen durch Medikamente und Organverpflanzungen nicht heran, selbst wenn sie eines Tages als Spitze ihrer Hybris dem leiblichen Sterben noch viele weitere Jahre abgetrotzt und den ohnehin nur gedachten, nicht wirklichen Tod sogar besiegt haben würde. Das lebendige Sterben ist und bleibt eine Auszeichnung des menschlichen Wesens.

Dieses Sterben des Leibes erlangt denn auch so etwas wie eine Heiligung dadurch, dass der unsterbliche Gott es als Mittel, als Werkzeug der Erlösung vom moralischen Tod benutzt. Indem Gottes Sohn sich in die kostbare Sterblichkeit der Menschen begab, hat er ja nichts gegen seine eigene „Unsterblichkeit", nichts gegen seine Göttlichkeit unternommen; er hat vielmehr diese Sterblichkeit von dem Makel der Verfallenheit an die Wertlosigkeit befreit.

Sterben ist also kein Feind des natürlichen, leiblichen Lebens. Feind des Lebens, das war und wäre die Sünde; aber auch dieser zweite Tod, der Tod durch Sünde ist durch das Handeln JESU nicht mehr lebensfeindlich. Auf den „Sündenstrafen" lässt sich deshalb auch keine Drohbotschaft mehr aufbauen, welche in den christlichen Kirchen (und vor allem im „unerlösten" Islam) immer wieder als pädagogisches Disziplinierungsmittel eingesetzt wurden.

Sterben ist auch nicht nur „Teil des Lebens", sondern allenfalls definitorisch „Bestandteil für den Begriff von menschlichem Leben". Wir können das Sterben nicht als „Teil des Lebens" gewissermaßen hinwegdenken, damit dann Unsterblichkeit übrig bliebe. Würden wir das Sterben hinwegdenken, ginge das ganze menschliche Leben verloren.

Sterben ist ja sogar so etwas wie Bedingung des Lebens, eines Lebens, das durch das Sterben überhaupt nicht endet, sondern das sich lebendig wie sterblich vollenden kann. Deshalb sprechen wir für die Begleitung der Sterbenden in unserem „hospizlich-palliativen Handeln", dem ich so viel Kraft meiner wissenschaftlichen Arbeiten gegeben habe, vom Ziel der „Lebenssättigung".

Als ich meine geliebte Ehefrau im Sterben begleitete, habe ich selbstverständlich auch gegen Krankheiten „gekämpft“, versucht, die ihr gegebene Zeit zu gestalten, ihrem verlöschenden Leben gerecht zu werden. Niemals bin ich auf den Gedanken gekommen, ihren leiblichen Tod zu verhindern. Bei ihrer Parkinson-Krankheit gab man uns immer wieder irgendwelche Ratschläge wie „Hirnschrittmacher“. Schließlich wurde auf eine Substanz verwiesen, die aus embryonalen Gehirnen gewonnen werden könnte, um so die Dopamin-Produktion des Gehirns wieder anzuregen. Ich sprach mit meiner damals noch sprechfähigen Ehefrau ausführlich auch darüber. Ihre Antwort war unmissverständlich: „Auf der Grundlage des Todes von Menschen (hier eben menschlicher Embryonen) möchte ich keine Minute meines irdischen Lebens mehr gewinnen. Lass mich mit den Schwalben ziehen, sobald ich satt bin an Leben.“

8. Geistige Kompetenz gegen Tötungspropaganda

In einer Zeit, die unter anderem auch dadurch gekennzeichnet ist, dass Lebens- und Überlebensrechte ebenso umstritten sind wie eine Kultur des Sterbens, der Begleitung Sterbender und der Trauer, benötigen die Handelnden spirituelle Kraft. Hans Küng, der sich 1995 zum Promotor einer Tötung auf Verlangen ernannte, stellt Zugeständnissen an die Adresse der „Hüter des lebendigen Sterbens“ ein *„Aber“* gegenüber. Z.B. sagt er: Gewiss hätten Ärzte bei der Tötung ihrer Patienten Gewissenskonflikte; aber sie sollten dem Kranken doch auch einen Schrecken ohne Ende ersparen. Gewiss forderten Theologen oft ethische Sensibilität und ethischen Rigorismus; aber es wäre doch fatal, wenn dadurch die Menschen gezwungen seien, nur noch dem eigenen Gewissen zu folgen. Gewiss gäbe es Schutzinteressen der Allgemeinheit; aber zugleich gäbe es auch Sterbenot. Gewiss sei Leben mit dem Krebs möglich; aber es könne ja auch unerträglich werden.

„Nach allem, was ich im Verlauf eines Theologenlebens in Sachen Ablehnung der Empfängnisverhütung erleben musste, können mich Beschwörungen eines angeblichen Dammbruchs oder einer schiefen Ebene nicht mehr beeindrucken“, schrieb Hans Küng; und da er solche Aussagen im Zusammenhang mit der Befürwortung aktiver Sterbehilfe sagt, könnte man vielleicht formulieren: Nach allem, was ihm bereits zur Ablehnung der Tötungsheilbehandlung und Tötung auf Verlangen zu Ohren gekommen sei, könnten ihn Beschwörungen von Dammbrüchen oder schiefen Ebenen nicht mehr beeindrucken; vielmehr möchte er bereitwillig diese Nachdenklichkeiten in den Wind schlagen sowie unumwunden und bedenkenlos die Öffnung der „Tötungsschleusen“ empfehlen. Aber da widerspricht Ronald Dworkin erheblich. Denn die Heiligkeit des Lebens sei „intrinsisch“ und schöpfungsgerecht. Abtreibung und Euthanasie seien Angriffe des Menschen gegen seine eigene Schöpfung. Dieser Nicht-Theologe legt an die Stiftung von Leben und an die Wahrung der Würde im Sterben deshalb höhere moralische Ansprüche als der Theologe Küng.

Um diese menschliche Aufgabe angesichts des verbrecherischen Handelns z.B. der Herrschenden zu verdeutlichen, weist Franco Rest deshalb ausdrücklich auf biblische Impulse hin, die mit einer gewissen Leichtigkeit Tötungshandeln als mögliches Handeln (selbst unter Lebensgefahr) unumwunden ablehnen und kein Wenn oder „Aber“ zulassen.

Zwei Pflegekräfte (*heute wären es vielleicht MitarbeiterInnen der Diakonie oder Caritas)*, in diesem Fall Hebammen, werden uns zum Vorbild gegen die Tötungsphantasien der Umwelt. Es sind meines Wissens die einzigen Pflegekräfte, die namentlich in den biblischen Texten erscheinen: *„Zu den hebräischen Hebammen* SCHIFRA und PUA *sagte der König von Ägypten: Wenn ihr den Hebräerinnen Geburtshilfe leistet, dann achten auf das Geschlecht; ist es ein Knabe, so lasst ihn sterben; ist es ein Mädchen, dann kann es am Leben bleiben. Die Hebammen aber fürchteten Gott und taten nicht, was ihnen der König von Ägypten befohlen hatte, sondern ließen die Kinder am Leben. Da rief der König von Ägypten die Hebammen zu sich und sagte ihnen: Warum tut ihr das und lasst die Kinder am Leben? Die Hebammen antworteten dem Pharao: Bei den hebräischen Frauen ist es nicht wie bei den Ägypterinnen, sondern wie bei den Tieren: wenn die Hebamme zu ihnen kommt, haben sie schon geboren“* (2Mose 1, 15-20).

Was kann einer Tötungs-Forderung anderes entgegengesetzt werden als die eigene geistig-spirituelle Kompetenz der Pflegekräfte, Ärzte, Seelsorger? Die beiden Hebammen berufen sich gerade auf diese Kompetenz: Sie wissen, dass ein Pharao keine Ahnung von Pflege hat. Sie erklären, die Hebräerinnen seien kräftiger als die Ägypterinnen, sie seien eher wie die Tiere, indem sie ihre Kinder werfen, ohne auf die Hebammen zu warten. Deshalb können die Kinder nicht klamm heimlich getötet werden, so dass man anschließend behaupten könnte, sie seien bei der Geburt gestorben. Der Vergleich mit den Tieren in der Begründung der Hebammen ist schmeichelhaft für die Ohren des Pharao bestimmt; das hört er gerne, dass die Hebräerinnen eigentlich nicht Menschen sind wie die Ägypterinnen, sondern wie die Tiere, die man ja auch schlachten darf. Aber gegen das „pflegewissenschaftliche" Argument vermag er nichts zu entgegnen; dafür ist er einfach zu inkompetent.

Wer nicht töten will, obwohl Ethiker, Theologen, Juristen dies erwarten oder gar verlangen, muss sich auf seine eigene Kompetenz besinnen. Da kann man sich nicht zurücklehnen und bedauernd feststellen, dass man nicht verstünde, „wie Gott das zulassen kann". Zu den geforderten Kompetenzen gehört die persönliche Betroffenheit, die verantwortete Bindung zwischen Pflegenden, Sterbebegleitern und Patienten, der gesunde, weil von ethischer, sozialpolitischer und juristischer Argumentation noch nicht deformierte „Menschenverstand", die nur rational nicht zugängliche Liebe usw. Mit derartiger Haltung und einer tatsächlichen „Pflegekompetenz", könnten auch wir uns den Tötungs-Heilbehandlern entgegenstellen. Unsere Argumente können sie mit ihren eigenen Mitteln nämlich nicht widerlegen.

SCHIFRA und PUA lehren, wie man standhalten kann gegen die Angriffe der (nur) „humanen Ethik", der „Bioethik" oder der „analytischen Philosophie". Der Pharao hatte ja gut überlegt, als er sie nicht zur Tötung, sondern zum „Sterben-Lassen" aufgefordert hatte. „Passive Sterbehilfe" sollte das aktive Tötungshandeln verschleiern. Mit dergleichen gezielten begrifflichen Unschärfen argumentieren auch die heutigen Sterbehilfe-Propagandisten. Gott aber bedankte sich bei den Hebammen und gab ihnen Glück für ihr weiteres Leben. *„Weil sie Gott mehr gehorcht hatten als den Menschen, schenkte er ihnen viele*

Nachkommen". Das heißt nicht, dass sie viele Kinder bekommen haben, sondern dass jeder, der bei Angriffen gegen das Leben geschickt und kompetent Widerstand anmeldet, sich als „Nachkomme von SCHIFRA und PUA" verstehen darf. (*Ich würde mich jedenfalls freuen, wenn mehr diakonisch-caritative Einrichtungen sich entschließen würden, die Namen dieser Frauen für sich in Anspruch zu nehmen.*)

Mit SCHIFRA und PUA ist, das sollte unbedingt festgehalten werden, keine Verurteilung von davon abweichendem Verhalten verbunden; denn Gott und also auch eine sich auf Gott beziehende Ethik verurteilt nicht, sondern hilft lediglich zu beurteilen, abzuwägen und Rechtfertigungen zu finden. Als ich mich entschloss, meiner verstorbenen Geliebten unverzüglich zu folgen (wozu es schließlich nicht kam), war ich mir über die Problematik durchaus im Klaren, aber zugleich der Barmherzigkeit und des Verzeihens Gottes sicher. Meine (ärztlich assistierte) Selbsttötung hätten vermutlich viele meiner Hörerinnen und Hörer, Leserinnen und Leser nicht verstanden. Heute bin ich froh, dass ich besonders jene, die meine Frau zusammen mit mir begleiteten, nicht in Verstehensnöte getrieben habe. Aber mit meinem Gott wäre ich trotzdem „im Reinen gewesen".

9. Krankenbegleitung als Gottbegegnung

Das Ende der Todesverdrängung und der Tabuisierung durch praktische und geistliche Besinnung auf das Geleit der Sterbenden hat die Befürwortung einer Heilbehandlung von Unheilbaren durch „Tötung als Nebenwirkung" erzeugt. Dafür gibt es eine Fülle an Literatur. Darin werden z.B. die immer noch schlechte Schmerztherapie und die hohen Kosten einer langzeitigen palliativen Behandlung mit dem Angebot einer Kranken-Tötung beantwortet. Die Unterdrückung der Selbstbestimmung bei 80 Prozent der Menschen dieser Erde soll dadurch abgeschafft werden, dass für die anderen 20 Prozent die Selbsttötungsrechte ausgebaut und Freitod(nach)hilfen gesetzlich verankert werden.

Ist die Frage berechtigt, wie Gott das zulassen kann?

Nun, hier eröffnen sich eschatologische Dimensionen, wie sie im 25. Kap. des Matthäusevangeliums aufgeschrieben stehen. Was ist zu tun, was ist zu unterlassen angesichts eines fremden Sterbens? Die biblischen Texte schweigen dazu nicht: *„Wenn aber der Menschensohn kommt in Herrlichkeit und alle Engel mit ihm, dann wird er sich auf den Thron seiner Herrlichkeit setzen. Und alle Völker werden vor ihm versammelt werden. Und er wird sie voneinander scheiden, wie der Hirt die Schafe von den Böcken scheidet."* Wir haben es hier also mit einer Endzeitrede zu tun. In ihr geht es um die Kriterien der Unterscheidung zwischen Verwerflichkeit und Gerechtigkeit, indem sich der sprechende Weltenrichter den Opfern des Handelns der Menschen gleichsetzt. *„Amen, ich sage euch: Was ihr einem von diesen geringsten meiner Brüder* und Schwestern *getan habt, habt ihr mir getan."*

Einige Zeitgenosse lesen nun diese Zeilen, die sich auf die Umgangsformen mit Kranken beziehen in folgender Weise: „Ich war tödlich schwer krank, und ihr habt mich von dem Leiden erlöst, indem ihr mir eine Erlösungsspritze gabt; empfanget euer Erbteil des Himmels." Oder sie lesen: „Ich war schwer krank, und ihr habt mir nicht – ob ich es erbeten hatte, oder ob ihr es auch so nur hättet erkennen können – aktiv zum Tod verholfen, sondern weitertherapiert; gehet von mir, ihr Verfluchten, in das ewige Feuer, das dem Teufel und seinen Engeln bereitet ist."

Nur, eine derartige Interpretation lässt sich selbst bei extremsten exegetischen Klimmzügen kaum aus dem Text heraus oder in diesen hineinlesen. *„Ich war fremd, und ihr habt mich beherbergt, nackt, und ihr habt mich bekleidet. Ich war krank und ihr habt mich besucht. Ich war im Gefängnis, und ihr seid zu mir gekommen."* Dies ist die wörtliche Voraussetzung für die Zusage des Himmelreiches. Den – aus Sicht des vorösterlichen Juden Jesus betrachteten – „Verdammten" aber heißt es: *„Ich war fremd, und ihr habt mich nicht beherbergt, nackt, und ihr habt mich nicht bekleidet, krank und im Gefängnis, und ihr habt mich nicht besucht."* Mit dieser Rede schließt das gesamte Wirken JESU in der Öffentlichkeit ab; in ihr fließt die gesamte Botschaft zusammen: Der einzelne Mensch ist Repräsentant Gottes. In ihm begegnen wir der ganzen Menschheit und dem „alter Christus", dem anderen

Christus, dem Christus im anderen Menschen. Wer einen Menschen tötet, vergeht sich am lebendigen Gott.

Dass all diese in der Endzeitrede benannten „Verdammten“ durch das dann folgende Sterben, die Kreuzigung, das „Opfer“, die Auferstehung ebenfalls vom Erlösungshandeln Gottes erreicht werden – trotz oder gerade wegen ihrer Schuld – ist damit keineswegs ausgeschlossen. Die Gewissheit der Erlösung auch und gerade der Sünder sollte diese befähigen, ihre Liebe den Mitmenschen zukommen zu lassen, nicht um der Erlösung willen, sondern ausschließlich weil auch sie zur Liebe befähigt und berufen wären. Mit ihrem gegenteiligen Handeln sind aber auch sie nicht in der Lage, Gottes erlösende Liebe zu verkleinern.

Nun werden die Humanitäts-Theologen sagen, es ginge ihnen ja um die Bewahrung der Menschen vor der Brutalität einer Medizin, die den Menschen in seinem Leiden belässt und sein Leiden unsinnig ausdehnt. Was solche Medizin dem Geringsten der Brüder und Schwestern antut, das tut sie ja eben auch dem lebendigen Gott an. Gegen diese Interpretation wäre nichts einzuwenden. Die fatale Verkehrung der Botschaft wäre aber, daraus ein Tötungsgebot im Sinne der aktiven Sterbehilfe oder der freiwilligen (und auch unfreiwilligen) Euthanasie abzuleiten. Denn es ist ein Unterschied, Gott zu lieben, indem wir dem leidenden Menschen beistehen, oder Gott zu töten aus Mitleid für den leidenden Menschen.

„Ich war krank, und ihr habt mich besucht.“ – Da wird von einem Priester berichtet, der im Zusammenhang mit einer Schweizer Organisation umher reiste, um kranken Menschen ein tödliches Mittel auszuhändigen. Sein „Besuch“ geschah mit einem Koffer voll Tötungsmaterial. Der Zusammenhang mit den Menschen, die ebenfalls besucht werden sollen, weil sie sich im Gefängnis befinden, zeigt, dass hier das christliche Mitleid in eine dämonische Tötungsheilbehandlung umgeschlagen ist. Die Hospizbewegung hat den „Besuch“-Auftrag anders und auch wohl angemessener verstanden: sie organisiert „Besuchsdienste“, Sitzwachen, Begleitung und Beistand unter ausdrücklichem Verzicht auf die Todesnachhilfe, die „Sterbehilfe“.

Ein Blick in die Parallelliteratur der prophetischen Bücher und des Midrasch lässt ebenfalls keine Interpretation im Sinne der Sterbehilfe zu. Dort gibt es die Speisung der Hungrigen, die Bekleidung der Nackten, den Besuch bei Kranken und Gefangenen. Außerdem gibt es weitere Werke der Barmherzigkeit wie, den Not leidenden Verwandten beizustehen, die Toten zu bestatten, Trauernde zu trösten und Gefangene zu befreien. Dahinter verbirgt sich die Wahrnehmung des Menschen als eines Ebenbildes Gottes, also die Wahrnehmung seiner unverbrüchlichen „Würde“: „Wer das Antlitz eines Menschen schmäht, schmäht das Antlitz des Herrn.“ Wenn alle, die den Willen des Vaters tun, ihn als Bruder (und Schwester) gewinnen, kann die Tötung auf Verlangen, kann die aktive Sterbehilfe nicht im Willen des Vaters sein; denn wer seinen Bruder tötet, tötet ja jenen, dessen Bruder er werden möchte.

Von einer Verurteilung des derart Schuldigen im Sinne der „ewigen Verdammnis“ ist hier nicht die Rede; von der Erlösung ist auch der „Schuldige“ nicht ausgeschlossen.

Allerdings ist die Rede von den „geringsten seiner Brüder“ ohne Vergleich. Sie zeichnet sich gerade dadurch aus, dass nicht der Glaube, nicht das Christsein als Angeld der Bruderschaft mit Gott gilt, sondern die „Geringheit“, der Hunger, der Durst, die Krankheit, das Sterben. Die Krankheit ist sicher nicht zu akzeptieren, aber seine Behandlung geschieht durch den Besuch, durch das Da-Sein, das Nicht-im-Stich-Lassen. Dem Durst wird durch Tränken, dem Hunger durch Speisen begegnen; die Krankheit und das Gefangensein werden durch den „Besuch“ beantwortet.

Meiner sterbenden Geliebten wollte ich dies Versprechen einlösen, nicht um damit für mich das Himmelreich zu erwerben, sondern weil ich trotz häufiger Verzweiflungen, trotz „schlafloser Nächte“ usw. auf die mir zufließenden Kräfte vertrauen wollte. Wäre ich daran zugrunde gegangen, hätte ich Gottes erlösende Liebe damit nicht eingebüßt. Und deshalb ist, was ich tat und durchgestanden habe, nicht „bewundernswert“ oder gar „vorbildlich“, sondern lediglich meine persönliche Einlösung eines Versprechens. Gottes Liebe hätte mich erreicht, auch wenn ich versagt hätte.

10. Selbstverantwortung als Verantwortungsverlust

Aber da kommt bezüglich der moralischen Wertung von Sterbehilfe und assistierter Selbsttötung aus christlicher Sicht noch eine wichtige Komponente hinzu: Letztlich zählt nur solches Gutes-Tun als Beitrag zur Verlebendigung von Liebe, welches frei ist von Selbstsucht und vom Schielen nach Anerkennung; denn sonst hätten die Gerechten wie die Frevler ja merken müssen, dass sie in ihrem Tun an dem Menschgewordenen handelten. Aber gerade weil sie nichts bemerkten, weil sie sich davon überrascht fühlen müssen, dass ihnen in ihrem Handeln Christus selbst begegnete, verdienen sie ihren Anteil am Himmelreich.

Die Befürworter der Sterbehilfe bringen demgegenüber immer sich selbst ins Spiel. Sie reden von Selbstbestimmung und Selbstverwirklichung, von Autonomie und von einklagbaren Rechten, die sie bzw. ihre Patienten haben möchten. Aber diese Perikope aus der großen Abschiedsrede JESU besagt unzweideutig, dass Christus den Menschen im Antlitz des Kranken und auch des Toten begegnet, nicht aber im Antlitz des Getöteten oder gar des Tötenden, trotz der Ebenbildlichkeit, die keinem Menschen, also auch dem Mörder nicht, verloren gehen kann. Der Menschensohn identifiziert sich allerdings mit den Elenden, nicht jedoch mit den „Entsorgern der Elenden“, obwohl sein Erlösungshandeln auch diesen zugute käme.

In den vorangegangenen Überlegungen trat die Sterbebegleitung gegen die Sterbehilfe in der Weise an, dass wir letztere als Tötungsheilbehandlung entlarvten und ihre Befürworter als biblisch „unbeleckt“. Sterbehilfe kann für sich keine christlich-theologische Rechtfertigung anbieten außer der von den biblischen Quellen und von der Person JESU gereinigten Idee irgendeiner Barmherzigkeit und des Mitleids um jeden Preis, nötigenfalls auch um den Preis des Verrats an der Heilsbotschaft, die vom Sterben des menschgewordenen Gottessohns ausgegangen ist. Diese „entchristlichte Humanität und gottlose Religiosität“ sind Voraussetzung für ein selbstisches Verständnis von Ethik, für eine allein auf das Selbst, das Ich und seine Macht, auch über andere einschließlich der Gesellschaft, beruhende „Ethik“.

Regina Faerbers Buch „Der verdrängte Tod. Über die Unkultur im Umgang mit unseren Toten“ von 1995 ist ein Beispiel für diese eigentümliche Mischung aus humanitärer Hilfe und „gottloser“ Ethik. Für sie hat sich das Grauen des Todes aufgehoben; Sterben und Tod sind ihr zur „Normalität“ geworden; einer Normalität, zu der auch das Grauen gehört. Aber die angebotene Spiritualität unterliegt dem Gesetz des Wunsches und also keiner anderen Norm als dem fordernden Selbst. Diese Grundhaltung gehört zur „nachchristlichen“ Kultur. Max Stirner drückte es so aus: „Ich bin mein Zweck, meine Bestimmung, mein Gesetz. Meine Vernunft ist, mich zu vernehmen. Meine Selbstheit ist meine Freiheit. Meine Macht mein Recht. Alles tue ich für mich: gewärtig, dass alle tun wie ich.“ So lautet eben die Hymne der Autonomie, der Einzigkeit und Selbstbestimmung. Der „einzige Mensch“ macht sich zum Maßstab des Lebens und bestimmt noch die anderen Menschen (wie z.B. die Ärzte), seiner Selbstverantwortung unterworfen zu sein. So soll die Sterbehilfe gesetzlich werden, durch welche die Selbstentsorgung im Suizid zur Pflichtentsorgung in der Fremdtötung auf mein Verlangen hin wird.

Bei Max Stirner hieß es weiter: „Das Göttliche ist Gottes Sache, das Menschliche Sache ‚des Menschen'. Meine Sache ist weder das Göttliche noch das Menschliche, ist nicht das Wahre, Gute, Rechte, Freie etc., sondern allein das Meinige, und sie ist keine Allgemeine, sondern ist – einzig, wie ich einzig bin. Mir geht nichts über mich!“ – Wenn das Göttliche nur Gottes Sache ist, an der ich keinen Anteil nehmen muss, weil ich einzig bin, dann allerdings brauche ich weder eine begleitende Versorgung anderer sterbender Menschen, noch das Heilshandeln Gottes, noch die Beachtung der überkommenen Normen und Gesetze, die unsere Gesellschaft zusammenhalten.

Hier spricht jemand, der nicht einmal mehr Gott das Elend in die Sandalen schieben will nach dem Motto: „Wie konntest du das nur zulassen!“, sondern der sich zum Herrn über das Elend aufwirft. Ich lasse das Elend einfach stehen, gleichgültig ob dafür nun Gott oder andere Menschen verantwortlich wären; ich prüfe jeweils nur, was es mir nützt.

11. „Ich mit Dir" – biblisches Mitleid

Kommen wir nun zu einer der angeblich größten Tragödien der Menschheitsgeschichte, nämlich der Ermordung des „menschgewordenen Gottes". Wie konnte denn der „Vater" ausgerechnet sogar das noch zulassen? Für einige ist die Passions-Geschichte beispielsweise nur ein literarisch gelungener Bericht vom Verlust der Menschenwürde bei einem schuldlosen Delinquenten, Schilderung eines elenden Sterbens, das erbarmungswürdige Ende eines Mannes. Die Humanität meint fordern zu dürfen, dass jeder das Recht haben solle, seinen Arzt darum zu bitten, das unausweichliche Ende an ihm zu vollziehen. Das gesellschaftlich vereinbarte Recht soll sogar den Arzt dazu verpflichten. Dem dient die Beschränkung der Passionsgeschichte auf die „Erbarmungswürdigkeit" wie bei Walter Jens und Hans Küng.

(Hier sei nur am Rande auf die weitere Lebensgeschichte von Walter Jens verwiesen, der mit fortgeschrittener Demenz gepflegt wurde, und immer wieder vor sich hin sagt: „Nicht totmachen!" / Es sei auch nur am Rande darauf verwiesen, dass Hans Küng vielleicht inzwischen dazu gelernt haben könnte. / Und es sei auch nur am Rande darauf verwiesen, dass nach wie vor über die dienstrechtliche Absicherung einer ärztlich assistierten Selbsttötung diskutiert wird. In Deutschland wird ja die Suizidbeihilfe durch den Normalmenschen keiner Strafandrohung unterworfen, aber Ärzte, die dabei helfen, können ihre Approbation gefährden; nur die geschäftliche Bereicherung durch Suizidbeihilfe steht unter der Strafbarkeit. Bezüglich des ärztlichen Handelns bleibt unklar, was strafbar, was straffrei und was erlaubt ist, weil unklar bleibt, in welchem Vertrauensverhältnis der behandelnde Arzt zu seinem jeweiligen Patienten steht.)

Der uns nunmehr interessierende Text bei Lukas schildert aber: „Einer der Verbrecher, die mit ihm gekreuzigt wurden, beschimpfte ihn: Bist du denn nicht der versprochene Retter? Dann hilf dir selbst und uns." Da haben wir die Aufforderung zur Selbsthilfe, vielleicht sogar zu einer suizidalen Befreiung im biblischen Text. Vielleicht könnte ja die Sterbenssache des „Verbrechers am Kreuz" so interpretiert werden, dass der menschenunwürdige, erbarmungslose Tod hätte beendet werden können, wenn JESUS noch die Möglichkeit zum Suizid gehabt hätte, oder wenn ihm statt des Essig von einem ärztlichen Soldaten Zyankali gereicht worden wäre.

Der Idee einer Verhinderung bzw. Verkürzung des qualvollen Sterbens durch aktives Eingreifen in den Kreuzestod seines „Jeschua“ verfolgt Levi Matthäus in der Schilderung Michail Bulgakows („Der Meister und Margaretha“). Er betet, dass der Tod schnell eintreten möge, indem er diesen Jesus barmherzig mit einem Messer auf dem Weg nach Golgatha ermordet, damit er nicht so elend leiden muss; als es ihm nicht gelingt, diese Tötungshandlung zu vollziehen, verflucht er Gott wegen dessen Taubheit. Einige möchten auch heute aus dem „Mein Gott, warum hast du mich verlassen“ ein solches Verlangen heraushören und diesem sich quälenden Sterbenden eine mitleidige Entsorgung anbieten. Jedenfalls sagte Walter Jens: „Der Jude Jesus ist nicht gestorben, sondern, wahrscheinlich mit einem letzten, nicht mehr artikulierten, riesigen Schrei, elendig dahingegangen.“ Eine rechtzeitige Tötung hätte die verkürzt oder sogar verhindert.

Aber weiter heißt es bei Lukas: *„Der andere Verbrecher wies ihn zurecht. Hast du immer noch keine Furcht vor Gott? Du bist doch genauso zum Tode verurteilt, und du bist es mit Recht. Wir beide leiden hier die Strafe, die wir verdient haben. Aber der da hat nichts Unrechtes getan.“ Und zu Jesus sagte er: „Denk an mich, Jesus, wenn du deine Herrschaft antrittst! Jesus antwortete ihm: Ich sage dir, du wirst noch heute mit mir im Paradiese sein."* Dieser Schächer ist auch ein Sterbender im Vollsinn des Wortes. Statt einer Sterbehilfe wird ihm aber „nur“ eine Sterbegleitung zuteil.

Manche meinen nun aus dem Text herauslesen zu können, JESUS habe die Begleitung ins Paradies nur dem „reuigen“ Schächer zur Rechten zugesichert. Aber davon steht nichts im Text, vielmehr wird der starrköpfige Schächer zur Linken keineswegs von dieser Zusage ausgeschlossen. Man könnte sogar vermuten, dass JESUS, nachdem ihm selbst die erlösende Bedeutung seines irdischen Untergangs klar wurde, ausdrücklich gerade diesem eine Begleitung ins Paradies zugesichert hätte; denn sein Sterben kam ja besonders den

„Sündern“ zugute; für die Frommen und Gerechten hätte er überhaupt nicht sterben müssen!

Von der Sterbehilfe ist dann allerdings bei Johannes in der gleichen Szene doch ausdrücklich die Rede. Da wenden sich nämlich einige führende Männer an PILATUS, er möge den Hingerichteten die Beine brechen lassen, damit das Sterben schneller ginge, und die Toten nicht über den Sabbat am Kreuz hängen würden. *„Die Soldaten gingen hin und brachen die Beine der beiden Männer, die mit Jesus zusammen gekreuzigt waren. Als sie zu Jesus kamen, merkten sie, dass er schon tot war. Darum brachen sie seine Beine nicht. Aber einer der Soldaten stach ihm mit seinem Speer in die Seite. Da kam Blut und Wasser heraus.“* Derartige Sterbehilfe (Beinebrechen zugunsten der Einhaltung der Sabbatheiligung) gehört nun keineswegs zu den jüdischen Medizintechniken, und hier ging es auch überhaupt nicht um Mitleid. Trotzdem wird eine eindeutige Leidensverkürzung berichtet, aus der man aber wohl kaum eine Aufforderung zu gleichem Handeln für die heutige Zeit herauslesen kann.

Zurück zu den Schächern am Kreuz und zu dem letzten Wort, das JESUS vor seinem Sterben zu einem Menschen spricht. Denn das letzte Wort richtet er an seinen Vater: *„In deine Hände lege ich meinen Geist.“* Aber hier spricht er zum letzten Mal zu einem Menschen und bietet ihm ein Sterbegeleit an: *„Du wirst noch heute mit mir im Paradies sein.“* Dieses „Du-Mit-Mir“ ist das Entscheidende. Es bietet eine Begleitung, die von Menschen nicht gegeben werden kann, da niemand bei einem fremden Sterben mitgeht. Aber JESUS tut es. *(Wie billig wird die Darlegung, wenn das Sterben Jesu, wie im Koran, geleugnet wird?) Vgl. auch unsere Schilderung zum Sterben des Elias im Anhang.* Christen glauben nun alltäglich an die Fortgesetztheit des Sterbens und der Auferstehung ihres Herrn. Dann gibt es auch eine Fortsetzung des „Noch-Heute-Du-mit-Mir“ / „Noch-Heute-Ich-mit-Dir“.

Die Botschaft lautet: Im Sterben eines Menschen sollte Begleitung stattfinden; und sie findet statt, immer und überall. Entweder die Menschen bleiben unverbrüchlich bei dem Sterbenden, halten stand mit ihm und bei ihm; oder die Menschen scheitern an dieser Aufgabe; und das tun sie ja letztlich immer. Aber sie brauchen deshalb nicht zu verzagen, und die Begleitenden brauchen sich keine Vorwürfe zu machen; und sie sollen auch nicht den Wunsch entwickeln in diesem Sterben mitgehen zu wollen. Denn eine Begleitung ist jedem Sterbenden sicher: *„Heute noch wird er mit dir im Paradiese sein."*

Ich wollte meiner Geliebten unmittelbar folgen, wollte mitgehen in ihren zeitlichen Tod; ich hatte „vergessen", dass da einer gewisslich meine sterbende Geliebte begleiten würde: „heute noch mit ihr". Und ich hatte vergessen, dass er für sie auch und gerade von „heute" gesprochen hatte; was morgen sein wird und was aus unserer irdischen Liebe schließlich wird und bleibt, hätte ich unverzüglich ihm überlassen sollen, der ihr in diesem Augenblick entgegen kam.

Und gerade deshalb wird hier sogar das letzte Manifest einem Verbrecher gegeben, weil dieser JESUS sagen will, dieses „Ich-Mit-Dir" sei nicht nur den Gerechten, den Christen, den Glaubenden zugesagt, sondern allen Menschen, auch den „todeswürdigen Verbrechern"; denn genau diese Todeswürdigkeit hatte der Verbrecher, der mit ihm gekreuzigt wurde, gerade selbst eingestanden. In diesem „Ich-Mit-Dir" stecken alle Erlösung und der Beginn allen Bleibend-Seins.

Die Passionsgeschichte ist also keine literarisch eindrucksvolle Episode. Sie ist die verdichtete Botschaft von der Erlösung der Menschen, auch der Kranken und Leidenden, auch der Verbrecher, ja selbst derer, die Leidende durch deren Tötung von den Leiden befreien wollten.

Diese ganze Erlösungsgeschichte wäre so nicht zustande gekommen, wenn Gott der Vater eingegriffen hätte nach dem Motto: „Das kann ich doch wohl nicht zulassen". Wir wären einer ganzen Erlösungsgeschichte verlustig gegangen, wenn Jesus nicht gekreuzigt worden wäre. – Dies ist eine der wichtigsten Antworten auf die oben gestellte Frage: Wie kann Gott das zulassen!

12. Erweckung und Auferstehung

Irgendwie aber hat Gott doch etwas gegen den leiblichen Tod und das Sterben, sonst würde er nicht Menschen aus dem Tod wieder erwecken und ins Leben zurückholen. Gut, betrachten wir auch diese Geschichten ein wenig näher:

Die Evangelien des Neuen Testaments sind reich an Berichten über so genannte Erweckungen vom Tode. Da gibt es den „Jüngling von Naim" oder die „Tochter des Jairus" (Mk 5,21-43; Lk 8,40-56). Letzterer kommt zu JESUS und sagt: *„Meine Tochter ist soeben gestorben; doch komm, leg ihr deine Hand auf, und sie wird leben."* Dieser Herr Jairus, ein Synagogenvorsteher, ist ja doch wohl der Auffassung, dass Gott das eigentlich nicht hätte zulassen dürfen, und nun Jesus dieses Versagen Gottes ausgleichen könnte. Aber für Jesus geht es gar nicht um das auferweckte Leben, sondern um das Leben, das Konsequenz des Glaubens wäre: „Sei ohne Furcht, glaub nur, und sie wird gerettet." Ich hatte davon bereits gesprochen (vgl. S. 72 ff.).

Nun mag man kerygmatisch oder mysterienweise an derartige Berichte herangehen. Uns aber geht es um die Wahrnehmung des Menschen als einem Wesen, dessen Sterben nicht in einem Augenblick, sondern in einem Prozess stattfindet. Diese Sichtweise erfasst sicher nicht die Botschaft der Texte, aber sie schafft uns einen ergänzenden Blick für die bisherige rationalistische Fixiertheit, nämlich auf die Betrachtung des Menschen als einem Gehirnwesen. Denn der Vater des Mädchens unterscheidet offensichtlich zwischen „gestorben" und „nicht-leben". Das eine ist unsere Außensicht vom Vorgang hin zu leiblichem Tod; aber aus dem Gestorben-Sein kann es offensichtlich noch eine Erweckung geben; aus dem „Nicht-Leben" aber gibt es nur den Weg der Auferstehung. Das sind erhebliche Unterschiede.

„Das Vergessen, der Schlaf und der Tod sind Stufen grundsätzlich desselben Vorganges. Ihnen stehen gegenüber die Erinnerung, das Erwachen und die Auferstehung. Denn wenn Vergessen, Schlaf und Tod Stufen sind des Verschwindens im dunklen Bereich des dem menschlichen Tagesbewusstsein Unbewussten – also ein Hingehen in das ‚Jenseits' der Erfahrungen des Tagesbewusstseins –, so bedeuten auch Erinnerung, Erwachen und Auferstehung grundsätzlich Stufen ein und desselben Vorgangs des Wiedererscheinens, des Zurückkommens aus der Finsternis des Unbewussten“ (Valentin Tomberg).

Eine der umfassendsten Schilderungen aus dem Übergang zwischen leiblichem Tod und Nicht-Leben ist der Bericht über die „Erweckung des LAZARUS“. In Kürze erzählt, war LAZARUS tödlich erkrankt. Die „Diagnose“ JESU aber lautet: *„Diese Krankheit ist nicht zum Tode, sondern zur Verherrlichung Gottes, damit durch die Krankheit der Sohn Gottes verherrlicht werde.“* Was geschieht in einer Krankheit, die zur Verherrlichung Gottes wirkt, selbst wenn sie tödlich endet und sogar schon tödlich geendet ist? (Joh 11,1-45)

Die Perikope ist voller Rätsel, die hier nicht entschlüsselt werden sollen und können, etwa der Satz: *„Wandert einer bei Tag, stößt er nicht an, denn er sieht das Licht der Welt; wandert aber einer bei Nacht, stößt er an, denn das Licht ist nicht um ihn.“* Könnte es sein, dass wer im Dunkel der Nacht des Todes wandelt, das Licht in sich trägt, und deshalb äußerlich aneckt, aber innerlich erkennt? – Oder nehmen wir den Wunsch eines der Begleiter JESU, des Jüngers THOMAS, der zum Grabe des LAZARUS gehen möchte, *„damit wir mit ihm sterben“*. Hier wird wieder die allzumenschliche leiblich, natürliche, menschenwesentliche Sterblichkeit mit dem zweiten Tod der Lichtlosigkeit, Wertlosigkeit, des Fehlens des Von-Angesicht-Seins mit Gott verwechselt.

Aber für unsere Überlegungen bedeutsam ist das Rätselgespräch zwischen MARTHA und JESUS. *„Dein Bruder wird auferstehen. Martha entgegnete ihm: Ich weiß, er wird auferstehen bei der Auferstehung am Jüngsten Tag. Jesus sprach zu ihr: Ich bin die Auferstehung und das Leben. Wer an mich glaubt, wird nicht sterben in Ewigkeit. Glaubst du das? Sie sagte zu ihm: Ja, Herr, ich habe Glauben; du bist der Messias, der Sohn Gottes, der in die Welt kommen soll.“* Und etwas später, nachdem er den LAZARUS erweckt hat, sagt er nur, scheinbar bezogen auf die Totenbänder und das Schweißtuch: *„Macht ihn frei und lasst ihn gehn!“*

Wir haben es hier nicht mit einer Auferstehungsgeschichte zu tun, sondern mit einer „Auferweckung“ aus einem Todeszustand, der zwischen dem leiblichen Tod und der eigentlichen Auferstehung zeitlich zu liegen scheint. In diese Erweckung fließen mysterienhafte Kräfte, denen wir uns sprachlich nur annähern können. Da ist das „Erwachen" wie aus einem Schlaf, aus einem Zustand des Unbewussten in das Licht des Bewussten. Manch einer erwacht aus dem Schlaf durch den Ruf des weckenden Gewissens. Vergessenes kann erinnert, Schlafendes geweckt werden. Dann ist da das „Erweckt-Werden"; das entspräche einem Vorgang des Zurückrufens eines Verstorbenen in den nunmehr geheilten Leib zur Fortsetzung des durch das Sterben unterbrochenen Lebens. Dieses erweckte Leben endet auch eines Tages in einer erneuten Sterbestunde; aber es ist durch das „Erlebte" in gewisser Weise geläutert.

Etwas gänzlich Anderes oder doch anders Geprägtes ist die „Auferstehung". Sie ist das Wiedererscheinen in einem Zustand, wo Geist, Seele und Leib ohne Tod sind, d.h., wo wir so durchgeistigt und durchseelt sind, dass wir weniger an der Sterblichkeit der Natur und mehr an der Unsterblichkeit teilnehmen. Auferstehung ist vielleicht zu verstehen wie der „alchymische" Prozess des Umgießens von Metallen in Gold. Alle Zwischenstufen entsprechen diesem nicht, aber in ihnen leuchtet so etwas wie die Veredelung des Goldes auf.

Was da tatsächlich mit LAZARUS geschah, dessen Körper ja bereits in Verwesung überging, bleibt uns unbegreiflich; es ist weder „nur" ein Bild noch „nur" ein Symbol, sondern ist Realität auf einer Stufe der überwundenen Bindung an das nur Reale. Und trotzdem kann es uns hilfreich sein, das „Zwischen" zu verstehen. Wenn z.B. der angeblich irreversible (Hirn)Tod festgestellt wird, geschieht mit dem Menschen etwas, ereignet sich mit ihm Reales, aber im Sinne des Gerufen-Werdens vielleicht, des *„Lazarus, komm heraus!"*

Es sind gewissermaßen drei Leben, die sich uns ereignen: das Leben vor dem Sterben, das Leben nach dem Sterben und das Leben nach der Auferstehung. Diese Leben haben allerdings einen Zusammenhalt durch den Menschen, der diese Leben lebt und durch Gott, der diese Leben gibt.

Meine geliebte Ehefrau ist während ihrer viele Jahre dauernden Krankheit mehrfach „gestorben" und „wieder erweckt"; sie hat mich teilhaben lassen sowohl an ihrem ersten Leben als Ehemann, Vater unserer Kinder, Begleiter, Reisegefährte; und dann hat sie mich teilhaben lassen an diesen zweiten Leben zwischen dem zeitlichen und dem unzeitlichen Leben. Sie erlaubte mir manchmal in ausgewählten Augenblicken in ihr bereits gleichzeitig gewordenes Leben hinein zu schauen, gewissermaßen als Einblick in das dritte Leben, an dem ich irgendwann vielleicht wieder teilhaben darf.

13. Christliche Spiritualität in der Menschensorge

Zwei Botschaften gehen jedoch von dieser christlichen Menschensorge aus, die von keiner anderen Disziplin auch nur annähernd adaptiert werden können und die bei den anderen Religionen nicht vorkommen: die Zusage an die Menschen, dass sie *erlöst sind*, also nicht erst Psychotherapie oder Lossprechungen für ihre Erlösung benötigen, einerseits, und die Nachricht von der „Glückseligkeit der Schuld", der *„felix culpa"*, andererseits. Beide stellen den Mittelpunkt einer hospizlichen Frohbotschaft dar, von welcher hier die Rede sein wird.

Im Verlauf ihrer schweren Krankheit hatte die 49-jährige Schwerkranke immer wieder betont: „Ihr seid meine Familie; wenn es mit mir zu Ende geht, lasst mich nicht allein." Aber als es dann so weit war und sie jede Möglichkeit verloren hatte, mit uns sprachlich zu kommunizieren, verweigerte sie nicht nur die Nahrung, sondern auch jede Form der Berührung. Jede Hand, die sich auf ihre Hand oder ihren Arm legte, wurde zurückgewiesen. Die Begleiterinnen waren nicht nur sprachlos, sie waren vor allem ratlos, und das schmerzte sehr. Hatte es nicht in einem Sterbebegleit-Buch geheißen: „Ich will an der Hand eines Menschen sterben"? Verzweifelt und hilflos saß eines Tages eine junge Schülerin neben dem Bett mit dem Auftrag: „Du musst dich immer wieder anbieten." Aber wie sollte sie das? Nun kamen ihr der Zufall und diese Hilflosigkeit zugute. Ohne es zu wollen, geriet ihre – der Begleiterin – Hand unter die Hand der Kranken. Bei der ersten Berührung wollte sie ihre

Hand erschrocken zurückziehen, aber bevor es ihr gelang, spürte sie einen leisen Druck von der Kranken her, einen Versuch, sie zu halten.

So kam die Hand der Begleiterin unter die Hand der Kranken zu liegen, und die Kranke hielt ihrer Begleiterin die Hand. Der Griff wurde fester; und nach einiger Zeit – nach einer langen Zeit, wie die Begleiterin es ausdrückte, vermutlich wohl bereits nach wenigen Minuten – lockerte sich der Griff wieder, aber die Hand blieb liegen, ruhig, schwer und ohne Druck. – Später berichtete die junge Begleiterin ihr Erlebnis. Von diesem Zeitpunkt an suchten alle, der Seelsorger, die anderen Pflegepersonen, immer „unter die Hand der Kranken zu gelangen"; und diese versagte sich ihnen kein einziges Mal. „Begleitung", so sagen sie seit dieser Zeit, „ist nicht das Halten der Hand eines Sterbenden, nicht das Streicheln, nicht das Schützen von oben, sondern das gehalten werden von einem der loslässt, sich schützen lassen von einem, der den Schutz braucht, gestreichelt werden von einem, der mit der Haut spricht. Zulassen ist mehr als Behandeln oder auch das Überstülpen eines Angebots oder das Ausbreiten schützender Flügel. Und das misslingt besonders dann, wenn wir uns unter die Hand eines Kranken mogeln möchten. Er wird dann hoffentlich in der Lage sein, uns die Krallen zu zeigen."

Die Sensibilität jeder Begleiterin setzt ein „Wissen" über die tiefen Regungen und Signale eines Menschen voraus. Das aber lässt sich kaum durch Ausbildung oder methodisches Planen sicherstellen. Vielmehr können solche Seiten der Menschenwesentlichkeit allenfalls auf spirituellem, geistlich-geistigem Wege zum Klingen gebracht werden. Deshalb haben sich die Gruppen und Einrichtungen, die sich seit ca. 30 Jahren auch in Deutschland um eine verbesserte Sterbebegleitung kümmern, zunehmend dieser spirituellen Seite zugewandt, nachdem sie sich zunächst auf Verhaltensschulungen, Bildungsmaßnahmen, Organisationsfragen und Finanzierungen konzentriert hatten. Die bisherigen Probleme sind zwar noch keineswegs gelöst, aber erscheinen in einem anderen Licht, wenn jene Energien vertiefter durchdacht werden, die aus der religiösen, weltanschaulichen und philosophischen Besinnung stammen. Hospizliche Sterbebegleitung ist deshalb eigentlich nichts anderes, als die stetige Bereitschaft, sterbende Menschen nicht von oben herab zu „behandeln“, sondern lebendes Angebot zu sein, damit der Gast seine Lasten vorübergehend in einer Herberge lagern kann „Hand unter Hand“, „Flügel unter Flügel“, damit er wieder Kraft schöpft für die Beschwerlichkeiten und Windungen seines Wanderweges?

Inzwischen haben sich alle „Orte“, an denen auch gestorben werden kann, Krankenhäuser, Alten- und Behindertenheime, die ambulanten Dienste, Hospize und Hausbetreuungsdienste auf ihre religiösen und also in unseren Breitengraden vor allem christlichen Wurzeln besonnen. Sie beginnen mit ihnen wieder zu leben; aber eine biblische Besinnung hat trotzdem noch nicht wirklich stattgefunden. Es ist bislang vor allem ein „christlicher Humanismus“, der die Nachdenklichkeit trägt. Eine z.B. biblische Spiritualität fehlt weitgehend.[16]

Im Verlauf des Sterbens meiner geliebten Ehefrau musste ich jedoch erleben, dass die örtliche Kirchengemeinde in jeder Hinsicht diesbezüglich versagte. Wir waren über viele Jahre engagierte Gemeindemitglieder, hatten unsere theologischen und religionspädagogischen Ausbildungen in jeder Hinsicht eingebracht; aber als wir das Haus nicht mehr verlassen konnten, vergas uns auch die Gemeinde. Kein Pfarrer betrat unser Haus, nur einmal im Jahr wurde eine Geldsammlung für das Sozialwerk vorgenommen. Die Zeitungen berichteten über teure neue Glocken in der Hauptkirche, aber auf unsere Hinweise hin, dass befreundete Geistliche von Außerhalb so etwas wie seelsorgliche Begleitung durchgeführt hätten, reagierte der eigene Ortspfarrer mit dem Hinweis, mein Brief habe ja keine „konkreten Anforderungen“ enthalten.

Alles, was ich über viele Jahre zur spirituell-religiösen Begleitung geschrieben und in hunderten von Vorträgen dargelegt hatte, fand in meinem eigenen Hause nicht statt.

14. Zur Theologie des Sterbens

Noch bis vor wenigen Jahren begann alles theologische Gerede von Sterben und Tod mit der *Gerichtsbotschaft*. Das hieß: Auf den Tod folgt oder mit dem

Tod geschieht Gericht. Kirche begab sich mehr mit einer Drohung als mit einer Heilsansage auf den Lippen an das Krankenbett, falls sie sich dem Krankenbett überhaupt näherte. Die Angst sollte den Sterbenden für die kirchlichen „Tröstungen" öffnen, aber sie verschloss ihn vielfach für die Liebe des liebenden Gottes, der sich dann gegen diese Angst Zugang verschaffen musste, weil Macht über Menschen zum Motor des Handelns geworden war.

Was ist das für ein Gott, der dem Menschen rächend gegenübertritt? Nicht Gott hat den Menschen mit Tod bestraft, sondern der Mensch selbst; und immer wieder stiftet der Mensch sich selbst den Tod durch seine Abkehr von Gott und seine Abkehr vom Menschen. Die Vereinsamung, die wir vielen Menschen zumuten, die Isolation in Ghettos des Sterbens, die Ungerechtigkeit und Lieblosigkeit, die Zerstörung von Beziehungen, Spontaneität, Phantasie. Man könnte Bücher füllen mit der Schilderung von Handlungen, bei denen sich Menschen gegenseitig mit Vereinsamung auch im Sterben bestrafen und damit Rache üben für die eigene Unzulänglichkeit, Feigheit und Demutslosigkeit.

Des Menschen geistliche Hoffnung geht aber dahin, es möge sich immer alles irgendwie und wenigstens am Ende zum Guten wenden. Diese Hoffnung wird durch den zeitlichen Tod scheinbar enttäuscht. Es sei denn, wir entdecken im Sterben einen *Sinn*, der sich mit einem liebenden Gott vereinbaren ließe. Im Sterben wirken keine *bösen Mächte* und keine eigene oder fremde Schuld.

Das Sterben ist nicht „der Sünde Sold". Sterben ist nur ein anderer *Ausdruck des Lebens.* Denn menschliches Leben zeichnet sich dadurch gegenüber dem tierischen und pflanzlichen aus, dass es stirbt und nicht verendet oder krepiert. Versöhnung mit der Sterblichkeit besteht in der Akzeptanz der Notwendigkeit und „Natürlichkeit" des Todes.

Doch die individuelle Tragik ist mit der Lehre von der „Natürlichkeit des Todes" noch nicht aufgehoben. Die Religionen bieten darauf viele so genannte Antworten. Die christliche Antwort ist dabei einzigartig unter allen monotheistischen, polytheistischen und auch humanistischen Religionen:

Gott wird Mensch; Gott begibt sich in die menschlichsten Zusammenhänge von Sterben und zeitlichem Tod; dadurch rettet Gott alle Menschen vom ewigen Tod, also auch die Sünder und Verbrecher; niemand kann so furchtbar sündigen, dass Gottes Liebe nicht größer wäre als des Menschen Sündigen können; und Gott begleitet die Sterbenden, wenn alle anderen Begleiter nicht mehr mitgehen, weil sie weiterleben. „Heute noch werde Ich mit Dir, wirst Du mit Mir im Paradiese sein"; der Mensch wird nicht erst nach dem Tode oder am Ende der Tage gerecht oder ungerecht gesprochen, sondern er ist bereits erlöst, „wenngleich und besonders, weil doch immer noch Sünder"; das Fegefeuer ist eine pädagogische „Erfindung" zur Disziplinierung der Menschen; und die Hölle gibt es entweder seit dem Sterben Christi nicht mehr oder sie ist zumindest leer.

Das ist eine Frohbotschaft, also das Ende aller Drohbotschaft und aller disziplinierenden Religion. Wer das versteht, und alle Hospizlerinnen und Hospizler sollten es realisieren, sollte Freude auf seinem Antlitz und Gesänge in seinem Herzen tragen, wenn er sich Sterbenden zuwendet. „Hoffnung" ist sprachverwandt mit dem Hüpfen und Hopsen; „wer die Hoffnung lebt, stirbt singend; italienisch: Chi vive di speranza muor cantando".

Die christliche Theologie des Sterbens unterscheidet sich von allen anderen Theologien durch die Botschaft vom menschgewordenen Gott, von seinem Sterben, von seiner Erlösungstat und also Rechtfertigung gerade des Sünders und durch die Botschaft von einem Gott, der sich dem Schwächsten der Schwachen, den „Geringsten der Brüder und Schwestern" gleich gemacht hat.[17]

Gott ist nicht *irgend ein Mensch* geworden, sondern *„das Mensch"*, Mensch in umfassendem Sinne, neuer Adam: Er wurde Jude, Moslem, Christ, wurde Gutmensch, Verbrecher, Nutte, wurde Sportskanone, Alzheimer, Appalliker, wurde Arzt, Ehrenamtler und Charakterschwein.

Gott selbst erscheint uns als leidend, werdend und sich sorgend, als einer, der sich seiner Allmacht entäußert, sich ins Risiko des Scheiterns begibt, und auch das Sterben des Menschen zu einem Beitrag zur Vollendung Gottes macht;

sein Gutsein ist nach dieser Theologie vereinbar mit der Existenz des Übels. Dieser Gott ist nicht allmächtig. Dieser Gott trägt nicht mehr die Hauptverantwortung für die Menschen, sondern die Menschen tragen nun Verantwortung für Gott; er hat sich in die werdende und vergehende Welt begeben, und nun müssen wir ihm geben, was wir zu geben vermögen. Unser Sterben wird nach dieser Theologie zu einem Akt der Hingabe an diesen Gott, der uns erschuf, und dadurch seiner Macht entsagte. Gott leidet und stirbt in und mit uns.

Es geht also um die gemeinsame Freiheitsgeschichte Gottes und der Menschen, die auf Endgültigkeit und Vervollkommnung angelegt ist und also Macht und Ohnmacht gleichwertig enthält. Im zeitlichen Tod kommt die freie Lebensgeschichte des Menschen zu einem Ende, und Gottes Entäußerungs-Geschichte wird erfüllt. Im Sterben entfliehen wir nicht ins Nichts, sondern münden in Bleibendheit. Alle anderen Lösungen des Problems wie die Lehre vom Karma, von der Seelenwanderung, vom Fortleben wollen in den Kindern usw. entfliehen dieser Verantwortung vor Gott und den Menschen.

Diese christliche Sterbens- und Todes-Theologie ist mehr als die Lehre von der „Humanität“ gegenüber Sterbenden, mehr als „Nächstenliebe“, mehr als professionell-hospizliches Handeln, mehr als esoterische oder sonstige so genannte „Spiritualität“, mehr als ein beschützendes Behüten unter irgendwelchen Fittichen. Das alles gibt es auch bei Muslimen, Juden, Buddhisten, fachlich und professionell. Aber das Profil des Christlichen ist zwar auch dies alles und zugleich doch erheblich mehr.

Für unsere daraus resultierende Theologie der Hilfe ergänzend zur Theologie des Sterbens wird das Verhältnis Jesu zu Sterben und Tod in vierfacher Hinsicht hilfreich:

Durch sein Sterben ist die ganze Menschheit einschließlich der Nichtchristen und auch der übelsten Verbrecher gerecht gesprochen, gerettet und erlöst.

Er ist selbst durch das Sterben hindurch gegangen und hat damit das Sterben der Menschen selbst zu einem Mittel der Erlösung gewandelt.

Er hat Menschen aus dem irdischen Sterben hinaus geleitet: Lazarus, die Tochter des Jairus, den Jüngling von Naim, Tabita / Tabea; damit gibt er ein irdisches Signal für die endgültige Überwindung des moralisch-geistigen Todes der Sünde, der Schuld, der bleibenden Wertlosigkeit, also die Überwindung der Hölle und des vernichtenden Gerichts.

Und er hat Menschen parallel zu seinem eigenen Sterben ins Sterben hinein begleitet, womit er andeutet, dass er allen Menschen dann entgegen kommen wird, wenn die Begleiter nicht mehr mitgehen; nur er stirbt mit dem sterbenden Menschen mit, und sei er auch ein todeswürdiger Verbrecher: „Heute noch wirst du mit mir im Paradiese sein“. Er begleitet ihn, wenn die „Hinterbliebenen“ eben zurück bleiben; er kommt dem Sterbenden entgegen, wenn er „hinüber“ geht.

15. Zum spirituellen Geleit

Das Geleit eines Sterbenden kann wegen der *Rechtfertigung* des Sünders, seiner erlösenden *„Gerechtsprechung“* getrost auf die Bilder vom Gericht und Schuldspruch verzichten; der *„dies irae“* gehört allenfalls noch in die Musikgeschichte wunderbar klingender Requien. Christlicher Glaube weiß um die *Gewissheit des Heils*, um Gottes Vergebungsbereitschaft. Also gilt es, den Sterbenden in seinem Leid aufzurichten und hoffenden Trost zu spenden. Der Sterbende wird eingeladen, sein reduziertes Leben im Angesicht des Endes als biblisch überliefert zu erleben:

„Du wirst getragen“,

„du bist geschaffen“,

„du bist niemals allein“,

„du hast eine Zukunft“.

Auf der Grundlage solchen Erlebens gelingt es dem Sterbenden, sein Leben einzuordnen, das bevorstehende Sterben zu verstehen, geschenkweise zu leben = „Ich muss nichts mehr leisten“, die noch geschenkte Zeit intensiv zu leben = „Ich kann es mir leisten, so zu sein, wie ich bin“, das Angewiesensein auf die Hilfe anzuerkennen und auf die Stunde des zeitlichen Todes hin zu reifen = „Gott lässt mir Zeit“.

Deshalb müssten alle Sterbebegleiterinnen und Sterbebegleiter zur Besinnung auf die spirituellen Möglichkeiten bereit sein. Jeder Mensch kann stellvertretend „vergeben“; kann den Sinn biblischer Texte erschließen; kann singen, beten, sich erinnern, lachen, salben und weinen. Allerdings sind wir moralisch verpflichtet, den Sterbenden an jenem spirituellen Standort abzuholen, den er für sein Leben und Sterben gewählt hat. „Das ewige Leben des Einzelnen bedeutet nur eine Teilhabe an dieser Universalität der göttlichen Liebe. Wer mehr anbietet als Gemeinschaft mit Gott, betreibt einen religiösen Kramladen.“

Als mich jemand fragte, ob ich vielleicht für ihn beten könne, da es keinen Sinn mache, wenn er versuchen würde, um Gottes Gnade zu bitten, tat ich es gerne – versuchte, ihm jedoch zu erklären, dass es jetzt seine Worte seien, indem ich ihm meine Stimme (und meine Gedanken) leihen könnte. Später stellte sich heraus, dass er sich als ehemaliger NSDAP-Abgeordneter und NS-Richter für viele Gräueltaten derart verantwortlich fühlte, dass ihm die Gebetsfähigkeit abhanden gekommen war.

Meine Versicherung, dass der ihm durchaus aus Kindertagen bekannte „Menschgewordene“ seine auch unausgesprochenen Gebete hören würde, half ihm, sich in das göttliche Vertrauen hinein fallen zu lassen.

16. Unser eigener geistiger Umgang mit dem Sterben

„Dieses brüchige Leben zwischen Geburt und Tod kann doch eine Erfüllung sein: wenn es eine Zwiesprache ist. Erlebend sind wir Angeredete; denkend, sagend, handelnd, hervorbringend, einwirkend vermögen wir Antwortende zu sein.“ Die in diesen Sätzen des jüdischen Philosophen Martin Buber angedeutete Zweiseitigkeit des intuitiven Erlebens als Angeredete und Antwortende mit unserem Denken, Handeln, Sagen, Hervorbringen, Einwirken, also mit der ganzen verfügbaren Empathie, schafft dialogische Wahrheit. Und dies besonders dann, wenn unser dialogischer Partner Gott selber ist.

Wir begegnen den Sterbenden, Trauernden, uns selbst und Gott in einer oft stummen, und doch aussagekräftigen Zwiesprache.

Ein erster Schritt wäre das *Selbstgespräch*. Über Sterben, Trauer, Schmerz, Tränen, Liebe usw. kann es zunächst nur Selbstgespräche geben. Aber Selbstgespräche zu führen, haben wir nicht hinreichend gelernt. Dem Ich antwortet in meinem Inneren ein Du. Hier lerne ich zugleich das Zuhören, das nicht Hineinreden und das Zu-Wort-Kommen-Lassen dessen, der in mir spricht.

Dazu gehört dann auch das *Gebet*, nicht (nur) in der Form vorgefertigter Texte, sondern als innerpersönlicher Dialog wie im Selbstgespräch – nun aber in einer ersten Distanzierung von dem Dialogpartner in mir. Wie das Selbstgespräch ist auch das Gebet ungeübt, zumal für das innere Schreien und Seufzen. Der andere jüdische Philosoph der Neuzeit, Franz Rosenzweig, sagt dazu: „Der Schrei, den die Seele im Augenblick der höchsten unmittelbaren Erfüllung stöhnt, tritt über die Schranken dieser Wechselrede hinaus; er kommt nicht mehr aus der seligen Gestilltheit des Geliebtseins, sondern steigt in neuer Unruhe aus einer neuen uns noch unerkannten Tiefe der Seele und schluchzt über die ungesehene, doch gefüllte Nähe des Liebenden hinweg in den Dämmer der Unendlichkeit hinaus“ (Stern der Erlösung. Haag 1976, 206).

So kommt es zum Gespräch beispielsweise mit unseren *Tränen* sowie mit den *Schmerzen, dem Krebs*. Mit den Tränen bringen wir Unsprachliches zur Sprache und erfahren zugleich, wie viel Schwierigkeiten das macht. Wer im Gespräch mit seinen Tränen eine gewisse Übung gewonnen hat, läuft auch nicht mehr vor den anderen Unaussprechlichkeiten weg. „Liebe Tränen, liebe nächste Krankheit in mir. Ich weiß, dass es euch gibt in mir. Ich bin euch dankbar, dass ihr euch jetzt zurück haltet; denn in diesem Augenblick bin ich mit ganz anderen Themen befasst. Aber wenn ich euch eines Tages brauche, dann kommt, nicht wie Diebe in der Nacht, sondern offen durch den Haupteingang meines Lebens.“

17. Opfer – Täter – Partner

Im Sterben ist der Mensch christlich-hospizlich gesprochen zwar Opfer der Schmerzen, Ängste, Verhältnislosigkeit, dann aber auch Täter seines Lebens, seiner existentiellen Angst, der Liebe und des Lassens, und schließlich auch Partner seines Gottes in dessen Erlösungswerk an der Welt.

An der Angst lässt sich diese Dreiteilung unter Zuhilfenahme der Philosophie Sören Kierkegaards aufzeigen:

In unserem therapeutischen Handeln „behandeln" wir die verursachten gegenstandsbezogenen Ängste, versuchen wir, den Menschen aus der Sklaverei der Ängste zu befreien; in unserem geistig-geistlichen Umgang mit dem Sterbenden versuchen wir, einen Weg zu gehen zur Findung unserer selbst mit und trotz der tiefen, existentiellen Angst, die sich in unserer Brust angesichts des Sterben-Müssens regt.

Aber wenn unsere Begleitung beendet ist, gehen wir den Weg nicht mehr mit, auf welchem sich ein neuer Begleiter zum Sterbenden gesellt, der ihn auf diesem Wege auch noch von diesen Ängsten befreit. Oder anders ausgedrückt: Die Überwindung der Furcht schafft vielleicht eine gewisse Harmonie mit der Angst; aber erst das Eingreifen des ganz anderen, nämlich Gottes, schafft Erlösung, Befreiung von der Angst.

Wenn wir sterben, geschieht mit uns etwas, an dem wir unschuldig sind, passiv, ohnmächtig, Opfer; und zugleich tun wir selbst etwas mit uns, verantwortlich, aktiv, mächtig. Dass sich dann noch ein Drittes, ein Dritter, einmischt, nämlich ein Geschenk des Lebendigen an uns, die wir nicht ewig sind, ergänzt und vollendet diesen Vorgang.

Diesen Dreiklang der Rollen, welche wir während unseres Sterbens spielen, meine ich, auch bei meiner geliebten Ehefrau erlebt zu haben. Sicher war sie Opfer der ihr angetanen, von Außen aufgezwungenen Krankheit; aber sie war und blieb immer auch Täterin trotz ihres Kommunikationsverlustes; sie stritt, kämpfte, rang mit ihrem Sterben und Sterbenmüssen. In allem, besonders in ihrem jahrelangen Schweigen und vor allem, wenn ich ihr ihre eigenen Gedichte vorlas, war sie auch als Partnerin ihres Gottes präsent und versuchte weiterhin Einfluss zu nehmen auf sein Erlösungswerk an der Welt.

18. Ängste und Angst

Der Mensch durchlebt in seinem Leben viele Ängste, aber zu seinen wichtigsten Kräften, das Leben zu überleben, gehört auch die Angst, auf die er nicht verzichten kann und will. Einerseits bemühen wir uns, Ängste zu überwinden, zu behandeln und zu „bewältigen", andererseits kennzeichnet den Menschen jedoch auch eine gewisse Verliebtheit in die Angst, sogar ein Kokettieren mit der Angst. Das therapeutische Bemühen sollte beides berücksichtigen. Die Probleme bei der Sinnstiftung entstehen, wenn undifferenziert gedacht und gehandelt wird, wenn durch die „Behandlung" zugleich auch die existentielle Kraft der Angst diskriminiert und beseitigt wird.

Der dänische Philosoph Sören KIERKEGAARD hat uns den Weg gewiesen, zwischen schmerzvollen, medikamentierbaren und therapierbaren *Ängsten* und der einen *Angst* zu unterscheiden, ohne die wir nicht zu leben in der Lage wären. Diese eine Angst, oftmals mit der nur im Singular zu gebrauchenden „Furcht" gleichgesetzt, ist eine Energie, ein Leid, das als Teil menschlicher Personalität ein stolzes Unterfangen, eine Bereicherung unserer Existenz werden kann, ohne dabei seine Leid-Struktur zu verlieren. Den Objektängsten steht diese Angst des Nichts, die reine Angst, metaphysische Angst, diese Triebkraft der Seele gegenüber. Sie entspricht dem sinnvollen Leid im Leben wie im Sterben. Diese „furchtbare Angst" brauchen wir im konkreten Leben; ohne sie würden wir hier (wie vor Gott) nicht bestehen können. Ängste haben Ursachen, und wir bekämpfen diese Ursachen als ihre Wurzeln. Die existentielle Angst, die Furcht, hat dagegen keine Ursache, es sei denn diesen Menschen. Es gibt vieles, das uns „Angst machen" kann, schwere Krankheit, das Sterben, die anderen Menschen; aber es gibt nichts, das uns „Furcht machen" kann, da diese bereits ein Teil von uns ist.

Ängste haben Ursachen, wurden „verursacht". Und indem wir diese Ursachen finden, vielleicht auch „diagnostizieren", werden sie unserer Beeinflussung zugänglich. Eine Patientin mit inoperablem Hirntumor hatte „unerträgliche Schmerzen“, deren Unerträglichkeit sie auch in Worte fassen konnte. Als ein Arzt mit der vorbereiteten Spritze zu ihr kam, lehnte sie diese ab mit der Bemerkung: „Solange ich Schmerzen spüre, weiß ich dass ich lebe“. – Die Schmerzen hatten nicht aufgehört, sie zu ängstigen; aber eine andere Angst war wichtiger geworden. Nachdenkliche Menschen haben versucht, diesen Spannungsbogen dadurch zu erspüren, indem sie das Objekt der Angst (Angst vor Schmerzen, vor den fremden Mitmenschen, vor Tod, vor Gott) zum mit mir verbundenen Subjekt werden lassen, also zum Genitiv (Angst der Schmerzen, des fremden Mitmenschen, des Sterbens, des Gottes = Schmerzensangst, Fremdenangst, Todesangst, Gottesfurcht).

Wenn wir diese Differenzierung (philosophisch gesprochen: diese Dialektik) auf die fünf Zentralängste im Hospizlichen beziehen, könnte die Behutsamkeit im Umgang mit den „Hilfsmitteln“ zunehmen:

1. Angst vor den Schmerzen und den anderen Begleitumständen schwerer Krankheit. Gute Therapie muss beim „Kampf gegen etwas“ darauf achten, dass nicht gleichzeitig „jemand“ bekämpft wird. Denn jeder Schmerz, jede Atemnot usw. ist ja deshalb etwas anderes, weil es einem anderen Menschen gehört. Schmerzen und anderen Begleitumständen ist zwar körperlich, aber auch motivational, kognitiv, emotional und strukturell zu begegnen, also durch eine ganzheitliche, systemische Pflege und Betreuung im Sinne einer „psycho-sozio-somato-spirituellen Begleitung“.

2. Die Angst davor, anderen „zur Last zu fallen“ kann nicht allein mit Beruhigung und Entlastung der Belasteten beantwortet werden, sondern sollte dazu führen, die „Anderen“ in die Begleitung und in die erstrebte Lebenssättigung des Kranken einzubeziehen durch palliativ-hospizliche Tages- und Kurzzeitpflege, durch koordinierte und unterstützte „Ehrenamtlichkeit“ der Freunde, Angehörigen, Nachbarn und freiwilligen Begleiter sowie durch Integration der Schwerstkranken in die Gemeinschaft der Lebenden auch während des klinischen Aufenthaltes.

3. Die Angst vor dem Persönlichkeitsverlust, vor dem Verlust der Autonomie und der Selbstbestimmung im Ablauf der Krankheit verlangt mehr als schriftliche Verfügungen; die Persönlichkeit des je einzigartigen Menschen wird auch nicht nur durch „biographische und lebensgeschichtliche Begleitung" sichergestellt. Denn er hat nicht nur diese Angst, sondern er ist Angst.

4. Die Angst, allein zu sein in schweren Stunden, erfordert die Überwindung der zugefügten Vereinsamungen, aber auch den Schutz der Einsamkeit; denn nur in der Einsamkeit gelingt es dem Menschen „eins" zu werden mit sich selbst, der Natur, der Menschheit und mit Gott. Nicht nur die verhinderte, sondern die begleitete Einsamkeit wird der Angst gerecht.

5. Die in religiösen Drohbotschaften verankerte Angst vor ewiger Vernichtung in Höllen oder Fegefeuern sollte nicht mit dem Verschwinden des Religiösen aus der Begleitung beantwortet werden, sondern mit der gelebten Wirklichkeit, dass niemand tiefer wird fallen können als in die Hand Gottes.

Ängste bereiten vielleicht Qualen; aber Angst ist eine Kraft, ist Quelle einer Energie. Jede Angst eines Menschen ist einmalig, nur ihm gehörig, voller Persönlichkeit und Individualität, ein Teil seiner selbst; sie vervollkommnet, sie befreit. Gegen die Ängste können wir „kämpfen"; aber die Angst verlangt mindestens Stand zu halten, nicht wegzulaufen, bei den Ängstlichen zu bleiben, und dabei mitzuwirken, dass die Menschen gegen die Ängste wieder und weiterhin die Kraft „Angst" entwickeln, „Angst zu haben", besser „Angst zu sein", sich an der eigenen Angst und mit ihr aufzurichten. Um mit KIERKEGAARD zu sprechen: „Die Angst fliehen kann der Mensch nicht, denn er liebt sie; eigentlich lieben kann er sie nicht, denn er flieht sie."

19. Ein christliches Verständnis von der Schuld

Mit all diesen Überlegungen haben wir die Grundlagen geschaffen, um uns dem Thema der Schuld noch verstärkter zuzuwenden, wie sie umfassend und kaum begreifbar in der Botschaft von der „felix culpa", der „glückseligen", Glück verheißenden und Glück schaffenden Schuld verborgen liegt.

Die Frage: „Wie kann Gott das zulassen?“, ist falsch gestellt. Gott ist schuldlos; oder anders ausgedrückt: Es ist eine Auszeichnung des Menschen gegenüber Gott und gegenüber den Tieren, dass er schuldig werden kann und wird. Dadurch wird er zugleich erlösungsbedürftig. Seine Schuld öffnet dem Menschen den Himmel. Die Hölle gibt es nicht – oder, falls es sie geben sollte, ist sie leer. Das Fegefeuer ist eine menschliche Erfindung einer unerlösten und gottlosen Theologie; es hat weder einen biblischen Hintergrund noch eine Begründung im Heilsplan Gottes.

In der Osternacht wird (im katholischen Bereich) der ambrosianische Text des Exultet gesungen. Darin heißt es: „Dies ist die Nacht, in der Christus die Ketten des Todes zerbrach und aus der Tiefe als Sieger emporstieg. Wahrhaftig, umsonst wären wir geboren, hätte uns nicht der Erlöser gerettet. O staunenswertes Erbarmen, mit dem du dich uns zuneigst. O unfassbare Liebe des Vaters, um den Knecht zu erlösen gabst du den Sohn dahin. O wahrhaft Heil bringende Sünde des Adam, du wurdest uns zum Segen, da Christi Tod dich vernichtet hat. O glückselige Schuld, welch großen Erlöser hast du gefunden!“ Hier wird also sogar die Schuld, Gottes Gebote im Paradies und schließlich sogar Gottes Sohn verraten zu haben, ausdrücklich selig gesprochen.

„Die in der Osternacht besungene *felix culpa*, die *glückliche Schuld*, die Schulderfahrung, die uns zwar die Schamröte ins Gesicht treibt, aber nicht die Würde nimmt, die Schuld, die uns Beine macht, aus deren Erfahrung wir lernen, diese Schuld scheint ein Stiefkind christlicher Verkündigung zu sein und immer noch verdeckt und versteckt zu werden.“[18] Da hilft auch nicht die Auseinandersetzung der Psychotherapie mit den neurotischen Schuldstörungen und Schuldgefühlen. Die Zusammenhänge zwischen Zwangsneurosen und Schuldgefühlen helfen uns menschensorgerisch nicht weiter. Vielmehr müssen wir uns der Botschaft stellen, die da lautet, dass „Gott die böse Tat in die Quelle des Lebens für die Täter verwandelt“. „Die Botschaft Jesu von der bedingungslosen Vergebung hat sehr viel mit diesem Befund zu tun: Ganz gleich wie der Mensch vor Gott steht, bußwillig oder unwillig: Gott vergibt voraussetzungslos, bedingungslos."

Von dieser Botschaft ist weder in der praktischen Theologie der Lossprechung und Sündenvergebung noch auch in der Theologie der Sterbebegleitung viel zu spüren. Dort geht es immer noch darum, dass die Menschen ihre Pflicht tun sollen und gegebenenfalls die Konsequenzen aus Pflichtvergessenheit zu ziehen haben; es geht immer und nur noch um das Halten der vor-karfreitäglich und vor-österlich geforderten Gebote; dort geht es immer noch darum, dass wir vor Gott keineswegs gleichgestellt sein werden. Da wird dann vertrösterlich von der möglichen Umkehr des Sünders geredet.

Unsere Botschaft aber besagt: „Ganz gleich, welche Schuld der Mensch auf sich laden wird, er braucht sie nicht zu verdrängen und auch nicht abzuschieben. Er kann sie tragen, sie in sein Leben hinein nehmen, weil sie durch einen anderen durchlitten wurde. Ich kann (künftig) zu meiner Schuld stehen, sie in mein Leben (und Sterben) kreativ integrieren, weil ein anderer, auf den ich meine Schuld abgewälzt habe, sie nicht weiter geschoben hat, sie auch nicht bloß verbal für bedeutungslos erklärt hat, sondern diese durchlitten hat."

Hier reicht nun wirklich nicht das Bild von den liebevollen Fittichen, die dich decken werden, oder von der Zuflucht unter irgendwelchen Flügeln. Die „Weite deiner Flügel" ist so groß gespannt, dass unsere Schuld, unsere Fehlerhaftigkeit, unsere Unzulänglichkeiten uns selbst zu Adlern werden lassen, uns gewissermaßen erst das Fliegen lehren. Die Sündenschuld kann den Menschen reifer machen, indem sie zu „tieferer Selbsterkenntnis und wider allen flachen Rationalismus zu einem lebendigen Verständnis der Heiligkeit und Barmherzigkeit Gottes führt, das gerade den Sünder rechtfertigt."[19]

Diese Sichtweise von „Schuld" ist ein Spezifikum des Christlichen als Konsequenz aus der Menschwerdung Gottes; muslimisches und auch jüdisches Verständnis Gottes schließt die Erlösungsgewissheit des zweifellos Schuldigen grundsätzlich aus und benötigt deshalb eine Vorstellung von Wiedergutmachung oder Reue oder Schuldbekenntnis. Aber nach christlichem Verständnis kann keine Schuld des Menschen Gottes ausnahmslose Liebe verkleinern oder von Vorleistungen abhängig machen.

20. Konsequenzen für die Menschensorge im Sterben

a) Umgang mit der Schuld der Begleiteten

Lassen Sie mich einige Konsequenzen daraus für unseren Umgang mit den Begleiteten, mit den Sterbenden und ihren Angehörigen ziehen. Das geht natürlich nur in Andeutungen, die gegebenenfalls und situativ vertieft werden müssten. Da sind zunächst die so genannten Rituale, zu denen vor allem die Krankenkommunion und die Krankensalbung, das Sterbesakrament der alten kirchlichen Tradition gehören. Von diesem Ritus heißt es im Jakobusbrief Kapitel 5,13-15: „Ist einer von euch krank, dann soll er die Beauftragten der Gemeinde rufen lassen, damit sie für ihn beten und damit sie ihn im Namen des Herrn mit Öl salben. Ihr vertrauensvolles Gebet wird den Kranken stärken, und aufrichten wird ihn der Herr; und wenn er Schuld auf sich geladen hat, wird ihm vergeben." Wohlgemerkt, hier steht, *wird ihn stärken*, und *der Herr wird ihn aufrichten*, und *die Schuld wird ihm durch dieses Handeln vergeben*; auch wenn es einige Theologen nicht so verstehen möchten, weil sie an alle Liebe Gottes Bedingungen knüpfen möchten: Die Schuldaufhebung ist ein gewisser Automatismus, der nur in der „felix culpa" und eben darin begründet liegen kann, dass Jesus Christus die Schuld der Menschen auf sich genommen hat; er wird „stärken", er wird „aufrichten", er wird „vergeben".

Vielleicht kann sogar auf das Singen von Wanderliedern verwiesen werden statt der komplizierten liturgischen Lieder, die für diese Zwecke verfertigt wurden, wie in dem bekanntesten Wanderlied: „...ausgestanden Müh und Schweiß, das muss so sein; ... trägt's Felleisen auf dem Rücken, trägt es über tausend Brücken, bis er kommt nach Innsbruck rein"; Innsbruck ist eben keine Stadt in Österreich, sondern ein Zustand der Schuldbefreitheit; „... lasst uns reisen, unser'm Herrgott Dank erweisen für die fröhlich' Wanderzeit, hier und in die Ewigkeit"(!).

b) Umgang mit der Schuld der Begleitenden

Aber da gibt es auch noch die Schuld des Begleitenden, also unsere eigene Schuld. Wenn Schuld entsprechend unseren Überlegungen eine Chance für die Erlösung darstellt und zugleich alle Schuld der Welt bereits gesühnt ist, dann hat das auch für uns als Begleiter und Menschensorger, aber auch für unsere eigene alltägliche Schuld Konsequenzen. Ich möchte dies an einigen zentralen Stichworten der Schuld der Helfer verdeutlichen: Da ist beispielsweise die *Anfechtung*. Sie steht im Gegensatz zur Verunsicherung, durch welche wir vorläufige, unzulängliche Sicherheiten verlieren. Die Anfechtung spiegelt sich vor allem auch in dem menschlich verständlichen Ausruf, wie Gott das alles nur zulassen kann! Bei der Anfechtung geht es ums Ganze; unsere Schuld verunsichert uns; unsere Anfechtung „ficht uns an"; unser Handeln scheint sinnlos zu werden. Wir können uns nur noch unserem Versagen stellen. Nun erleben wir so etwas wie eine Gottesbegegnung: Entweder wir werfen unsere Schuld auf ihn, oder wir erkennen die „felix culpa", die uns seinem Zuspruch öffnet, indem wir nicht ihm die Schuld zuschieben („Wie konntest du nur?!"), sondern vertrauensvoll unsere Schuld ihm anvertrauen. So erkennen wir sogar die Chancen und die Erlösungskraft in dieser eingestandenen Schuld.

Genau das gilt sogar für die *„Resignation"*. Sie wäre nach Karl Rahner[20] nur dann verdammungswürdig, „wenn sie nicht gepaart wäre mit der Hoffnung des ewigen Lebens, in dem die Endgültigkeit der eigenen Freiheitsgeschichte (die es doch auch gab) erfüllt ist mit der Unbegreiflichkeit Gottes". Der Mensch darf resignieren im Angesicht der unendlichen Hoffnung. „Ich will mir diese Hoffnung nicht vermiesen lassen durch die, die meinen, solcher Trost sei ein billiges Analgetikum gegen die Wahrheit"; gemeint ist hier wohl die von uns so genannte Realität. „Ich will davon überzeugt sein, dass diese meine Hoffnung die wirkliche Wahrheit in sich hat". Die Resignation wird legitim durch die Hoffnung.

„Steckt so nicht in der Hoffnung selber, damit sie wirklich Hoffnung und nicht etwas anderes sei, nochmals eine ganz eigentümliche Resignation, die nichts zu tun hat mit dem verärgerten und kopflosen Aufgeben, das wir Resignation nennen und doch der Resignation verzweifelt ähnlich sieht, mit der wir uns Gott bedingungslos ergeben und nicht einmal eigentlich genau kontrollieren wollen, ob diese Übergabe wirklich da ist? ... Vielleicht ist unsere so schäbig sich zeigende Alltagsresignation letztlich doch nur der weise und liebevolle Kunstgriff Gottes, durch den er uns jene Resignation schenkt, die frei von uns selbst und selig macht“, sagt Karl Rahner. Diese Resignation lässt sich sogar üben in Hoffnung und Geduld. Der alte Mensch weiß darum noch häufig, und die jungen Mediziner versuchen diesem Menschen dann seine Resignation zu nehmen, weil sie nicht wissen (wollen), dass er seine Resignation braucht, um in der eigenen Wahrheit leben und sterben zu können.

Manfred Hausmann ging vor einigen Jahren noch weiter.[21] Für ihn ist auch die *Verzweiflung* noch ein Bestandteil der persönlichen Wahrheit. In einem langen Gedicht hat er seinem Wunsch nach „Verzweiflung“ Ausdruck verliehen; sie hilft ihm, die Dinge und Gott selbst im Lichte der Wahrheit zu sehen: „Dann verstehe ich, was du in Wahrheit bist.“ Einige Ausschnitte aus diesem Gedicht mögen genügen:

Oh Herr, lass mich verzweifeln am Verständnis der Welt!

Denn wenn ich sie verstünde, Herr,

verstünde ich sie nicht.

Doch wenn ich ganz an ihr verzweifle,

dann verstehe ich, was sie in Wahrheit ist ...

Oh Herr, lass mich verzweifeln an dem Irrsal in mir.

Denn wenn ich mich verstünde, Herr,

verstünde ich mich nicht.

Doch wenn ich ganz an mir verzweifle,

dann verstehe ich, wer ich in Wahrheit bin ...

Oh Herr, lass mich verzweifeln an der Fremdheit um dich!

Denn wenn ich dich verstünde, Herr,

verstünde ich dich nicht.

Doch wenn ich ganz an dir verzweifle,

dann verstehe ich, wer du in Wahrheit bist.

21. Das „Tabita-Geleit"

Ein Textbeispiel einer spirituellen Begleitung, hier einer Verstorbenen, ergänzt unsere Überlegungen. Daraus lässt sich allerdings kein Trainingsprogramm ableiten, etwa für eine professionelle „Spiritual Care", wohl aber eine Neubesinnung auf die geistig-spirituellen Tiefen des Geschehens einer Verstorbenenbegleitung, also eines Totengeleits. In der so genannten Apostelgeschichte (Apg 9,36-41) wird von Petrus berichtet, wie er einen spirituellen Weg mit einem anderen Menschen gegangen ist. Wenn wir die Perikope genau lesen, entdecken wir einen siebenfachen geistig-geistlichen Weg im Angesicht des Lebensendes:

In Joppe lebte eine Jüngerin namens Tabita oder auch Tabea, das heißt: Gazelle. Sie tat viele gute Werke und gab reichlich Almosen. In jenen Tagen wurde sie krank und starb. Man wusch sie und bahrte sie im Obergemach auf. Weil aber Lydda nahe bei Joppe liegt und die Jünger hörten, dass Petrus dort war, schickten sie zwei Männer zu ihm und ließen ihn bitten: Komm zu uns, zögere nicht! Da stand Petrus auf und ging mit ihnen. Als er ankam führten sie ihn in das Obergemach hinauf; alle Witwen traten zu ihm, sie weinten und zeigten ihm die Röcke und Mäntel, die Gazelle gemacht hatte, als sie noch bei ihnen war. Nun berichtet der Text kurz und präzise, wie Petrus versucht, diese Situation spirituell, geistig zu bewältigen. *Petrus aber schickte alle hinaus, kniete nieder und betete. Dann wandte er sich zu dem Leichnam und sagte: Tabita, steh auf! Da öffnete sie die Augen, sah Petrus an und setzte sich auf. Er gab ihr die Hand und ließ sie aufstehen; dann rief er die Heiligen und die Witwen und zeigte ihnen, dass sie wieder lebt.*

Die Reihenfolge dieses spirituellen Weges sieht also folgendermaßen aus:

Zunächst schickt Petrus alle hinaus. Damit sorgt er dafür, dass es stille wird und dass das zuvor beschriebene hektische Treiben ein Ende findet. Übrigens hat Jesus ähnlich gehandelt bei der Auferweckung der Tochter des Jairus: „Er ließ niemanden mit sich gehen."

Dann kniet Petrus nieder, macht sich also klein. Dies ist ein wichtiger Schritt beim spirituellen Handeln, dass der Handelnde sich klein macht. Gerade viele Gurus oder selbsternannte Heiler versäumen diesen wichtigen Schritt. Nur wer sich klein macht beim Schreiten auf dem Weg des Geistes, wird diesem gerecht werden können.

Und dann betet Petrus. Den Menschen, die selbst nicht mehr beten können, leihen wir unsere Worte und unsere Stimme. Gebet ist wie ein spirituelles Geleit; denn dabei öffnen wir den Raum für die Beteiligung eines Dritten, nämlich des Lebendigen.

Dann wendet sich Petrus dem Leichnam zu. Dieses „Sich zuwenden", verändert die Richtung des Handelnden; er ist nicht mehr mit sich und seinen „Methoden" befasst, sondern erkennt das Du im Gegenüber.

„Wenden" ist Wandlung; das ist die Voraussetzung für das folgende „Zusprechen". Er sagt: „Tabita, steh auf". *(Vielleicht haben die später Berichtenden das Ganze ja auch nicht wirklich präzise mitbekommen, sie waren ja nicht dabei. Bei der Auferweckung der verstorbenen Tochter des Jairus heißt es bei Mk 8,41, dass Jesus sagte: „Talitha kum", was so viel besagte wie: „Mädchen, ich sage dir, steh auf". Übrigens ist das nicht Hebräisch, sondern Aramäisch, also die „Muttersprache" Jesu, was sehr für die Authentizität des Berichtes sprechen könnte.)* Sprache folgt dem Umwenden und Zuwenden. Wir können und dürfen nicht über einen Menschen oder an ihm vorbei unsere spirituellen

Handlungen vollziehen oder zu ihm sprechen, sondern allein mit ihm, auf ihn zu.

Nach der Zusprache gibt ihr Petrus die Hand. Jetzt erfolgt also die Berührung, keineswegs vorher.

Daraus entsteht das Aufrichten, ein inneres, geistiges Aufrichten des Menschen. Hier geht es nicht um eine Auferstehungsgeschichte, sondern eben nur um „Aufrichten", also allenfalls um Auferweckung, ein vorübergehendes Zu-sich-kommen. Das Wunder besteht in diesem inneren Aufrechtwerden, in dem geistigen Weg, den Tabita und Petrus miteinander gehen.

Es ist ein Weg der Sinne (still werden, sprechen, Hand halten), ein Weg des Körpers (sich klein machen, sich zuwenden, Hand geben, Aufrichten) und ein Weg der Sprache (beten, Zusprache). All unsere palliative Spiritualität und religiöse Hospizlichkeit könnte diesen Weg gehen. Die dann erfolgende Aufrichtung ist ein Geschenk. Kein spirituell Handelnder sollte sich einbilden, dass er oder sie bei dem sterbenden Menschen etwas bewirken wird und kann. Alles was so geschieht, geschieht als Geschenk unverdient und ungeleistet. Wir lernen keine neuen Techniken und Methoden, wenn wir uns auf die Spiritualität einlassen; wir lassen lediglich zu, dass sich der Geist über uns ergießt, dass sich Gottes Flügel unter uns ausbreiten, damit wir bei unseren geistigen Flugversuchen nicht endgültig abstürzen.

22. „Tod" als Konstrukt des lebenden Menschen

Der wissenschaftliche Fortschritt braucht im Zusammenhang mit der Todesbestimmung, also vor allem mit der Hirntodfeststellung, keine ethische Absicherung, sondern vielmehr eine ethische Infrage-Stellung. Ethik ist nicht dazu da, das technische Tun nachträglich zu begründen und die Abgründe zwischen Ethik und Technik nachträglich zuzuschütten. Ethik, zumal durch die Kirchen vertreten, soll den technischen Fortschritt nicht ethisch erleichtern, sondern sie ist vielmehr dazu angetreten, die Verantwortung und die sittliche Entscheidung zu erschweren? An der Gehirnforschung, der Teilhirntod-Definition, der Organtransplantation und vielem mehr erhitzen sich die ethisch interessierten Gemüter mit dem ausdrücklichen ethischen Konsensbegehren, das, was ohnehin geschieht, auch noch ethisch zu legitimieren. Nun sollen auch noch der Glaube, das Seelenleben und die früher so genannten „Herzensangelegenheiten" ins Gehirn verlagert werden. Die Theologie stolpert bereitwillig, wenn auch verspätet, über die Gehirnmythologie des 19. Jahrhunderts, anstatt sich dem ganzen Wesen des von Gott erdachten und geschaffenen Menschen zuzuwenden. Dieser Gott wird denn auch prompt verdächtigt, sich in unser Gehirn einzuschleichen und daraus Glaube zu produzieren.

Meine geliebte Frau wurde glücklicherweise nicht „gehirntot definiert". Gerade nach ihrer Ankunft „Zu Hause" bin ich mir sicher, dass es den wie auch immer willkürlich definierten Tod nicht gibt; es gibt seine Definition(en), aber ihn selbst gibt es nicht. Meine geliebte Frau ist so präsent wie immer, vielleicht sogar noch präsenter als je. Deshalb führe ich ihr „Lebenswerk" weiter; deshalb besuche ich den Ort, wo ihr Leib eine „Endlagerung" erfahren hat; deshalb schreibe ich an all diesen Überlegungen, in die hinein sie wirkt, bei deren Korrektur sie mir hilft. Ernst Bloch schrieb einmal, der Zar sei zwar gewiss tot, aber Tolstoi lebe weiter.

23. Das „Ebenbild" in seiner Vielfalt und dem Sowohl-Als-Auch

Der Mensch ist nicht Person, weil und sofern er Gehirn hat, sondern weil er ein Mensch ist. Und dieser Mensch hat nicht nur das eine, rationale Bewusstsein, sondern verfügt über eine Fülle von Bewusstseinsebenen und Zuständen der Bewusstheit, so dass ich diese Gewissheit zur Grundlage meiner spirituellen Begleitpraxis gemacht habe und also nur noch von „Bewusstseinen" spreche. Derartige „Bewusstseine" lösen geradezu die Personalität aus dem Gefängnis des Enzephalen. Benannt werden:

- das großhirn-bezogene so genannte rationale Bewusst-Haben mit der Fähigkeit, zu denken, „ratio",

- das gesamthirn-abhängige Vitalbewusstsein mit der Fähigkeit, zu leben, „vita" (Vitalbewusstsein),

- das „seelenverwandte“ Unterbewusstsein mit der Fähigkeit, zu fühlen, „emotio“, „mens“, „psyche“,

- das dem geschichtlichen und sozialen Wesen zugeordnete Unbewusste mit der Fähigkeit, zu intuieren, „intuitio“,

- das ekstatisch-spirituelle Nebenbewusstsein mit der Fähigkeit, mystisch-geistig außer sich zu geraten, „exstasis“,

- die sozial-vertrauliche Weisheit mit der Fähigkeit, zu glauben entsprechend dem Satz vom „credo, ut intellegam“ (ich glaube, *um* zu verstehen) oder auch dem „credo, quia absurdum“ (ich glaube, *weil* und *obwohl* es absurd, also unsinnig ist), „fides“,

- die moralisch-sittliche Stimme des Ge-Wissens mit der Fähigkeit, zu lieben entsprechend dem Spruch „conscientia et caritas“, welche von Grund auf zusammen gehören,

- das mediale Ver-Gessen und Ver-Geben mit der Fähigkeit des Er-Innerns, „commemoratio“,

- die Willensenergie, deren Ende ebenfalls durch keine Definition festgestellt werden kann, „voluntas“,

- und weitere, die sich unserem sprachlich fassbaren Erkennen z.Zt. noch entziehen, wie die „Lust“, die „Freude“, das „Leid“, die „Huld“, die „Sorge“ usw.

Die meisten dieser genannten Bewusstseine erscheinen den Gehirnmythologen und Tötungsethikern suspekt wegen ihrer fehlenden empirisch quantifizierbaren Eindeutigkeit und Ortsbestimmung. Aber ihnen entspricht gerade eine Lebensbegleitung jenseits der quantifizierbaren Bewusstheit, jenseits des Bewusst-Habens, also in der fälschlich so genannten „Bewusstlosigkeit“, im Koma und in der „Enthirnung“.

Betonen wir einmal ganz deutlich: „Bewusstlosigkeit“ gibt es überhaupt nicht; dieser Begriff müsste zu den Unworten zählen, weil er etwas behauptet, was er nicht beweisen kann. Und „Enthirnung“ kann zwar das Abgetrenntsein eines Organs beschreiben, nicht jedoch einen Zustand fehlenden Bewusstseins oder fehlender Personalität oder gar fehlender Personenwürde. Der Enthirnte ist keine Leiche, sondern ein Sterbender.

Deshalb komme ich zu dem Schluss, dass es „den Tod“ als „Nicht-Mehr-Sein“ überhaupt nicht gibt, sondern nur willkürliche und änderbare Definitionen des Todes geben kann. Theologisch wiederhole ich mich, wenn ich sage: „Sterben“ ist Grundmerkmal von Menschsein, im Gegensatz zur göttlichen „Unsterblichkeit“, aber eben nicht im Sinne von „Nicht-Sein“. Es kann einen zweiten Begriff von „Tod“ geben, der unchristlich verstanden vielleicht sogar „realer“ wäre, nämlich die Wertlosigkeit, die Verdammtheit, der jedoch christlich verstanden ebenfalls jede Realität durch das „Erlöstsein“ eingebüßt hat.

Erschaffen „nach dem Bilde seines Gottes als Mann und Frau“ treten wir dem Menschen gegenüber im Wissen, dass Gott keine anderen menschlichen Hände mehr hat als die unsrigen, keine andere Sprache als die seines menschgewordenen Sohnes, kein erlösteres Sterben und keinen erlösteren Tod als jenen, der uns hinüber, hinein geleitet „ins Paradies“.

24. Spirituelle Begleitung

Wenn davon gesprochen wird, man solle nun mit „komatösen Patienten“ durchaus sprechen, dann kann festgestellt werden, dass nicht die Worte es sind, ihre digitalen Elemente, sondern das analoge Beziehungsgeschehen, das sich zwar auch in der Sprache, aber noch viel mehr z.B. in Berührungen oder in den Schwingungen der Musik vermittelt, durch welche die Ganzheit des Bewusstseins im Koma erreicht werden kann. Das Geheimnis der Kultur unserer Zuwendung liegt allerdings eher in der Selbsterkenntnis als in der Fremdbeobachtung, im Geschehenlassen dessen, was beim komatösen Patienten geschieht, als im Eingreifen. Insofern ist es durchaus hilfreich, wenn man irgendwelchen Todesphantasien und Träumen psychologisch-seelsorgerisch nachgeht. Der Thanatos-Komplex und die symbolisch-spirituellen Todeserfahrungen schaffen einen heilend-tröstlichen Weg.

Philosophisch gesprochen kommen viele Neurologen und Neurophysiologen überhaupt nicht zum Bewusst-Sein, wenn sie davon reden, sondern allenfalls bis zum „Bewusst-Haben". Denn das Sein des Bewussten ist nur als eines der leib-geist-seelischen Ganzheit zu begreifen und also fest im Unterbewussten und Unbewussten verankert. Das spirituelle Bewusstsein ist z.B. mit dem Wissen der Zugvögel vergleichbar, die ihre Wege nicht aus „vitalen Trieben" oder „Instinkten" finden, sondern aufgrund des der Gruppe, dem Kollektiv, beigegebenen Bewusstseins.

Die Kultur der Lebensbegleitung bis zu dem so genannten Tod bietet uns viele Formen an: von der Musik und den Liedern über die Märchen, Poesie und Lyrik bis zu allen Formen ritueller Zärtlichkeit, wie auch dem Kuss und der Umarmung. Und hierher gehören auch die Gebete, die nicht nur die Bestattung, sondern auch die Begleitung stützen. Man mag vor allem das Modell des „Nebenbewusstseins" vieler „Fragwürdigkeiten" bezichtigen: Gnosis-Vorwurf, Spiritismus, Okkultismus usw. Aber es ist ein rationaler Versuch, das irrationale und metaphysische (wieder) zuzulassen in unseren Kategorien. Die Hirnforschung ist zu „primitiv" zur Erfassung des Unbegreiflichen, des Un-Begreiflichen. Deshalb sollte neben alle andere Begleitung kranker und sterbender Menschen vor allem auch eine spirituelle treten; denn das eigene Sterben ist eines der unverdienten Zuwendung und des geschenkweisen Lebens der Sterbenden – und des Enthirnten, des für Toterklärten, der Leiche.

Der Sinn des Lebens und des Sterbens erschließt sich uns letztlich im Hören auf den sinnlich nicht hörbaren Anruf: *„Lazarus, komm heraus!"* – oder aus dem Zuspruch: *„Heute noch werde Ich mit Dir im Paradiese sein!"*

25. Totenfürsorge und Nachfolge

Nach allen bereits vorgelegten Überlegungen kommen wir nicht an der Interpretation eines ausgerechnet aus Jesu Mund stammenden Wortes vorbei, welches oftmals als schroffe Absage der intimsten und elementarsten

Form von Pietät gegenüber Verstorbenen verstanden wurde. Ein Jünger möchte entsprechend den jüdischen Ritualen seinen Vater bestatten, bevor er sich mit Jesus auf dessen weitere Wanderungen begibt. Jesus sagt: „Folge mir und lass die Toten ihre Toten begraben“ (Mt 8,22) oder im Text bei Lukas: „Lass die Toten ihre Toten begraben; du aber gehe hin und verkünde das Reich Gottes“ (Lk 9,60).

Ist das eine Forderung, künftig Leichen sich selbst zu überlassen? Verurteilt Jesus bereits vor seinem Sterben den aufwendigen Umgang mit seiner Leiche nach der Katastrophe von Golgatha? Diskriminiert er vorab bereits die in den folgenden Jahrhunderten stattfindenden Kulte in den Katakomben von Rom und anderswo? Hebt er damit das 4. Gebot der Ehrfurcht vor den verstorbenen Eltern auf (5Mose 5,16)? Sollen sich die Leichen künftig „selbst verbuddeln“? Setzt er sich bewusst über Gesetz und Sitte hinweg, wie er ja auch sonst Prioritäten der „Nachfolge“ vor der Familienbeziehung propagiert? Ist Jesus ein derartiger Radikalinski, wie ihn viele verstanden wissen wollen: Neben der Nachfolge und der Werbung für das Reich Gottes gibt es keine Nebenpflichten?

Aus meinen Überlegungen zu den Konsequenzen aus Menschwerdung und Tod Gottes für uns Menschen gingen folgende Feststellungen hervor:

1. Die Unausweichlichkeit des Sterbens ist menschenwesentlich;

2. Tod als endgültige Vernichtung des personalen Wesens der Menschen ist eine Zweckdefinition der Verwertungsinteressen (z.B. Erntung von Organen);

3. es gab die Vorstellung eines zweiten Todes, mit welchem die Drohung einer völligen Wertlosigkeit des sündigen Menschen, seine „Ver-Nichts-Ung“ verbunden wird (Disziplinierungsmittel);

4. dieser zweite Tod ist durch die Sterblichwerdung, durch die Menschwerdung und den „zeitlichen Tod“ Gottes in seinem Sohn besiegt; damit beginnt das Reich Gottes.

Jesus hatte durchaus einen Hang zu Humor und Satire. Deshalb können wir den Zusammenhang zwischen Totenfürsorge und Nachfolge des gläubigen und gesetzestreuen Juden Jesus nur folgendermaßen verstehen: „Folge mir nach, indem du die Totenfürsorge auf das begrenzt und zum Ausdruck werden lässt dessen, was für das beginnende Reich Gottes spricht; die Toten sollen dir wert und wichtig sein, sofern und weil sich in ihnen das Reich Gottes erkennen lässt."

Der Evangelist Johannes (Joh 11,1-44) hat diese Zusammenhänge in der Geschichte von der Auferweckung des Lazarus ausführlich dargelegt: Zunächst sagt er, die tödliche Krankheit „wird nicht zum Tod führen, sondern zur Verherrlichung Gottes dienen". Dann sagt er, Lazarus „schlafe", aber er gehe hin, ihn „aufzuwecken". Dann als Reaktion auf das kleingeistige Unverständnis seiner Jünger erklärt er, Lazarus sei gestorben, „aber ich freue mich, dass ich nicht dort war, denn ich will, dass ihr glaubt". Nun wollen die Jünger plötzlich „mit ihm gehen, um mit ihm zu sterben". – Ich will den Bericht nicht überstrapazieren; aber er ist m. E. der Schlüssel zu dem: „Lass die Toten die Toten begraben". Denn das Reich Gottes steht und fällt ja mit dem, der „Auferstehung und Leben" zugleich ist; deshalb wird eben auch derjenige „leben, der stirbt"; „jeder, der" in diesem Sinne „lebt, wird auf ewig nicht sterben". Also ist die Interpretation des Verbotes der Totenfürsorge wegen des Verkündigungsauftrags schlicht ein Missverständnis; Tote können keine Toten bestatten, aber alle Verstorbenen werden der „Verherrlichung Gottes dienen" – auch die verstorbenen Väter von künftigen Jüngern und auch die verstorbene Geliebte, der dieses Buch gewidmet ist.

Viertes Kapitel

Impulse für das himmlische Fest

1. Vom Sinn der Krankheiten, allen Übels und der Überwindung des Todes im Spätwerk des NOVALIS unter besonderer Berücksichtigung der 4. und 5. Hymne an die Nacht

Georg Philipp Friedrich Freiherr von Hardenberg, besser bekannt unter dem selbstgewählten Namen NOVALIS, wurde 1772 geboren und starb bereits im Alter von 29 Jahren am 25. März 1801. Sein Todesgedenken hat den wichtigsten Niederschlag in den „Hymnen an die Nacht“ erhalten. Nachdem seine 16-jährige Verlobte, Sophie von Kühn, 1797 verstorben war, schrieb er bis zum Jahr 1800, also ein Jahr vor seinem eigenen Sterben, an diesem Werk, dem bekanntesten, das von ihm zu uns gelangt ist. NOVALIS war der Begründer der „Suche nach der Blauen Blume“ und Mitbegründer der Frühromantik.

Es ist wahrlich aufregend, wie wenig die Medien unserer Tage ihn und sein Werk noch wahrnehmen und besinnen. Nicht einmal der Sender „Arte“ als angeblicher Kultursender hat beispielsweise den 25. März 2001, seinen 200. Todestag, genutzt, noch auch 3sat oder WDR 3. NOVALIS ist ein Missachteter, ein Vergessener. Das ist sträflich, da sowohl die Kultur des gegenwärtigen Selbstischen, als auch die Neoromantik unserer Tage in der Jahrhundertwende zwischen dem 18. und 19. Jahrhundert wurzeln, und dort eine Antwort auf die moderne Apokalypse gefunden werden könnte. Wir leben zu Beginn des 21. Jahrhunderts in einer Nekrophilie und Todes-, ja Tötungsversessenheit ohne Gleichen. Die BSE- und MKS-Krise, von den Menschen herbeigeführt und in wörtlichem Sinne „in Kauf genommen“, korrespondiert mit der Tötungslust einer neuen Euthanasie und der Todes-Selbstentwertung der Menschen durch so genannte Patientenverfügungen ebenso wie mit dem Embryonenverbrauch der modernen Bioethik und der gentechnologischen Wissenschaft. Töten ist ein globaler Volkssport geworden, dem ganze Menschengruppen und große Tierpopulationen ohne direkten Nutzen für die Tötenden zum Opfer fallen. Die stinkenden, qualmenden Scheiterhaufen der brennenden Tierkadaver korrespondieren auch mit Hekatomben von abgetriebenen Föten, denen man eine Unpassenheit für unsere Gesellschaft zugeschrieben hat.

Da war die Todesverliebtheit der letzten vorindustriellen Kulturepoche doch sehr viel anders begründet. Man hatte gerade den Sauerstoff entdeckt, und also festgestellt, dass Atmen einem Verbrennungsvorgang gleicht, und nun suchte man nach der inneren Gleichheit der Naturvorgänge und nach dem einen, einzigen Grund für die Naturerscheinungen. Belebte und unbelebte Natur schienen einer Einheit unterworfen zu sein und aus einem Ursprung zu stammen. Man glaubte, eine logische Reihe erkennen zu können vom einfachen Kristallisieren bis zum Vorgang des Denkens. Leben hieß Erregbarkeit besitzen und Reize erleiden; Sterben war somit als Ende der Erregbarkeit zu verstehen.

Auf der Suche nach der Einheit in der Natur musste ein mystisch veranlagter Mensch wie NOVALIS all seine Sinne und seine Seelenkräfte gewissermaßen investieren. Er hatte von Kindesbeinen an die reifen Früchte mystischer Gedanken aus den Quellen Jakob Böhmes und Zinzendorfs gepflückt und verinnerlicht, Elemente der Böhmischen Brüder wie auch der Kabbala, der antiken Naturphilosophie wie auch der Renaissance. Seit 1797 galt es für ihn, sein ganzes Seelenleben vom reinen Geist auf die reine Natur umzuschalten, ein Ganzes der menschlichen Begriffe, der Erkenntnisse, der uns umgebenden Erscheinungen und der natürlichen Phänomene zu finden. Er suchte nach einer Verwandtschaftslehre der Gedanken und nach einer Gedankenverbindungskunst.

NOVALIS war sowohl ein Mann des Erfahrungsmäßigen der Wissenschaft als auch ein Wiederbeleber der alten mystischen Naturphilosophie. So wurde ihm die ganze Natur zu seelischen und geschlechtlichen Sinnbildern. Das Zusammenleben mit der Natur, die magische Einheit mit allem, was da ist, das Angesprochensein durch alle Dinge war ein ursprünglicher, durch den Abfall ins Leibliche zerstörter Zustand. Mit der Seele in das All hineinzuwachsen, hieß nur, dieses Ursprüngliche wiederherzustellen. Also war auch das nur eine Einzelvorstellung aus dem Gesamtgedanken der Wiedergeburt. Das alles glaubte er erreichen zu können durch Steigerung der dem Menschen innewohnenden Kräfte. Der Glaube und der Geist Zinzendorfs hatten ihn über die herrnhutterische Glaubenswelt des Vaters geprägt – das mystische Absterben von allen Dingen, das mystische Ringen um einen neuen inneren Menschen, das mystische Streben zum rein Geistigen.

Das Sterben der Kinds-Braut und des Lieblingsbruders im gleichen Jahr 1797 stürzte ihn in völlige Vernichtung und ließ ihn als einen, der zu einem zweiten Leben erwachte, wieder auferstehen. Nun lebte er in den Dahingegangenen weiter und umgab sie mit geradezu religiöser Verehrung. Er fühlte sich erlöst von aller Leiblichkeit und lebte nur noch in stiller Andacht, um beiden gewissermaßen nachzusterben mit der ganzen Kraft des Willens auf das Jenseitige gerichtet. Schmerz war sein Tagewerk, fast sogar wie ein Gottesdienst. NOVALIS schrieb sich, täglich zugemessen, gewissermaßen ein Tagebuch der Schmerzen. Wie alle Männer und Frauen der Mystik führte er irgendwie ein Doppelleben zwischen äußerer Heiterkeit und geistigem Sterben aus Liebe. Er schafft es bis zu einem gewissen Spiel mit Christus und Sophie, seiner verstorbenen Braut, wenngleich immer an den Namen dieser Braut geknüpft; dabei vollzieht er fast eine Zwiesprache mit der göttlichen Weisheit. Er mischt wie Johann-Georg Hamann religiöse und geschlechtliche Vorstellungen nach den vorgeprägten Gedankenverbindungen der alten Mystik. Gläubige und sittliche Wiedergeburt seines eigenen inneren Menschen wird ihm Tagwerk und Beruf. Der Kindstod seiner Braut löste ihm die Zunge und führte ihm die Feder. So sang er seine „Hymnen an die Nacht“, das hohe Lied des „Eros Thanatos“.

Die Erotik des Todes war ein Ausfluss der Herrnhuter Gesänge seit der Jahrhundertwende um 1700. Aber das Erlebnis war ihm nur Anlass, Stimmung. Die Form dagegen besaß er aus dem Glauben des Vaterhauses. Liebe, Tod und Leben waren ihm eins, gefühlsmäßig, für den nachkostenden Genuss der Stimmung, gleichzeitig mit dem asketischen Gedanken der Eitelkeit aller irdischen Dinge. Aus dem Zerfall alles Wertbeständigen steigt ihm eine Regeneration, seine Form der mystischen Wiedergeburt.

Aus diesem geistigen und biographischen Hintergrund heraus schrieb NOVALIS sechs Hymnen, deren Thema die Überwindung des Todes ist. Hier erscheint der Tod nicht mehr als das schreckerregende Ende, sondern als der Beginn eines höheren Daseins. Zu dessen Verherrlichung dient ihm das Bild der Nacht. Licht und Nacht gehören für ihn zusammen wie Leben und Tod. Die Liebe zu seiner verstorbenen Verlobten schafft ihm den Zugang zur jenseitigen Welt. Der „heilige Schlaf" ist auch am Tage eine Möglichkeit, mit dem Reich der Nacht zu kommunizieren.

Von den Hymnen gibt es zwei Fassungen, eine überwiegend in Versen geschriebene, handschriftliche und eine in rhythmischer Prosa verfasste Druckvorlage. Die dritte Hymne ist wohl gewissermaßen als „Urhymne" entsprechend einer Tagebucheintragung vom 13. Mai 1797 im Zusammenhang mit dem Erlebnis am Grab seiner Braut entstanden. Ab Herbst 1797 bis in das Frühjahr 1800 hinein wirkt er an den Hymnen weiter. Manche Deuter sehen sie gar letztlich als fragmentarisch an; zumal die sechste Hymne noch nicht die von NOVALIS intendierte Gestalt zu haben scheint. Die soeben angeklungenen Einflüsse von Böhme über Zinzendorf zu Goethe, Herder, Schiller, Hamann sind nicht wirklich nachweisbar; aber sicher sollten biographische, geistesgeschichtliche und religiöse Impulse ineinander fließen.

Man müsste demnach die dritte Hymne eigentlich zuerst betrachten, da sie das Quellenerlebnis des Dichters am Grabe der Geliebten enthält. Sie kündet vom Akt der Einweihung, von der mystisch-idealistischen Vereinigung mit der Verstorbenen. Dadurch, dass NOVALIS diese Hymne mit zwei vorausgehenden und drei folgenden umgibt, hebt er das Autobiographische und Erlebnishafte in behutsamer Weise auf; das Ereignis wird zeitlos und raumlos.

(3) Einst da ich bittre Tränen vergoss, da in Schmerz aufgelöst meine Hoffnung zerrann, und ich einsam stand am dürren Hügel, der in engen, dunkeln Raum die Gestalt meines Lebens barg – einsam, wie noch kein Einsamer war, von unsäglicher Angst getrieben – kraftlos, nur ein Gedanken des Elends noch. – Wie ich da nach Hülfe umherschaute, vorwärts nicht konnte und rückwärts nicht, und am fliehenden, verlöschten Leben mit unendlicher Sehnsucht hing: –

da kam aus blauen Fernen – von den Höhen meiner alten Seligkeit ein Dämmerungsschauer – und mit einemmale riss das Band der Geburt – des Lichtes Fessel. Hin floh die irdische Herrlichkeit und meine Trauer mit ihr – zusammen floss die Wehmut in eine neue, unergründliche Welt – du Nachtbegeisterung, Schlummer des Himmels kamst über mich – die Gegend hob sich sacht empor; über der Gegend schwebte mein entbundner, neugeborner Geist. Zur Staubwolke wurde der Hügel – durch die Wolke sah ich die verklärten Züge der Geliebten. In ihren Augen ruhte die Ewigkeit – ich fasste ihre Hände, und die Tränen wurden ein funkelndes, unzerreißliches Band. Jahrtausende zogen abwärts in die Ferne, wie Ungewitter. An Ihrem Halse weint ich dem neuen Leben entzückende Tränen. – Es war der erste, einzige Traum – und erst seitdem fühl ich ewigen, unwandelbaren Glauben an den Himmel der Nacht und sein Licht, die Geliebte.

In der ersten Hymne gelangt nun NOVALIS zur Erkenntnis, dass es ein Reich der Nacht und der Liebe zugleich gibt. Er preist das Licht, das alles Naturhafte atmet: Anorganisches und Organisches, Beseeltes und Unbeseeltes, Stein, Pflanze und Tier; vor allem aber der „herrliche Fremdling, der König der irdischen Natur". Damit ist der Mensch gemeint; aber als Fremdling gehört er eben nicht dem Lichtreich unmittelbar an, sondern der Nacht, in der die Sehnsucht der Kreatur nach dem Licht aufbricht. Die Nacht wird zum Element allen Lebens. In der ersten Hymne klingt ausschließlich von der Sprache der Poesie her das Motiv an, das in der dritten Hymne zum Erkennen kommt: Die Welt wird von ihren zentralen Symbolen geprägt, von Licht und Dunkel, von Tag und Nacht sowie – diesen entsprechend – von Diesseits und Jenseits, von Leben und Tod. Das Symbol der Nacht wird als Inhalt und Form des Begreifens der Welt eingeführt, das dem „allerfreulichen Licht" gegenüber tritt. Er wendet sich von diesem „allerfreulichen Licht" ab:

(1,15 ff) Abwärts wend ich mich zu der heiligen, unaussprechlichen, geheimnisvollen Nacht. Fernab liegt die Welt – in eine tiefe Gruft versenkt – wüst und einsam ist ihre Stelle ... Hast auch du ein Gefallen an uns, dunkle Nacht? Was hältst du unter deinem Mantel, das mir unsichtbar kräftig an die Seele geht? Köstlicher Balsam träuft aus deiner Hand, aus dem Bündel Mohn. Die

schweren Flügel des Gemüts hebst du empor ... Wie arm und kindisch dünkt mir das Licht nun – wie erfreulich und gesegnet des Tages Abschied ... Himmlischer, als jene blitzenden Sterne, dünken uns die unendlichen Augen, die die Nacht in uns geöffnet. Weiter sehn sie, als die blassesten jener zahllosen Heere – unbedürftig des Lichts durchschaun sie die Tiefen eines liebenden Gemüts –, was einen höhern Raum mit unsäglicher Wollust füllt.

Es erschließt sich dem Dichter also in gewisser Weise ein Zirkel: erst die mystische Erkenntnis der Nacht und dann die gewonnene Fähigkeit, unbedürftig des Lichts die Tiefen eines liebenden Gemüts zu erfassen. Von der Erkenntniserfahrung geht es zurück zu ihrer Beschreibung. Das Verlangen nach mystischer Vereinigung eröffnet die Möglichkeit zu ihrem erneuten und intensivierten Vollzug. Bei NOVALIS sind gerade die Beiworte zu Hauptworten geworden; hier das Wörtchen „liebend" als Beiwort zum „Gemüt". Ziel des mystischen Erkennens ist die Liebe und zugleich seine Kraft und Energie. „Liebendes Gemüt" und „unsägliche Wollust" klingen hier bereits als Metaphern der mystischen Brautnacht zusammen.

Die Nacht enthüllt das Bild der Geliebten; (1,44 ff.) *sie sendet mir dich – zarte Geliebte – liebliche Sonne der Nacht, nun wach ich – denn ich bin Dein und Mein – du hast die Nacht mir zum Leben verkündet – mich zum Menschen gemacht – ehre mit Geisterglut meinen Leib, dass ich luftig mit dir inniger mich mische und dann ewig die Brautnacht währt.*

In den genetivischen Formulierungen schafft es NOVALIS, das nicht mehr düstere Bild der Nacht zu erhellen. „Liebliche Sonne der Nacht" wird ihm die verstorbene Braut. Die poetische Bedeutung des Genitivs ist hier in ganzer Vielfalt präsent: Die liebliche Sonne gehört der Nacht („possessivus); die Nacht ist eine besondere Eigenschaft dieser lieblichen Sonne („qualitatis"), ja vielleicht sogar ihr Preis; zugleich erklärt die Nacht das besondere dieser lieblichen Sonne („explicativus") und bildet sogar in gewisser Weise ihren Inhalt („materiae"); und die liebliche Sonne ist eben auch Teil der Nacht, sie partizipiert an ihr, sie ist zugleich handelndes Subjekt als auch leidendes Objekt der Nacht.

In der zweiten, der kürzesten Hymne sucht NOVALIS nach zeitweiligem Trost, der jedoch nur vorübergehend und unzulänglich bleibt. „Zeitlos und raumlos" wird die Herrschaft der Nacht genannt im Gegensatz zum Licht, das der Zeit unterworfen ist. Besonders der Schlaf kann Dauer haben als (2,8 ff) *Schatten* ... (der) *Dämmerung der wahrhaften Nacht*, von dem die dummen Toren nicht wissen, dass er es ist, *der des zarten Mädchens Busen umschwebt und zum Himmel den Schoß macht.* Der Anklang poetischer Erotik ist zugleich der Übergang zu der dritten Hymne, welche die dauernde und feste Verbindung schafft am Grab der geliebten Verstorbenen. Diese Hymne kündet vom Akt der Einweihung, die an den folgenden Hymnen expliziert wird.

Die vierte Hymne gibt Einblick in diese visionäre Erkenntnis des Dichters von der Verbindung zwischen der Welt des Lichts und dem höheren Reich der Nacht. NOVALIS spricht von der Möglichkeit, die Tagwelt mit Liebe zu heiligen, wodurch er die beiden Welten Tag und Nacht, Licht und Dunkel zu integrieren hofft. Die vierte Hymne leitet von der Innen- zur Außensicht, vom Mythos der Nacht zum Mythos der Geschichte, vom Grab der geliebten Sophie zum Grab Christi. Das Grab der Geliebten ist Symbol des neuen Erkenntnisweges; das Grab Christi ist Symbol einer mystischen Geschichtsprophetie. Der Dichter in der Gestalt dieses NOVALIS befindet sich auf der Grenzscheide zwischen äußerer und innerer Welt, zwischen zerfallender Tages- und dämmernder Nachtwelt.

(4,1-11) Nun weiß ich, wenn der letzte Morgen sein wird – wenn das Licht nicht mehr die Nacht und die Liebe scheucht – wenn der Schlummer ewig und nur ein unerschöpflicher Traum sein wird. Himmlische Müdigkeit fühl ich in mir ... Wer oben stand auf dem Grenzgebürge der Welt, und hinübersah in das neue Land, in der Nacht Wohnsitz – wahrlich der kehrt nicht in das Treiben der Welt zurück, in das Land, wo das Licht in ewiger Unruh hauset.

Für den Blick des Dichters wird das Grab der Geliebten zum Symbol der todestrunkenen Liebe, welche unsere Welt geheimnisvoll zusammenhält. Diese vierte Hymne steht nicht nur zwischen der dritten, der Sophien-Hymne und der fünften, der Offenbarungshymne, sondern sie bereitet bereits motivisch die letzte Hymne vor, die Hymne der Erlösung und Wiedergeburt. Die Gegenwart ist immer die umdüsterte Vorzeit vor der Neugeburt.

(4,16 ff) Was heilig durch der Liebe Berührung ward, rinnt aufgelöst in verborgenen Gängen auf das jenseitige Gebiet, wo es, wie Düfte, sich mit entschlummerten Lieben mischt. ... Getreu der Nacht bleibt mein geheimes Herz, und der schaffenden Liebe, ihrer Tochter. Kannst du mir zeigen ein ewig treues Herz? Hat deine Sonne freundliche Augen, die mich erkennen? Fassen deine Sterne meine verlangende Hand? Geben mir wieder den zärtlichen Druck und das kosende Wort? ... Trägt nicht alles, was uns begeistert, die Farbe der Nacht? Sie trägt dich mütterlich und ihr verdankst du all deine Herrlichkeit. Du verflögst in dir selbst – in endlosen Raum zergingst du, wenn sie dich nicht liebte, dich nicht bände, dass du warm würdest und flammend die Welt zeugtest. Wahrlich ich war, eh du warst – die Mutter schickte mit meinen Geschwistern mich, zu bewohnen deine Welt, sie zu heiligen mit Liebe, dass sie ein ewig angeschautes Denkmal werde – zu bepflanzen sie mit unverwelklichen Blumen. ... Unverbrennlich steht das Kreuz – eine Siegesfahne unsers Geschlechts.

Hinüber wall ich,

Und jede Pein

Wird einst ein Stachel

Der Wollust sein.

Noch wenig Zeiten,

So bin ich los,

Und liege trunken

Der Lieb im Schoß.

Unendliches Leben

Wogt mächtig in mir

Ich schaue von oben

Herunter nach dir.

An jenem Hügel

Verlischt dein Glanz –

Ein Schatten bringet

Den kühlenden Kranz.

O! sauge, Geliebter,

Gewaltig mich an,

Dass ich entschlummern

Und lieben kann.

Ich fühle des Todes

Verjüngende Flut,

Zu Balsam und Äther

Verwandelt mein Blut

Ich lebe bei Tage

Voll Glauben und Mut

Und sterbe die Nächte

In heiliger Glut.

In der 5. der längsten Hymne überträgt NOVALIS diesen Erweckungsprozess auf die ganze Menschheit. Was dem Dichter die Geliebte war, soll für die Menschheit Christus werden. In ihm wird der Schrecken des alten Todes überwunden. Der Perspektivwechsel in dieser Hymne hat die Forschung heftig beschäftigt. Nun ist nicht mehr von der Geliebten und dem Liebenden die Rede, sondern von der Entwicklung der Menschheit. Er knüpft an die antike Welt an, an die orphische Welt, in der das goldene Zeitalter versunken und zugleich geborgen scheint. Diese Welt war von einer herben Leichtigkeit und von stiller Freude geprägt, ein kindhafter Urzustand, eine harmonische Einheit des Bewusstseins.

(5,1-20) Über der Menschen weitverbreitete Stämme herrschte vor Zeiten ein eisernes Schicksal mit stummer Gewalt. Eine dunkle, schwere Binde lag um ihre bange Seele – Unendlich war die Erde – der Götter Aufenthalt, und ihre Heimat. Seit Ewigkeiten stand ihr geheimnisvoller Bau. Über des Morgens roten Bergen, in des Meeres heiligem Schoß wohnte die Sonne, das allzündende, lebendige Licht. Ein alter Riese trug die selige Welt. Fest unter Bergen lagen die Ursöhne der Mutter Erde. Ohnmächtig in ihrer zerstörenden Wut gegen das neue herrliche Göttergeschlecht und dessen Verwandten, die fröhlichen Menschen. Des Meers dunkle, grüne Tiefe war einer Göttin Schoß. In den kristallenen Grotten schwelgte ein üppiges Volk. Flüsse, Bäume, Blumen und Tiere hatten menschlichen Sinn. Süßer schmeckte der Wein von sichtbarer Jugendfülle geschenkt – ein Gott in den Trauben – eine liebende, mütterliche Göttin, emporwachsend in vollen goldenen Garben – der Liebe heilger Rausch ein süßer Dienst der schönsten Götterfrau – ein ewig buntes Fest der Himmelskinder und der Erdbewohner rauschte das Leben, wie ein Frühling, durch die Jahrhunderte hin – Alle Geschlechter verehrten kindlich die zarte, tausendfältige Flamme, als das höchste der Welt.

Diese harmonische, frühlingshafte Welt, sieht NOVALIS plötzlich gestört und zerrissen durch den Einbruch des Entsetzens und durch die Erkenntnis der

Schrecken des Todes, welcher nur noch ästhetisch überwunden werden kann. Für den Tod hatte die antike Welt tatsächlich keine Erklärung; und seine ästhetische Verschönerung gelingt nicht wirklich. Friedrich Schiller hatte in seinen „Göttern Griechenlands" den Untergang der Griechischen Götterwelt beklagt. Dort hieß es: „Ach! nur in dem Feenland der Lieder lebt noch deine goldne Spur. Ausgestorben trauert das Gefilde, keine Gottheit zeigt sich meinem Blick, ach! von jenem lebenswarmem Bilde blieb nur das Gerippe mir zurück". NOVALIS stellt sich hier eindeutig in den Gegensatz zu Schiller.

(5,21-45) Ein Gedanke nur war es, ein entsetzliches Traumbild:

Das furchtbar zu den frohen Tischen trat

Und das Gemüt in wilde Schrecken hüllte.

Hier wussten selbst die Götter keinen Rat,

Der die beklommene Brust mit Trost erfüllte.

Geheimnisvoll war dieses Unholds Pfad,

Des Wut kein Flehn und keine Gabe stillte;

Es war der Tod, der dieses Lustgelag

Mit Angst und Schmerz und Tränen unterbrach.

Auf ewig nun von allem abgeschieden,

Was hier das Herz in süßer Wollust regt,

Getrennt von den Geliebten, die hinieden

Vergebne Sehnsucht, langes Weh bewegt,

Schien matter Traum dem Toten nur beschieden,

Ohnmächtiges Ringen nur ihm auferlegt.

Zerbrochen war die Woge des Genusses

Am Felsen des unendlichen Verdrusses.

Mit kühnem Geist und hoher Sinnenglut

Verschönte sich der Mensch die grause Larve,

Ein sanfter Jüngling löscht das Licht und ruht –

Sanft wird das Ende, wie ein Wehn der Harfe.

Erinnerung schmilzt in kühler Schattenflut,

So sang das Lied dem traurigen Bedarfe.

Doch unenträtselt blieb die ewge Nacht,

Das ernste Zeichen einer fernen Macht.

In der antiken Welt ist der Tod vom Hades geprägt, wo die Toten als Schatten ihrer selbst in einem traumhaften Zustand wandeln oder von einem Knaben, der eine umgekehrte Fackel trägt. Aber für NOVALIS ist diese Welt keineswegs versunken, sondern liegt schlummernd in der Weltseele der Menschheit – bereit, geweckt zu werden: „Unenträtselt blieb die ewige Nacht, das ernste Zeichen einer fremden Macht“. Also bricht so etwas wie eine Zwischenzeit an; diese ist der dürren Zahl und dem strengen Maß unterworfen, wie sie

NOVALIS im mathematischen Gehorsam der reinen Aufklärung erlebt hat. Dieses Licht ist eben nicht mehr Sitz der Götter; also wird die Nacht zum „Schoß der Offenbarung".

(5,60-65) Die Nacht ward der Offenbarungen mächtiger Schoß – in ihn kehrten die Götter zurück – schlummerten ein, um in neuen herrlichern Gestalten auszugehn über die veränderte Welt. Im Volk, das vor allen verachtet zu früh reif und der seligen Unschuld der Jugend trotzig fremd geworden war, erschien mit niegesehenem Angesicht die neue Welt.

Mit der Geburt Christi glaubt nun NOVALIS, die neue Zeit sei angebrochen. Mit seiner Auferstehung überwindet er den Tod und errichtet ein neues, goldenes Reich im „Tempel des himmlischen Todes". Dieses neu angebrochene, goldene Zeitalter umgreift durchaus das Wissen um die Schrecken des Todes. Aber diese ziehen die Menschheit nicht in Tiefen hinab, sondern heben sie gewissermaßen auf eine höhere, vollkommenere Stufe.

(5,65-85) In der Armut dichterischer Hütte – Ein Sohn der ersten Jungfrau und Mutter – Geheimnisvoller Umarmung unendliche Frucht. Des Morgenlands ahndende, blütenreiche Weisheit erkannte zuerst der neuen Zeit Beginn – Zu des Königs demütiger Wiege wies ihr ein Stern den Weg. In der weiten Zukunft Namen huldigten sie ihm mit Glanz und Duft, den höchsten Wundern der Natur. Einsam entfaltete das himmlische Herz sich zu einem Blütenkelch allmächtger Liebe – des Vaters hohem Antlitz zugewandt und ruhend an dem ahndungsselgen Busen der lieblich ernsten Mutter. Mit vergötternder Inbrunst schaute das weissagende Auge des blühenden Kindes auf die Tage der Zukunft, nach seinen Geliebten, den Sprossen seines Götterstamms, unbekümmert über seiner Tage irdisches Schicksal. Bald sammelten die kindlichsten Gemüter von inniger Liebe wundersam ergriffen sich um ihn her. Wie Blumen keimte ein neues fremdes Leben in seiner Nähe. Unerschöpfliche Worte und der Botschaften fröhlichste fielen wie Funken eines göttlichen Geistes von seinen freundlichen Lippen. Von ferner Küste, unter Hellas heiterm Himmel geboren, kam ein Sänger nach Palästina und ergab sein ganzes Herz dem Wunderkinde.

In der Literatur wird immer wieder gerätselt, wer mit diesem Hinweis gemeint sein könnte. Die überwiegende Zahl der Interpreten meint, NOVALIS habe damit eigentlich sich selbst besungen und symbolisch in die Vision einbezogen, an den geschichtlichen Wendepunkt imaginiert, da sich ja hier das Grab Sophiens mit dem Grab Christi verbinde. In anderen Deutungen wird der Logoshymnus des ersten Kapitels des Johannesevangeliums mit dem Hinweis auf das „Licht, das in die Welt gekommen ist" zusammen mit Gesängen des Orpheus – deshalb der Bezug zu Griechenland – und mit NOVALIS selbst gewissermaßen als „Dreiklang" gesehen. Ich selbst komme allerdings zu einem noch ganz anderen Schluss. Er bezieht sich auf das entscheidende Lied der mittelalterlichen Liturgie zur Osternacht, das zentrale und NOVALIS sicher bekannte „Exultet". Nicht nur in seiner Schrift „Die Christenheit oder Europa" hatte sich Novalis auf das Mittelalter besonnen. Sondern die Rückführung der Romantik auf die Zeit der Gotik hatte hier ihren Anfang genommen.

Im „Exultet" der Osternacht begegnet uns das Zusammenwirken der Menschheitsgeschichte mit der Nacht- und Todesmystik wie in den Hymnen des NOVALIS: „Dies ist die Nacht", heißt es da, „in der du einst unsere Väter aus Ägypten geführt hast; dies ist die Nacht, die das Dunkel der Sünde durch das Leuchten der Feuersäule verscheucht hat; dies ist die Nacht, die heute auf der ganzen Erde alle Menschen der Gnade zurückgibt; dies ist die Nacht, in der Christus die Bande des zeitlichen Todes zerriss und siegreich vom Grabe erstand; oh wahrhaft selige Nacht, du allein durftest Zeit und Stunde kennen, da Christus von den Toten erstand; dies ist die Nacht, von der geschrieben steht: Die Nacht wird lichthell wie der Tag, und die Nacht ist mir Leuchte in meiner Wonne; o wahrhaft selige Nacht, die den Himmel mit der Erde, Gott mit den Menschen verband." Es ist kaum verständlich, warum die Forschung bislang den Zusammenhang des „Exultet" mit den „Hymnen der Nacht" nicht hinreichend gewürdigt hat.

(5,85-93) Der Jüngling bist du, der seit langer Zeit

Auf unsern Gräbern steht in tiefen Sinnen;

Ein tröstlich Zeichen in der Dunkelheit –

Der höhern Menschheit freudiges Beginnen.

Was uns gesenkt in tiefe Traurigkeit,

Zieht uns mit süßer Sehnsucht nun von hinnen.

Im Tode ward das ewge Leben kund,

Du bist der Tod und machst uns erst gesund.

Allerdings – und das ist das Besondere an den Hymnen des NOVALIS – geschieht die Überwindung des Todes nicht allein durch die historische Gestalt des Christus, sondern durch die in der Liebe erweckte Poesie. Das ist die neue, die frühromantische Botschaft, mit welcher die zeitgleiche Christenheit zunächst nur wenig anzufangen wusste. Denn die Poesie fasst die Religionen eher zusammen, als dass sie der einen, christlichen eine Sonderstellung einzuräumen bereit sein könnte. Trotzdem entsteht hier gewissermaßen als letzte Steigerung der fünften Hymne das berühmte Auferstehungslied, gewissermaßen als Teil der geistlichen Lieder, mit denen NOVALIS auch Eingang in die christlichen Gesangbücher gefunden hat.

(5,129 ff) Gehoben ist der Stein –

Die Menschheit ist erstanden –

Wir alle bleiben dein

Und fühlen keine Banden.

Der herbste Kummer fleucht

Vor deiner goldnen Schale,

Wenn Erd und Leben weicht,

Im letzten Abendmahle.

Zur Hochzeit ruft der Tod,

Die Lampen brennen helle,

Die Jungfraun sind zur Stelle,

Um Öl ist keine Not.

Erklänge doch die Ferne

Von deinem Zuge schon,

Und riefen uns die Sterne

Mit Menschenzung und Ton!

Nach dir, Maria, heben

Schon tausend Herzen sich.

In diesem Schattenleben

Verlangten sie nur dich.

Sie hoffen zu genesen,

Mit ahndungsvoller Lust

Drückst du sie, heilges Wesen,

An deine treue Brust.

So manche, die sich glühend

In bittrer Qual verzehrt,

Und dieser Weh entfliehend

Nach dir sich hingekehrt;

Die hilfreich uns erschienen

In mancher Not und Pein,

Wir kommen nun zu ihnen

Um ewig da zu sein.

Nun weint an keinem Grabe,

Für Schmerz, wer liebend glaubt.

Der Liebe süße Habe

Wird keinem nicht geraubt –

Die Sehnsucht ihm zu lindern,

Begeistert ihn die Nacht –

Von treuen Himmelskindern

Wird ihm sein Herz bewacht.

Getrost, das Leben schreitet

Zum ewgen Leben hin;

Von innrer Glut geweitet

Verklärt sich unser Sinn.

Die Sternwelt wird zerfließen

Zum goldnen Lebenswein,

Wir werden sie genießen

Und lichte Sterne sein.

Die Lieb ist frei gegeben,

Und keine Trennung mehr.

Es wogt das volle Leben

Wie ein unendlich Meer.

Nur Eine Nacht der Wonne –

Ein ewiges Gedicht –

Und unser aller Sonne

Ist Gottes Angesicht.

In der sechsten – der letzten – Hymne erscheint der Tod nur noch als dichterisches Bild für jene Transzendenzerfahrung, die dem Menschen als dem irrenden Fremdling eine neue Heimat gibt. NOVALIS hat diese Hymne zugleich als „Aufruf“ gekennzeichnet; denn sie wendet sich von der Vision der goldenen Zukunft zurück zur götterlosen Gegenwart. Die Sehnsucht nach der Vorzeit ist zugleich ein Gruß vom anderen Gestade des Todes her, also von den geliebten Verstorbenen her an unsere Welt. Der Weg aus der Gefangenschaft der Endlichkeit und unerlösten Zeitlichkeit zu Zeitlosigkeit und Wiedergeburt wird beschrieben, ein Weg nach Innen, in das Gemüt; am Ende des Weges steht der Traum des Todes. Sterbenssehnsucht klingt gewissermaßen im Schlussakkord.

(6,1-12) Hinunter in der Erde Schoß,

Weg aus des Lichtes Reichen,

Der Schmerzen Wut und wilder Stoß

Ist froher Abfahrt Zeichen.

Wir kommen in dem engen Kahn

Geschwind am Himmelsufer an,

Gelobt sei uns die ewge Nacht,

Gelobt der ewge Schlummer.

Wohl hat der Tag uns warm gemacht,

Und welk der lange Kummer.

Die Lust der Fremde ging uns aus,

Zum Vater wollen wir nach Haus.

(6,43-48) Was hält noch unsre Rückkehr auf,

Die Liebsten ruhn schon lange.

Ihr Grab schließt unsern Lebenslauf,

Nun wird uns weh und bange.

Zu suchen haben wir nichts mehr –

Das Herz ist satt – die Welt ist leer.

(6,55-60) Hinunter zu der süßen Braut,

Zu Jesus, dem Geliebten –

Getrost, die Abenddämmrung graut

Den Liebenden, Betrübten.

Ein Traum bricht unsre Banden los

Und senkt uns in des Vaters Schoß.

Für einen Menschen, der wie ich es tat, sein Leben in den philosophischen, wissenschaftlichen und praktischen Dienst des Sterbens und seiner Gestaltung gestellt hat, ist diese Sehnsucht verständlich. Die Schrecken, das Tabu, die Verdrängung, die alle in den ersten Jahrzehnten des 19. Jahrhunderts so sehr bestimmend geworden waren, dass wir die Zeit als eine „todleugnende Epoche“ bezeichnen konnten, finden in unseren Jahren eine erneute Zurückdrängung. Die Hospizbewegung, für die ich viele Jahre gearbeitet habe, sieht ihre Aufgabe darin, das Sterben und den zeitlichen Tod wieder ins Leben zu integrieren, nicht mehr das Sterben zu hindern, sondern den Menschen eine Vollendung ihrer Persönlichkeit im Sterben zu ermöglichen, im lebenssatten

Tod die Heimat wiederzufinden, nach Hause gehen zu dürfen, also das irdische Grab der Geliebten mystifizieren zu dürfen. NOVALIS kann uns tatsächlich so etwas wie ein Wegbegleiter sein, weil er uns einige jener Deutungen anbietet, die durch Industrialisierung, positivistische Wende, utilitaristische Ethik und philologische Aufklärung verstellt worden sind.

2. Mit ERASMUS zum Sowohl-Als-Auch

Nachdem sich die Lutherfeiern des Jahres 2017 aufgelöst haben und die 500-Jahres-Jubel-Events verklungen sind, könnte es sinnvoll sein, ernsthafter und nachdenklicher auf die vergangenen 500 Jahre zurückzuschauen. Allein die Vermutung, dass sich die Wahl des Anlasses im Jahr 1517 vermutlich auf einen „Fake" beruft, weil der so genannte Thesenanschlag Martin Luthers überhaupt nicht stattgefunden hat, macht die Suche nach besseren Impulsen für unsere Zeit und für Europa notwendig. Und da bieten sich eben – weniger streitsüchtig und hitzköpfig – unbedingt die Person und das Lebenswerk des etwas älteren Erasmus von Rotterdam an.

Zu dieser Vorbemerkung wenigstens einige Erläuterungen:

• Das Luther-Jubiläum hat im Jahr 2017 einige unerträgliche Auswüchse hervorgebracht – wohl in Nachahmung der aus der Wandvertäfelung der Wittenberger Stube heraus gebrochenen Luther-Hölzer, denen eine Wirksamkeit gegen Zahnschmerzen zugesprochen wurde: eine Martin-Luther-Münze, einen Plastik-Luther mit Bibel bei Playmobil, die Piazza Martin Lutero in Rom, den Martin Luther auf der Mops-Tour in Coburg, das Luther-Bier „Reformator 17" aus Bergisch-Gladbach, das Luther-Pop-Oratorium und vieles mehr.

• Aber von einem Anschlag der 95 Thesen an die Schlosskirche in Wittenberg, wo man dem Ereignis inzwischen sogar eine Bronzetür gewidmet hat, berichtet Martin Luther selbst nirgendwo; vielmehr spricht er von einer privaten

– also nicht öffentlichen – Vorlage seiner Thesen als Diskussionspapier bei einigen Bischöfen. Vom Thesenanschlag ist erst gegen Ende seines Lebens bei Georg Rörer 1544 und nach seinem Tode erstmalig bei Melanchthon 1546 die Rede. Beide, Rörer und Melanchthon, waren nachweislich 1517 überhaupt nicht in Wittenberg, was ihr einige Jahrzehnte verspätetes Zeugnis mindestens unglaubwürdig erscheinen lässt. Trotzdem wurde der „Thesenanschlag" ein erfolgreicher Propaganda-Clou auch für das Jahr 2017.

Zu den beiden Reformations-Matadoren Erasmus und Luther, mit deren Wahl ausdrücklich die Verdienste anderer Reformatoren nicht geschmälert werden sollen, hier einige wichtige Lebensdaten: Erasmus wurde 1466, Luther 1483 geboren; Erasmus starb 1536, Luther 1546; damit sind sie nicht nur Zeitgenossen, sondern auch vom Alter her so etwas wie Lehrer und Schüler. Erasmus nutzte vor allem die damalige Weltsprache Latein, Luther wurde als Förderer der deutschen Sprache bekannt. Bezüglich der biblischen Texte machte sich Erasmus durch eine kritische Ausgabe des griechischen Neuen Testamentes so sehr verdient, dass Luther diese bei seiner Verdeutschung unmittelbar verwendete. Beide hatten Verbindungen zum Augustinischen Regelwerk, das Liebe in der Ordensgemeinschaft, gegenseitiges Ermahnen, Verzicht auf Besitz, Enthaltsamkeit, Unterordnung unter die Oberen und regelmäßiges Gebet umfasst; Erasmus als *Augustiner*-Chorherr in Steyn bei Gouda, Luther als Mönch bei den *Augustiner*-Eremiten in Wittenberg. Beide nutzten eifrig den erst kürzlich erfundenen Buchdruck des Johannes Guttenberg mit beweglichen Lettern (1450), allerdings zu jeweils durchaus unterschiedlichen Zwecken: Erasmus zur Reformation der christlichen Welt durch die „bonae literae", zu denen er vor allem die klassische griechische und lateinische Antike, die Kirchenväter und eben die Bibel zählt; Luther zur engagierten Diskussion der geistigen und ethischen Grundlagen des Papst- und Kaisertums bis hin zur publizierten Polemik und dem, was wir heute als „Propaganda" bezeichnen würden. Erasmus war auch als Zeitkritiker aktiv und richtete sich dabei gegen Menschen, Kirche, Fürsten vor allem in den „Vertrauten Gesprächen" von 1518 (colloquia familiaria) und im „Lob der Torheit" (laus stultitiae, 1511); dadurch „legte er gewissermaßen die Eier, welche Luther und Zwingli schließlich ausbrüteten". Luther war zunächst keineswegs an Konfrontation und Kirchenspaltung interessiert, sondern am Umgang des Menschen mit seiner Sündhaftigkeit, an jenem Christenglauben, der zur Gerechtigkeit durch Gnade führe, und an den fehlenden Begründungen für die besonderen Rechte der Päpste sowie der Irrtumslosigkeit der Konzilien. Beide zerstreiten sich wegen der Frage, ob der menschliche Wille einer prädestinatorischen Vorbestimmung folgt oder von Grund auf und gottgewollt frei ist.

Loblieder über Martin Luther sind (im Jahre 2017) genug gesungen worden – vor allem wegen seiner Verdienste um eine „renovatio ecclesiae christianae“. Doch was seit 1520/21 nach der Bannbulle gegen ihn, parallel zur Reichsacht, und während er sich der Übersetzung der Bibel widmete, an politischer Radikalisierung durch den Ritteraufstand (1522), den Bauernkrieg (1525), durch Bilderstürme, Schwärmertum und durch militärische Aufrüstung geschah, und wie er selbst damit umging, hat ihn und die Reformation vom Frieden, von einer humanistischen Weltordnung vor allem für Europa und also auch von seinem Lehrer und über viele Jahre wohlwollenden Freund Erasmus von Rotterdam entfremdet. Protestantismus und Reformation wurden politisch, radikal, destruktiv und schismatisch, also nicht spirituell, kontemplativ, (kontrovers)theologisch, „fromm“ und auch nicht „weise“. Weil der Lutherismus und nicht Erasmus obsiegte, wurden Zwingli erschlagen, Thomas Münzer gequält, den Wiedertäufern die Zungen und Herzen ausgerissen, Rom verwüstet.

Mehr Erasmus – weniger Luther

Erasmus war wohl der einzige Reformator, der mit Hilfe der Vernunft tatsächlich eine Reform bzw. eine Erneuerung („renovatio“) oder noch besser ein wieder Aufblühen („reflorescentia“) der Kirche Jesu Christi versucht hat. Er wollte nie parteiisch sein, verzögerte deshalb jegliche Entscheidung im Papst-Kaiser-Luther-Zwingli-Streit bis über seinen eigenen Tod hinaus, verweigerte die Unterwerfung unter die allzu irdischen Unvernünfte, weshalb ihn Luther sogar verfluchte.

Bereits im „Lob der Torheit“ hatte Erasmus die sprechende Göttin „Stultitia“ das Programm der christlichen Reformation zusammenfassen lassen: „Da die ganze Lehre Christi nichts anderes einschärft als Sanftmut, Verträglichkeit und Geringschätzung irdischer Güter, wem sollte da der Sinn dieser Stelle nicht gleich in die Augen springen? Christi Absicht war klar: Er wollte seine Sendboten noch gründlicher als vorher entwaffnen; sie sollten nicht nur auf Schuhwerk und Tasche nichts geben, sondern obendrein auch ihr Oberkleid abwerfen, völlig unbehindert durch Kleidung und Gepäck die Aufgaben des Evangeliums in Angriff nehmen und sich nichts anderes beschaffen als ein Schwert – natürlich kein solches, mit dem Räuber und Mörder wüten, sondern das Schwert des Geistes, das selbst in die verborgensten Falten des Herzens dringt und mit einem Streich alle Leidenschaften so gründlich ausrottet, dass jenen nichts anderes mehr am Herzen liegt als ein gottesfürchtiger Wandel.“

In der Maske des Narren, nicht der des Revoluzzers wie Luther, verkündete Erasmus früher als dieser, aber klarer, geradezu liebevoller, was für die Humanisierung Europas auch durch so etwas wie Kirche notwendig wäre: beispielsweise Verzicht auf Prunk um der Selbstdarstellung willen; Wiederbesinnung der Bischöfe und Päpste auf die eigentlichen Rollen als mühsame, sorgenvolle, kummervolle Hirten und Verwalter der geistlichen Güter, also nicht als „Geldbeschaffer“; Nacheifern im gesamten Lebensstil dem Vorbild Christi, also „in seiner Armut, seinen Belastungen, seinem Lehren, seinem Kreuz, seiner Verachtung der diesseitigen Güter“. Wörtlich – und das sechs Jahre vor jeglichem Thesenanschlag: „Nur ein Körnchen von jenem Salz, von dem Christus spricht, dürfte genügen, und geschehen wäre es um all den Reichtum, die Ehren, die Macht, die militärischen Siege, um die zahllosen Gefälligkeiten, Dispenserteilungen, Steuern, Ablässe und die vielen Pferde, Maultiere, den ganzen Rattenschwanz von Begleitern und um all die anderen Sinnesfreuden ... An deren Stelle würde er Nachtwachen, Fastenübungen, tränenreiche Meditationen, Gebets- und Predigtwochen, das Brüten über Folianten, Lamentationen und tausend andere Drangsale einführen.“ Dann verklagt Erasmus in der Gestalt der „Stultitia“ die Päpste, die anderen Kirchenfürsten und auch die „Weltgeistlichen“ wegen ihrer Praktiken mit Verboten, Banndrohungen, Exkommunikationen, Verkündigungen von Höllenqualen,

Kriegsführungspraktiken mit der Inkaufnahme des Verlustes jeglicher Moral, Geilheit nicht nur auf Geld und Ämter, sondern auch auf irdische Lust.

Alles, was später in Protestpapieren, Hetzkampagnen, Propagandaschriften von so genannten und tatsächlichen Reformatoren gegen jemanden, irgendwas oder auch für etwas geschrieben wurde, steht bereits bei Erasmus, aber eben im Stile von Spott, Humor, liebevoller Ermahnung, Spiegelhalterei und dann behutsamer Substanz. Und Erasmus macht auch nicht halt vor der Heiligen Schrift; aber er nutzt sie nicht als Keule gegen irgendwelche „Sünder", sondern als Wundpflaster für die Verletzungen bei den Menschen dieser Welt. Er beansprucht auch nicht mit seiner Weisheit über den anderen zu stehen (wie Martin Luther, Mohammed und viele andere), sondern kennt die Kunst, sich selbst zu relativieren: „Ich rede wenig weise, weil es das Vorrecht der Toren ist, die Wahrheit auszusprechen, ohne zu verletzen". Das genau wäre es, weshalb „mehr Erasmus und weniger Luther" verlangt werden müsste. Luther störte sich nicht wegen der Wunden, die er schlug. Keine Schrift aus der Zeit vor 500 Jahren hat dringlicher um eine umfassende Kirchenreform und um die Rolle von Kirche in dieser Welt gerungen als das „Lob der Torheit" von Erasmus von Rotterdam; und sein Verdienst war es, wenigstens versucht zu haben, die Reformation in eine Re-Humanisierung der europäischen und soeben erst entdeckten weiteren Welt zu zwingen. „Wo immer du die Wahrheit antriffst, betrachte sie als christlich!"

Stefan Zweig hat einmal den Erasmus-Luther-Konflikt in die Worte gefasst: „Konzilianz gegen Fanatismus, Vernunft gegen Leidenschaft, Kultur gegen Urkraft, Weltbürgertum gegen Nationalismus, Evolution gegen Revolution."[22] Luther war zu fanatisch, zornbesetzt, intolerant; er kannte nur Nein oder Ja; ihm fehlte der Zugang zu den Zwischentönen des Menschlichen. Leidenschaftlich raufte er mit Menschen, Gott und Teufel. Der jüngere Martin Bucer (1491-1551) schrieb einmal: „Fast tödlich durchschauert's mich, wenn ich an die Wut denke, die in dem Manne kocht, sobald er mit einem Gegner zu schaffen hat"; er war eben ein gebildeter Landsknecht, der auch „eine gute, starke Lüge" nicht scheute; „ein Christ muss auch ein Kriegsmann sein". Erasmus stöhnt: „Hätte er doch all sein Tun und Denken nur maßvoller getan". Für Luther gab es nichts Wichtigeres als die Religion; für Erasmus nichts Wichtigeres als das Humane. (Martin Luther ist in dieser Charakteristik durchaus Mohammed ähnlich; und deshalb wundert es nicht, dass ihre Botschaften in menschenverachtende Kriege mündeten: Martin Luther mit seinen verbalen Giftspritzen, Mohammed sogar als General und Kriegstreiber.)

Weniger Entweder-Oder, mehr Sowohl-als-Auch

Erasmus schreibt: „Martin Luther hat einiges ausgezeichnet gesagt und gut gewarnt, und ich wollte, er hätte diese guten Dinge nicht durch seine unerträglichen Fehler gestört. Aber selbst wenn er all dies in frommer Art geschrieben (hätte), würde ich meinen Kopf nicht in Gefahr setzen, um der Wahrheit willen. Es hat nicht jeder die Kraft zum Märtyrer, und ich muss traurig fürchten, dass im Falle eines Tumults ich das Beispiel Petri verfolgen würde. Ich befolge die Gebote des Papstes und der Fürsten, wenn sie gerecht sind, und ich erdulde ihre üblen Gesetze, weil es sicherer ist. Ich glaube, dass ein solches Verhalten allen wohlmeinenden Menschen gemäß ist, wenn sie keine Hoffnung auf erfolgreichen Widerstand sehen ... Alles, was Luther fordert, habe ich selber gelehrt, nur nicht so heftig und ohne jene nach Extremen haschende Sprache." Auch Erasmus wollte dem Evangelium dienen, aber eben auch auf evangelische Weise.

Konsequent waren die nicht zur Veröffentlichung, sondern nur zur Beratung für den Kurfürsten Friedrich von Sachsen bestimmten „Axiomata" (1520) des Erasmus, welche verhinderten, dass die Bücher Luthers verbrannt wurden; typischerweise plädierte Erasmus in der Luthersache für ein Gelehrtenschiedsgericht.[23] Luther hat dem Erasmus dieses Vorgehen niemals gedankt. Aber Erasmus weigerte sich auch, Parteigänger Luthers zu werden; sein Lebenswerk war und blieb die Vereinigung von Renaissance und Reform, und das vor allem in Wissenschaft, Philosophie, Sprache und Kunst, unter Rückgriff auf Antike und Kirchenväter.

Aus heutiger Sicht sind Luthers Ausschließlichkeiten in all ihrer theologischen Dialektik kaum noch verständlich, und vor allem stehen sie dem „simul iustus et peccator", dem Zugleich von Gerechtfertigt-Sein und Sünder-Sein des Menschen entgegen: sola fide = allein durch den Glauben, sola gratia = allein durch Gnade, sola scriptura = allein durch die Heilige Schrift, solus christus = allein durch Christus. Das Evangelium möchte weniger Disputationen halten als Wilde besänftigen, Räuber sozialisieren, Kriegstreiber befrieden, Großmäuler zu Segenspendern machen.

So kam es 1524 zum offenen Bruch zwischen Erasmus und Luther. Dazu erwählte Erasmus die damals vielleicht als nebensächlich erscheinende, aus heutiger Sicht jedoch wohl entscheidende Frage nach der Freiheit oder Unfreiheit des menschlichen Willens.[24] Für ihn sind der einzelne Mensch und mit ihm die ganze Menschheit in der Lage, sich über einen geschulten Willen zu höherer Sittlichkeit zu entwickeln; das widerspricht zutiefst dem lutherischen Fatalismus. Für Luther unterliegt der Mensch – in fast islamisch erscheinender Devotion – einzig der Gnade Gottes; deshalb muss er auch nicht aus freier Entscheidung Gutes tun, sondern nur den Geboten, den Schriften, dem Vorbild Christi folgen.

Erasmus denkt jedoch nicht in den Kategorien des Entweder-Oder, entweder der Mensch ist frei oder er unterliegt der Prädestination, der Vorherbestimmung seines Tuns, sondern er sucht und kennt die Vermittlung zwischen beidem.[25] Es würde ja vielleicht schon reichen, meint Erasmus, dem Menschen wenigstens die Illusion eines freien Willens zu belassen um der Güte, Gerechtigkeit und Barmherzigkeit Gottes willen. „Ich schließe mich der Meinung derer an, die einiges dem freien Willen anheimstellen, aber einen großen Teil der Gnade, denn wir sollen der Scylla des Stolzes nicht auszuweichen suchen, um in die Charybdis des Fatalismus gerissen zu werden." Seine humane, menschliche, allzu menschliche Theologie ringt sich nicht gegen das Entweder-Oder einfach nur zu einem Sowohl-als-Auch durch, sondern zu einem „sowohl Entweder-Oder als auch Sowohl-als-Auch".

Aber das ist dem Hitzkopf Luther zu kompliziert oder zu wenig rigoros.[26] Also verfasst er seine Schrift von der „Knechtschaft des Willens". Und gegen Erasmus richtet er seinen Fluch, bei dem er sich (fast wie in einer muslimischen Fatwa) sogar auf Gott beruft: „Darum gebiete ich euch auf Gottes

Befehl, ihr wolltet dem Erasmus Feind sein und euch vor seinen Büchern hüten. Ich will gegen ihn schreiben, sollt ich gleich darüber sterben und verderben; den Satan will ich mit der Feder töten ... wie ich Münzern getötet habe, dessen Tod liegt auf meinem Hals". Luther begründet die Knechtschaft des menschlichen Willens u.a. wie folgt: *„Es ist notwendig und heilsam für den Christen, zu wissen, dass Gott nichts zufällig vorher weiß, sondern dass er alles mit unwandelbarem, ewigem und unfehlbarem Willen sowohl vorhersieht, sich vornimmt und ausführt. Durch diesen Donnerschlag wird der freie Wille zu Boden gestreckt und ganz und gar zermalmt."*

Aber handelt Gott tatsächlich nur „so an den Menschen, wie der Töpfer an seinem Ton wirkt"? *Hier wird deutlich, warum wir für unsere Zeit mehr Erasmus als Luther benötigen. Alle Phantasien von Prädestination und Determination passen nicht in unsere Zeit; sie widerstreiten unserem Verständnis von der Würde des Menschen. Gottes Gnade ist zwar der Würde förderlich und sogar ein Teil von ihr, denn wenngleich Gott dem Menschen aus Gnade seinen Willen gibt, so benutzt ihn der Mensch doch selbständig; aber der Mensch ist eben nicht nur gut, wenn er Gott in sich trägt, und schlecht, wenn es der Teufel ist; er ist keineswegs machtlos gegen die göttliche „Vorsehung".*

Mit Erasmus dürfen wir das Menschliche, also auch die unveräußerlichen Menschenrechte im menschgewordenen Christus aufsuchen, dürfen aus freien Stücken „menschlich", friedliebend und nachsichtig mit den Mitmenschen sein. Menschheitsreligion kommt ohne Glaubensfanatismus aus, gerade weil der Wille frei ist. Wir sind nicht entweder in Gottes oder in des Teufels Hand, sondern sowohl in Gottes Hand als auch auf uns selbst gestellt; und das eine bedingt sogar das andere, schließt es eben nicht aus.

Eine humanistische Reformation für Europa und die Welt

Gleichzeitig mit den religiösen Reformimpulsen umsegelte Ferdinand Magellan von 1519-1522 die Erde, bewies damit ihre Kugelförmigkeit endgültig und relativierte die Bedeutung des Ablassstreits in Deutschland auf eine Regionalposse. Aber mit der Entschlüsselung der Geheimnisse unserer Erde entstand auch der Mut zur Entschlüsselung der Geheimnisse Gottes; die Menschen standen auf aus demütiger Unterwerfung; aufrecht wurden sie mutig zum Selbstdenken; sie wollten nicht mehr Entscheidungen hinnehmen, sondern selbst fragen. An die Stelle der Klöster traten nun in Europa die Universitäten, und die religiösen Bekenner wurden durch eine andere Spezies von „Professoren“ ersetzt. Zu den ersten dieser Gattung gehörte Erasmus, der nichts mehr anzufangen wusste mit den Höllenvisionen des Savonarola oder mit der Teufelsangst Martin Luthers. Aber seine mutigen Gedanken brachten ihn nicht mehr auf den Scheiterhaufen oder zu Bannbullen, weil er behutsam genug dachte, ohne zu poltern, zu beleidigen und zu provozieren.

Selbst wenn es eines Tages tatsächlich zu so etwas wie die „Vereinigten Staaten von Europa“ kommen würde, bleibt die Gefahr von Störungen durch vielfache Formen von Irrationalität virulent; der nationalistische Fanatismus wäre mit einer humanistischen Union nicht gezähmt; die Kultur des Individuellen kann immer dem Wahn des Kollektiven unterliegen. Dies hat die lutherische Reformation durch die Geschichte bestätigt, dass besonders im Angesicht apokalyptischer Prozesse die Vernunft und der freie Wille unterliegen können.

Die erasmischen Reformbemühungen waren demgegenüber daran orientiert, dass es im Blick auf das Menschliche keine christlichen oder heidnischen Wahrheiten geben kann, sondern dass die Wahrheit, wo immer sie sich zeigen mag, als „göttlich“ zu betrachten wäre. Deshalb zerrt Erasmus das Leben Christi und die Evangelien aus der Kasernierung in Klöstern und bei Priestern heraus und gibt sie an den Alltagsmenschen, an den Bauern hinter dem Pflug, an den Weber am Webstuhl; doch er schafft nicht den Sprung in die Nationalsprache, sondern übersetzt den ganzen Text nochmals in besseres Latein und ediert das Neue Testament 1516 parallel in Griechisch und Latein.

Humanität im Sinne des Erasmus ist wie das lateinische Wort „humanitas“ vorgibt: menschheitlich, menschenwesentlich und mitmenschlich, oder mit heutigen Worten gesagt: global-universal, humanökologisch und demokratisch-sozial. Aber die Wurzeln dieser Humanität bleiben immer im Erdreich der inneren Freiheit und Unbestechlichkeit des Menschen verwachsen. Daher verabscheut der erasmische Humanismus auch jegliche Gewalt im Zwischenmenschlichen wie auch im Zwischenstaatlichen.

Luther ist ganz und gar deutsch; deshalb waren die Lutherfeiern des Jahres 2017 auch vor allem ein gesamtdeutsches Großereignis. Erasmus war dem „Vaterländischen“ gänzlich abhold. „Die ganze Welt ist ein gemeinsames Vaterland“, schreibt er in den „querela pacis“. Dieses Weltvaterland entsteht auf den Grundlagen von Bildung und Kultur. In dieser Tradition müssten die Europäer immer das Unbestreitbare und Verbindende betonen; Europa wäre eine moralische Idee; als Teil der „Christenheit“ sind wir europäische Christen nicht Vertreter einer Religionsgemeinschaft von vielen, sondern eines „Christentums“ im universalistischen Sinne, dienend, demütig, menschheitlich. Sören Kierkegaard hat genau diesen Gedanken später wieder existentiell-christlich aufgegriffen.

Luther hatte ein eher gespanntes Verhältnis zum Frieden, was er insbesondere im Bauernkrieg bewies. Erasmus dagegen findet keine Vereinbarkeit von Gerechtigkeit und Krieg, sondern hält es eher mit Ciceros Aussage, ein ungerechter Friede sei immer noch besser als ein gerechter Krieg. Gleiches gilt für Erasmus auch bei den geistigen Auseinandersetzungen; er erkennt, wie aus Parolen Parteilichkeit und aus Dogmen Unvereinbarkeiten entstehen. Die Humanitas als Menschheitseinheit ist nur über die Einsicht in die menschlichen Gemeinsamkeiten und nicht über Einzigkeiten erreichbar.

Beide hatten erleben – oder doch zumindest erfahren dürfen, wie Luthers Parolen die Zerschlagung des letzten noch wirksamen Einheitselements eines human(istisch)en Europas, der lateinischen Kirche, begleiteten. Lutherisch gesinnte Söldner zerstörten 1527 beim so genannten „Sacco di Roma“ unter dem Kommando Georg von Frundsbergs, was vom Glanz des christlichen Rom noch verblieben war; sie sahen den Papst als Antichristen[27], die Kleriker und Mönche als dessen Helfer, plünderten die Kirchen zehn Monate lang, vergewaltigten die Nonnen, zelebrierten obszöne Liturgien mit konsekrierten Hostien, schändeten die Gräber der Heiligen und „wählten“ in einer Parodie Martin Luther zum neuen Papst; aber Luther schwieg.

Eine „Refloreszens“ des „wiedervereinigten Christentums“ im humanistischen Sinne wäre durchaus möglich[28], wenn sich das Papsttum künftig als „Primat inter pares“ verstünde, auf trennende „Rechte“ verzichten würde, außerhalb der römischen Kirche Ordinierte als legitime Verkünder der Frohbotschaft anerkennen, die erreichte ökumenische Verständigung als Zwischenbilanz festschreiben und die auch außerhalb des Katholischen entstandene Frömmigkeitspraxis als legitim ansehen könnte, wenn die „Gemeinsame Erklärung zur Rechtfertigungslehre“ von 1999 auch im Bereich des Amtsverständnisses als dem apostolischen Glauben angemessen verstanden würde, die wechselseitige Zulassung zum Herrenmahl[29] ausgesprochen werden könnte, die christlich gesinnten Menschen zu einem ökumenischen Gemeindeleben ermutigt und endgültig das sinnlose Gerede vom „Ablass als Frucht der Buße“ ausdrücklich beendet würde.

Aber dafür bräuchte es umfassende Bildung, wie sie nahezu ein Jahrhundert nach Luther und Erasmus – während des Dreißigjährigen Krieges – Johan Amos Komensky (Comenius) formulierte, eine Bildung aller Menschen: vom einfachsten Gläubigen bis zum Hochschullehrer und zukünftigen Päpsten, in allen Dingen, mit allen Mitteln[30]. Allerdings machte auch Erasmus den Fehler vieler Humanisten, nicht wie Luther dem „Volk aufs Maul zu schauen“ und also Bildung zu demokratisieren, sondern diese Bildung von Oben herab betreiben zu wollen. Bildung muss entstehen, wachsen und zum Blühen kommen, eben „refloreszieren“, von unten bis nach oben.

Diese Ermahnung ist für unsere Zeit mehr als dringlich angesichts der noch ausstehenden Reformationen vor allem im Islam, aber auch im Judentum und in den Welt-Philosophien. Mit Erasmus dürfen wir weiter und wieder von der Aufhebung der Gegensätze träumen, von der universalen Gerechtigkeit, von der Vereinigung aller, nicht nur der europäischen Nationen, von einer humanen Weltkultur, vom stetigen Anstieg des Geistes und von der Humanisierung der „Humanitas“.

3. Mit KIERKEGAARD zur Ver-Antwortung in der Gleichzeitigkeit

„Wie eine einsame Tanne, vereinzelt, abgeschlossen und nach dem Höheren gerichtet, stehe ich da, werfe keine Schatten, und nur die Waldtaube baut ihr Nest in meinen Zweigen", das schrieb Sören Kierkegaard, der berühmteste dänische Existenz- und Dialektik-Philosoph und Existenz- und Dialektik-Theologe über sich selbst. Darin klingen die wichtigsten Themen seines umfangreichen Lebenswerkes verschlüsselt und doch erkennbar an: Die Rolle des Einzelnen, nicht des „Einzigen" und auch nicht nur eines selbstischen Individuums im Angesicht des „Höheren", jenes Gottes also, zu dem sich der Einzelne in der Gleichzeitigkeit verhält; die existentielle „Geworfenheit" und damit Verantwortung eines immer in der Entscheidung stehenden Selbst; die Schattenlosigkeit eines Denkers, der eben kein System, keine „Schule", keinen „Ismus" schaffen möchte und keine korrumpierenden Mächte zu akzeptieren gewillt ist, sondern den denkenden Menschen in die Schranken von Situation und Entscheidung fordert.

Innerhalb einer Schaffensperiode von gerade einmal 12 Jahren schrieb Sören Kierkegaard unablässig: 15 Foliobände, zahlreiche nachgelassene Schriften und Tagebücher; und doch blieb er zu Lebzeiten einsam, wenngleich umstritten beachtet. Er hatte sich fast nur Feinde gemacht in seinem kleinen Land, weil er keine Kompromisse eingehen konnte und wollte: Entweder ein Leben mit Gott oder eben ein Leben ohne Gott. Eines seiner Hauptwerke trägt den Titel „Entweder – Oder".

Aber in den Zweigen seiner einsamen Tanne lebt eine Waldtaube, die sich eben nicht auf Kosten anderer in den Himmel schwingt. Friedrich Nietzsche, jener ebenfalls räsonierende und resignierende Einzelne, den Kierkegaard allerdings nie getroffen hat, sieht seine einsame Tanne am Abgrund, wo niemand mehr Gast sein möchte, nur ein schadenfroher Raubvogel vielleicht. Der Ohnmacht seines „Übermenschen" tritt bei Kierkegaard die Allmacht des mit den suchenden Menschen gleichzeitig gewordenen Christus gegenüber. In der „Selbstsetzung des Menschen in seinen Gott" ereignet sich seine Menschwerdung, und zwar korporativ für ihn selbst und für „sein ganzes Geschlecht". In seinem Sterben 1855 schließlich versuchte Sören Kierkegaard, die Welt sogar zu überleben und den Akt der Transzendenz existenziell, also ohne händchenhaltende Begleitung, zu leisten; der Alleingang eben eines Einzelnen.

Es sind mindestens zwei Richtungen, in welche Kierkegaards Wegweisung auch nach 200 Jahren zu führen scheint: seine Umdeutung der christlichen Botschaft von der Kirchlichkeit zum gelebten Christsein einerseits und sein existentielles, ironisierendes Denken weg von der idealistischen Spekulation und Analyse zu einem Menschsein *in* und *aus* der dialektischen Synthese. Er begann seine schriftstellerische Laufbahn mit einer Doktorarbeit zum „Begriff der Ironie mit ständiger Beziehung auf Sokrates".

Die Christenheit hat im Verlauf ihrer Geschichte sich selbst und das Christentum verloren; es gilt, die Christenheit wieder zu christianisieren, und zwar durch die christliche Existenz des Einzelnen, also nicht über die kirchlichen Massen, sondern dadurch, dass der Christ mit seinem Christus gleichzeitig wird. So könnte man in aller Kürze seine Grundposition in der „Einübung im Christentum" und im „Buch über Adler" beschreiben. Der Einzelne ist in existentielle Subjektivität gerufen, in seinem jeweilig einzigartigen „Kairos", im erkannten richtigen Augenblick. Deshalb hieß die letzte Zeitschrift aus seiner Feder, in der er vor allem mit seiner dänischen Kirche abzurechnen versuchte, „Der Augenblick".

Dieser „einzelne Mensch" ist jedoch nicht losgelöst von den anderen Menschen, sondern „zugleich das ganze Geschlecht", also wie Adam und Christus mitmenschlich eingebunden nach dem Urbild des „wo zwei oder drei in meinem Namen beisammen sind".

Kierkegaard bedauert keineswegs die summarischen Kirchenaustritte oder den Priestermangel; im Gegenteil. Die christliche Gemeinde der wenigen „zwei oder drei" wird gebildet aus dem Zusammenwirken von Einzelnen in der Gleichzeitigkeit mit dem menschgewordenen Gott; und dabei kommt es nicht auf die Menge der „Einzelnen" an. Deshalb sind Christenheit und Christentum eben auch nicht identisch.

Christentum wird durch die Entscheidung im Glauben – gegebenenfalls auch *quia absurdum* – gebildet, also durch das Wagnis, durch den angstbewussten Sprung in die Arme des unverfügbaren Gottes. Die damit verbundene existentielle Krise ist für den eigentlich absurden „Sprung“ hinein in die unverdiente Gnade konstitutiv. Solche Glaubenssache des Einzelnen kann von der Theologie als Wissenschaft nicht erfasst werden und auch nicht von der Pfarrerkirche mit Examen und Pensionsberechtigung oder von einer Kirche als Dienstleistungsanstalt. Es wäre nicht wünschenswert, wenn „wir alle Pfarrer wären“; denn Pfarrer brauchen Examen, aber keine Berufung. Das ist auch der Grund, warum dieser theologisch Einzelne zum Ende seines Lebens aus der dänischen Staatskirche ausgetreten ist.

Das Bindeglied zwischen dem existenztheologischen Ansatz und der von ihm begründeten Existenzphilosophie ist das „Selbst, das sich zu sich selbst verhält; das Verhältnis ist nicht das Selbst, sondern dass das Verhältnis sich zu sich selbst verhält.“ Indem es sich zu sich selbst verhält, kann es sich auch zu einem Anderen verhalten. Hinter dem Selbst aber steht die Macht, die das Selbst setzt.

So gibt es also ein endliches und ein ewiges Selbst; wenn der Mensch eines davon verspielt, geht er seines „Menschentums“ verlustig; dann gerät er in Verzweiflung bzw. in die „Krankheit zum Tode“, wie eine weitere seiner bedeutenden Schriften überschrieben ist. Und das Bindeglied zum Anderen ist vor allem die Sprache als dialogische Bestimmung des Geistes; wohlgemerkt nicht das „Wortemachen“, also das „Worten“, sondern das „Antworten“ ist Dialog. Sprechen und Gesprochen-werden rufen das Selbst, den Geist, die Wahrheit hervor. (Es muss hier nicht nochmals ausgeführt werden, wie sehr der Islam gerade an diesem „Worten“ leidet und des „Antwortens“ verlustig gegangen ist.)

Die zweite Richtung, auf die uns Kierkegaard „aufmerksam“ macht, ist jene Denkweise, die wir unter dem Stichwort der Existenzphilosophie kennen, und die von Dänemark aus vor allem Deutschland (Heidegger, Jaspers, Wust) und Frankreich (Sartre, Marcel, Camus) erfasst hat. Sie besagt, dass sich die

Wahrheit nicht „objektiv“ erkennen lässt, sondern mit Herz und Intellekt von der ganzen Persönlichkeit des jeweils Einzelnen, von jenem, der „bei seinem Namen gerufen“ wurde in der Ver-Antwortung vor seinem Schöpfer und dem ganzen Geschlecht. Seine Identität ist die Über-Ein-Stimmung mit sich selbst.

Der Mensch ist eben eine Synthese von Unendlichkeit und Endlichkeit, Zeitlichkeit und Ewigkeit, Freiheit und Notwendigkeit, Ungewissheit und Wagnis. Kierkegaard thematisiert diese Synthese sogar als eine Art Wegbeschreibung, in deren Mitte die „Angst“ steht, nicht als Bange-Sein, sondern als jenes Gefühl, das ihn bei der Entdeckung seiner selbst befällt, erschreckend und anziehend zugleich. Diese Angst ist die Möglichkeit der Freiheit innerhalb der Spannungsbögen von Freiheit und Notwendigkeit. Die zeitgenössische so genannte „Psychologie“ ist gemessen daran lediglich eine Verhaltenslehre, aber eben keine Seelenlehre. Ähnliche Verhaltenslehren unterschiedlicher Professionen haben deshalb die Zerstörung von Religion und Ethik mitbegründet; sie definierten zwar viele moderne Freiheiten, haben jedoch alle innere Freiheit und damit auch Ver-Antwortung verloren.

Kierkegaard formuliert zwar seine „existentielle Stellungnahme“ zur Welt über die Synthese von Freiheit und Notwendigkeit. Aber er bedenkt dabei nicht das „Und“; das blieb dann erst der dialogischen Philosophie eines Levinás, eines Rosenzweig und eines Buber vorbehalten; seine Forderung nach einem Leben in der Gleichzeitigkeit mit Jesus dem Christus sucht nach den Möglichkeiten einer Co-Existenz mit Gott. Nur so kann der Mensch letztlich Subjekt seines eigenen Handelns werden, aber immer nur als Einzelner – nicht vereinzelt, nicht vereinsamt, aber als Einzelner im Gebet beispielsweise oder auch im Streitgespräch mit Gott. Von diesem Ausgangspunkt aus könnte Kierkegaard wieder zum Impulsgeber für das kontroverstheologische und ökumenische Gespräch werden: Von der theologischen Universitätsdisziplin zur existenziell begründeten Verantwortung und Entscheidung, von den dialektischen und diskursiven Polen zu einem gelebten „Und“.

Der Übergang von einem Josef Ratzinger zu einem Jorge Bergoglio in der „römisch-katholischen Kirche“ könnte sich an diesem Kierkegaard orientieren; ebenso der Abschied von den auslaufenden „Ismen“ des Kommunismus, Kapitalismus, Materialismus, Idealismus und Liberalismus. Kierkegaards „Einzelner“ tritt sogar an gegen den solipsistischen „Einzigen“ Max Stirners, welcher in Gestalten von Führern, Diktatoren, Funktionären und Amtsträgern bis heute fröhliche Urstände feiert; und das lässt zusammen mit Sören Kierkegaard weiterhin hoffen.

4. Mit Janusz KORCZAK zur Erziehung in der Sterblichkeit

„Tränenvolles trauriges Herz, trauriges Herz voller Tränen.

Der schwarze Vogel hat weiße Schwingen, mein Gott, weiße Schwingen hat der schwarze Vogel.

Der Nebel ist dicht, der Vogel ist schwarz, die Schwingen weiß, mein Gott, weiße Schwingen, ein schwarzer Vogel, dichter Nebel, o Gott.

Trauer, mein Gott, Trauer.

Es schien die Sonne, sie schien, sie ist verschwunden, mein Gott, ist verschwunden, verschwunden, sie schien, die Sonne, sie schien, mein Gott.

Still, traurig, traurig, still.

Still, traurig, auf schwarzer Welle wiegt sich der Sarg. Schwarzen Tau aus schwarzen Blumen trinken schwarze Falter. Nie wird der Mensch zu singen anfangen, das Kind wird nicht mehr lächeln, geborsten ist die letzte Glocke, alle Uhren auf Erden stehen still, der letzte Turm ist zerfallen, gestern erlosch der letzte Stern – für wen soll er leuchten?

Es gibt nichts, nichts, mein Gott, es gibt nichts.“

Dieser Text stammt von Janusz KORCZAK aus den Gebeten eines Menschen, der nicht betet, die unter dem Titel „Allein mit Gott“ erschienen sind.

Vorbemerkung

Im Jahre 2002 jährte sich zum sechzigsten Male der Jahrestag, an welchem Janusz KORCZAK seine über 200 jüdischen Waisenkindern aus dem Warschauer Ghetto ins Sterben des Vernichtungslagers von Treblinka begleitete, eine Sterbebegleitung besonderer Art, auf die wir uns heute angesichts des aufkommenden mörderischen Radikalismus gegen Fremde und Juden erneut und besonders besinnen müssen. Janusz KORCZAK, ein jüdischer Pole und polnischer Jude, geb. 1878 (oder 1879), hatte Medizin studiert und war dann als Kinderarzt und pädagogischer Schriftsteller tätig geworden. Als Leiter zweier Warschauer Waisenhäuser für jüdische Kinder war er 1940 ins Warschauer Ghetto übergesiedelte. 1972 erhielt er posthum den Friedenspreis des Deutschen Buchhandels. Was ist bis 2002 und auch danach noch mit ihm und um ihn geschehen?

Mit seiner Person sind wohl die schwierigsten pädagogischen Fragen überhaupt verbunden: Kann es Situationen geben, in denen es ein Akt der Liebe und des Verständnisses gegenüber einem Kind ist, es zu belügen? Wie lernt ein Kind, wie lernt ein Mensch, dass er sterben muss? Welches Bild haben wir vom Kind, haben wir vom Menschen angesichts der Tatsache, dass er sterben muss? – Viele Menschen sind sich heute sicher, dass ein absoluter Status der Wahrhaftigkeit Grundlage für jene Achtung ist, welcher KORCZAK ein ganzes Buch gewidmet hat. Und doch: „Geben Sie zu, Herr Doktor; Sie haben Ihre Kinder belogen / Ihre zweihundert Kinder belogen; / und danach haben Sie sich entschlossen bis an das Ende zu lügen; / das heißt, bis zur Rampe und noch viel weiter./ Und wenn das möglich gewesen wäre, hätten Sie bis in das Ohr des Todes / den Kindern den Segen Ihrer Lüge geflüstert.“[31] Wir werden uns hier nicht mit der Frage beschäftigen, ob Janusz KORCZAK tatsächlich seine Kinder „belogen“ hat, sondern mit der noch viel dramatischeren Frage der Wahrheit für Kinder angesichts der Wirklichkeit des leiblichen Todes.

Der Beitrag könnte durch diese Fragestellung verhängnisvolle Missverständnisse erzeugen, weil er zum Widerspruch geradezu herausfordert, weil er nämlich nicht stehen bleiben, sondern weiter schreiten möchte. Einerseits ist das Leben ja vor allem deshalb ein menschliches, weil es sterblich ist; anders ausgedrückt: ohne seine Sterblichkeit wäre es kein menschliches Leben. – Deshalb sprechen wir auch von der „Erziehung *in* der Sterblichkeit", nicht etwa *„zur* Sterblichkeit". – Andererseits ist das Sterben im Gegensatz zum „Verenden", „Krepieren", „Ermordet werden" u.a. von menschlichem Geist durchdrungen; es gehört zu persönlichem, individuellem, geistigem Leben konstitutiv dazu.

Gerade deshalb kann es auch keine „Versöhnung" geben mit dem zugefügten Tod, mit dem Mord, weder in den Gaskammern noch unter den Bomben des Krieges, weder in der Hinrichtung noch im Hunger ... Jeder Versuch in diese Richtung wäre blanker Zynismus und nicht zu rechtfertigen. Es käme einem erneuten Mord an Korczak gleich, sein Leben und Sterben und das seiner Kinder als Anlass zu nehmen, sich mit ihm gewissermaßen in der „Kunst des Unausweichlichen" zu üben.

Die Kraft des Geistes und jener Liebe, die es versteht, zugleich zu halten und zu lassen[32], endet allerdings nicht irgendwo vor dem Sterben. Diese Kraft kann auch nicht den Tod überwinden; sie kann ihn aber durchdringen. Und das, so könnte es scheinen, ist angesichts von Auschwitz und Treblinka, angesichts der Massenvernichtungsmittel und ungezügelter Euthanasie ausgeschlossen; so *könnte es scheinen.*

Was aber, wenn uns gerade Janusz KORCZAK hier eines Besseren belehren würde? Was, wenn wir nicht in Ehrfurcht vor seinem Martyrium nur erstarren, sondern gerade dadurch angeregt würden, für ein achtungsvolles, personal gestaltetes, ohne Unrecht und Entsetzen „lebenssatt" abschließbares Leben zu streiten, weil und obwohl es Sterblichkeit enthält? Was, wenn Janusz KORCZAK uns begleiten könnte mit seinen Gedanken auf dem Weg, unser „Recht auf Tod" als Lebensrecht zu realisieren – auch in der Besinnung auf die Erziehung unserer Kinder.

„... Er leitet mich in wahrhaftigen Gleisen um seines Namens willen. Auch wenn ich gehn muss durch Todschattenschluchten fürchte ich nichts Böses, denn Du bist bei mir, Dein Stab, Deine Stütze, die trösten mich“ (Ps 23, 3-4, übersetzt von M. Buber).

I. Die Entstehung einer „Erziehung in der Sterblichkeit“

Das Zitat aus den Psalmen lädt uns ein, Todschattenschluchten im Vertrauen auf Gott anzugehen, als enthielten sie ein kindliches Abenteuer. – In den Jahren 1914/18 schrieb Janusz KORCZAK „in Feldlazaretten, im Chaos und im Grauen des Frontgebietes“ [33] sein Hauptwerk: „Wie man ein Kind lieben soll“ (WL). Aus diesem Werk stammt die Auflistung jener Menschenrechte des Kindes, die zum Schlüsselimpuls für eine neuartige Auseinandersetzung mit der menschlichen Sterblichkeit wurde, an deren Anfang wir heute erst stehen: eine Erziehung in der Sterblichkeit. Die Kindesrechte sind als Menschenrechte zu verstehen; eine Sterbeerziehung muss wie eine Pädagogik „zum Tode“, zur Erziehung in der Sterblichkeit erweitert, zu Ende gedacht werden, weil das Sterben nicht Leben beendet, sondern ein Teil des Lebens ist, jener Teil, der dem Leben gehört, seitdem es sich anschickte, Individualität und Geistigkeit hervorzubringen.[34] Erziehung in der Sterblichkeit darf nicht den Fehler der Sexualerziehung wiederholen, eine umfassend anthropologische Aufgabe zum didaktisch-methodischen Konzept, zum „Fach“ verkümmern zu lassen. „Es ist einer der schlimmsten Fehler“, sagt J. KORCZAK, „zu meinen, die Pädagogik sei die Wissenschaft vom Kinde und nicht vom Menschen.“[35]

Bevor ich den Aussagen J. KORCZAKs nachspüren möchte, muss ein Blick in die Vorgeschichte und in die persönliche Betroffenheit geworfen werden. Geschichtlichkeit und Gleichzeitigkeit sind besonders am Fenster der Betrachtung des zeitlichen Todes keine Willkürlichkeiten, sondern eine von vielen hermeneutischen Möglichkeiten. Zwei Daten verdienen hier eine besondere Hervorhebung.

a) Der 1. Weltkrieg und die Jahre danach

Während Janusz KORCZAK an seinem Hauptwerk schrieb (Erscheinungsjahr 1919/20), reifte ein Denken und Fühlen heran, das unser Jahrhundert prägte und die Menschen wandelte, ein „neues Denken". Für unsere Betrachtung ist der intensivste jüdische Philosoph jener Jahre heranzuziehen, Franz ROSENZWEIG. Trotz fehlender unmittelbarer Kontakte zwischen KORCZAK und ROSENZWEIG muss ein geistiger Strom vermutet werden, an dessen Ufern beide siedelten (ähnliches gilt für Martin BUBER und Leo BAECK).

1913 hatte F. ROSENZWEIG seine Hinwendung zum Judentum vollzogen; 1917 verfasste er die „Urzelle" seines Hauptwerkes: „Der Stern der Erlösung", welches 1921 erstmals erschien. Dieses Werk beginnt nun mit folgenden Worten: „Vom Tode, von der Furcht des Todes, hebt alles Erkennen des All an. Die Angst des Irdischen abzuwerfen, dem Tod seinen Giftstachel, dem Hades seinen Pesthauch zu nehmen, das vermisst sich die Philosophie ... Und es ist ein letzter Schluss dieser Weisheit: der Tod sei – Nichts. Aber in Wahrheit ist das kein letzter Schluss, sondern ein erster Anfang, und der Tod ist wahrhaft nicht, was er scheint, nicht Nichts, sondern ein unerbittliches, nicht wegzuschaffendes Etwas ... Wir wollen keine Philosophie, die sich in die Gefolgschaft des Todes begibt."[36] Ganz im Gegensatz zur Existenzphilosophie, für welche der Tod den Anstoß zur Erhellung der menschlichen Existenz geben soll, ringt ROSENZWEIG um des Todes Überwindung durch die Liebe; durch sie endet im Leben, was im Tod begann. Also spricht ROSENZWEIG auch nicht von der Todesfurcht oder gar von der Angst vor dem Tod, sondern von der „Furcht des Todes" mit der ganzen Vielseitigkeit des Genitiv.

Deshalb endet ROSENZWEIGS Werk mit den Worten: „Wohinaus aber öffnen sich die Flügel des Tores? Du weißt es nicht? Ins Leben."[37] Zwischen diesen Worten „vom Tode" und „ins Leben" spielt sich eine Wandlung zu jenem Denken ab, das dem Tod den bedrohlichen Stachel zieht und ihn als Urkraft des Lebens erkennen lässt. – Es sei bemerkt, dass ROSENZWEIG in diesen Jahren in Warschau war und sein Herz sich dort für die „polnische Sache" erwärmte.[38]

Janusz KORCZAK schrieb unter sicher gleichen bzw. vergleichbaren Eindrücken aus dem Kriegsgeschehen: „Aus Furcht, der Tod könnte uns das Kind entreißen, entziehen wir es dem Leben; um seinen Tod zu verhindern, lassen wir es nicht richtig leben. Selbst in der verderblichen Atmosphäre lähmenden Wartens auf das, was kommen soll, aufgewachsen, eilen wir ständig einer Zukunft voller Wunder entgegen. Träge wie wir sind, wollen wir das Schöne nicht heute und hier suchen, um uns zum würdigen Empfang des morgigen Tages zu rüsten: Sondern das Morgen selbst soll uns neuen Aufschwung bringen" (WL 44). Diese Furcht des Todes hat uns in das lineare Zeitschema eingepresst, wo vergangener Tod uns gleichgültig sein kann, und wo künftiger Tod verhindert werden muss, damit seine Zukunft noch in weiter Ferne liege. So verpassen wir den (pädagogischen) Augenblick auch und vor allem, wenn er Sterblichkeit enthält. Wenn man ein Kind, einen Menschen lieben soll, muss man ihm also die *Chance des Todes* lassen, die persönliche Gestaltungskraft für ein lebendiges Sterben.

Und dann darf der Tod auch am Anfang einer Geschichte für Kinder stehen bei Astrid LINDGREN (Die Brüder Löwenherz, Hamburg 1973) wie bei Janusz KORCZAK (König Hänschen I. – König Macius, KH): „Papa wird sterben, wie auch Mama gestorben ist, dachte Macius. Und eine große Traurigkeit übermannte ihn – und ein großer Zorn und ein Groll gegen die Minister, die dort über ihn, Macius, und den Tod seines Papas lachten. Ich werde es ihnen schon vergelten, wenn ich König bin, dachte Macius" (KH 11, übersetzt von Monika Heinker).

b) 1942 und die Folgen

Bevor Janusz KORCZAKS Spuren sich um den 8. August 1942 im Vernichtungslager Treblinka verlieren, hat er den Kindern am 18. Juli noch mit dem Theaterstück: „Das Postamt" von Rabindranath TAGORE eine Sterbeerziehung angedeihen lassen; es geht um das Sterben des indischen Jungen Amal, ein sanftes Hinübergehen in das Sterben, begleitet von der Illusion, der König rufe den schlafenden Jungen an seinen Hof. Von diesem Theaterspiele hieß es später, KORCZAK habe es mit der Feststellung kommentiert: „Man müsse es schließlich lernen, den Todesengel in freundlicher, unbeschwerter Stimmung zu empfangen."[39] – Am Geburtstag J. KORCZAKs, dem 22. Juli 1942, wurde meine Frau geboren, am 20. August 1942 ich selbst. Wenn es stimmen könnte, dass die sterbenden und die sich zum Leben anschickenden „Seelen" der Menschen einander begegnen, so liegen hier vielleicht die Wurzeln dessen, dass mein Leben und Arbeiten seit über 20 Jahren unter anderem dem Sterben und der Erziehung in der Sterblichkeit gewidmet sind.

KORCZAKs Schicksal und das seiner Waisenkinder steht nicht einzig da, sondern ist nur ein durch geschriebenes Wort unterstrichenes bis in die heutigen Tage. Treblinka, Maidanek, Auschwitz usw. sind mit Janusz KORCZAK, Otla KAFKA, der Schwester Franz KAFKAs, u.a. Eckpfosten für eine Besinnung, die unsere Einstellung zu Leben und Sterben grundlegend geprägt hat. Wie die Zusammenhänge im Einzelnen zu deuten sind, vermag ich heute noch nicht zu sagen; dazu ist Erziehung in der Sterblichkeit doch allzu jung. Aber wichtige Impulse hat die Begründerin der gegenwärtigen Diskussion um Sterbebeistand und -begleitung, Frau Elisabeth KÜBLER-ROSS, seit Anfang der 70er Jahre gegeben. Und für sie hat alles in Polen begonnen: „Ich hatte das Glück", schreibt sie[40], „unmittelbar nach dem Krieg in Europa Hilfs- und Wiederaufbauarbeit leisten zu dürfen, und kam im Rahmen dieser Tätigkeit auch in das Konzentrationslager Maidanek." In diesem Zusammenhang von „Glück" zu sprechen, mag wohl nur von höherer Warte aus möglich und verständlich sein; anderenfalls wäre es wohl zynisch.

„Tausende von Menschen waren hier getötet worden", schreibt sie weiter. „Ich sah die Gaskammern und die Wagenladungen von Kinderschuhen; es waren die Schuhe von ermordeten Kindern. Ich sah aber auch Kritzeleien und Bilder, die Kinder an die Innenwände der Baracken gemalt hatten. Oft enthielten sie eine Botschaft an ihre Mama oder an ihren Papa." Und dann mündet ihre Rückschau in der Frage, wie sie jeder Erzieher stellen müsste: „Immer wieder beschäftigte sich mein jugendlicher Geist mit der Frage: Was kann eigentlich der Einzelne bei der Erziehung der nachfolgenden Generation dazu beitragen, dass es nie mehr einen neuen Hitler geben wird und dass eine Jugend heranwächst, die sich von wahrer Liebe statt von destruktiven Kräften leiten lässt?“ Aus derartigen Erfahrungen entspringt ein Quell von Fragen für ganze Forschungsrichtungen wie die Sterbebeistandsforschung oder die wissenschaftliche Abwehr gegen die „neue Euthanasie“, welche wieder in unseren Tagen zwischen lebenswert und lebensunwert unterscheiden will.[41] „Wir gehen den Weg der Geschichte – wir tragen die brennende Fackel und die Papierrollen unserer Gesetze“, so betet KORCZAK für die Gelehrten aller Zeiten; „... die Richtung heißt: vorwärts; die Losung: warum? – Unser Wille ist zu verstehen, unser Gedanke gilt dem Geheimnis – Gott, du Geheimnis aller Geheimnisse ... Am fröhlichsten sind wir in den Orkanen des Kampfes, der uns führt zu unendlichen Enden unseres freien Fluges – Aug in Auge mit dem feindlichen Dunkel – unter vier Augen mit Gott“ (AG 32/36).

1973 fuhr ich – aufgrund einer Einladung, also weniger aus innerem Antrieb – selbst nach Polen und besuchte dort zahlreiche Häuser der Heimerziehung und Waisenbetreuung, darunter auch in Warschau die Wirkungsstätte KORCZAKs in der Ulica Krochmalna 92. Beim Gang durch die Straßen, wo ehemals das Ghetto stand, und beim Besuch des Museums im Pawiak Gefängnis, in welchem auch KORCZAK einmal gesessen hatte, fühlte ich mich wie ein Traumwandler, unsicher, fremd und doch irgendwie geborgen, nicht wissend, warum ich überhaupt dort war. Noch im selben Jahr begann ich mit der Arbeit an der Sterbebeistandsforschung und an der Erziehung in der Sterblichkeit. Den Freunden und Verwandten befremdlich, für mich selbst überraschend, sah ich mich – wie von einer unbekannten Hand geleitet – arbeiten. 1974 erschien die erste von zahlreichen Arbeiten[42], mit denen mir erlaubt war, die Erziehung in der Sterblichkeit, oder wie es damals hieß, die „Orthothanasie“ zu beeinflussen und zu begleiten. Bis zu diesem Zeitpunkt waren die Sterbeforschung (Thanatologie) und Sterbebeistandsforschung wie auch die Sterbeerziehung und „Sterbehilfe“ ein weitgehend tabuisiertes und verdrängtes Thema. Die Euthanasie-Vergangenheit des 3. Reiches zeigte neben anderen Ursachen ihre Wirkung.

Es sei erlaubt, aus diesem Initialaufsatz von 1974 den Abschnitt zur Pädagogik zu zitieren[43], da er sich ganz auf KORCZAK gründet: „Orthothanasie als Pädagogik des Todes geht von der anthropologischen Feststellung aus, dass jeder aufgrund seines Menschseins (Menschenwürde) ein unveräußerliches Recht auf Persönlichkeitsentfaltung auch im Tode besitzt. So kommt es zu einer ‚Magna Charta der Freiheiten', zu denen neben dem Recht des Menschen auf den heutigen Tag und dem Recht, so zu sein, wie er ist, als erstes und grundlegendes Recht ‚das Recht auf seinen Tod' tritt. Nicht falsche Hygiene im Personalen, Biologischen und Psychischen des Menschen erfüllt das Recht auf den eigenen Tod, sondern die Freiheit. (Das trifft sicher auch auf das Recht des Menschen auf einen ‚vorzeitigen' Tod bei unheilbaren Krankheiten und ‚unmenschlichen' Schmerzen zu.) Hinführung zum Tod und lebenslanges Lernen des Sterbens (Fremderziehung – Selbsterziehung) sind ein Akt der Freiheit, wobei Freiheit in diesem Bereich sicher mehr noch als in anderen als ‚Herrschaft über uns selbst und über die äußere Natur' verstanden werden muss, die allein auf der Einsicht in die objektiven Notwendigkeiten beruhen kann (vgl. den Freiheitsbegriff bei Karl MARX). ‚Bereite dich auf den Tod vor, das will sagen, bereite dich auf die Freiheit vor! Wer sterben gelernt hat, hört auf, Knecht zu sein' (SENECA). Unter Berufung auf die ‚ars moriendi" (Sterbekunst) spricht COMENIUS von einer Schule des Todes, in der ergänzend zur Schule des Greisenalters das ‚selige Sterben' erlernt wird. An dieser kurzen pädagogischen Betrachtung wird deutlich, dass nicht nur der Tod selbst als Erzieher (als Belohnung und Bestrafung, als Bewährungsprobe und Begnadigung) verstanden werden kann, sondern dass Sterben ein permanenter Lerngegenstand des Menschen ist, des dem Sterbenden Helfenden ebenso wie des Kranken und Sterbenden selbst." – So weit der Text von 1974.

II. Einige Aspekte zur Entfaltung einer Erziehung in der Sterblichkeit

Die Jahre bis heute lassen sich kaum skizzieren[44]; zu vieles hat sich wissenschaftlich und literarisch seither ereignet. Die Einzelergebnisse haben zwar nicht immer unmittelbaren Zusammenhang mit KORCZAK[45], aber sie zeigen seine Nähe. Beispielhaft will ich aus meinen eigenen Arbeiten kurz berichten, wie die drei Kindesrechte Einfluss genommen haben. Zur Interpretation der Kindesrechte darf getrost auf die Ausführungen von F. BEINER u.a.[46] verwiesen werden; ihnen ist zunächst einmal nichts hinzuzufügen.

Als erstes erschienen uns diese Kindesrechte durchaus von der Kindlichkeit loslösbar und der Verdeutlichung aller Menschenrechte dienlich. Sollte vielleicht eine Übertragung, Anwendung auf konkrete Sterbesituationen möglich sein? – Die falsch verstandene Fürsorge in Gestalt der Bevormundungen, Abschreckungsmaßnahmen seitens der behandelnden (medizinisch-therapeutisch) und erziehenden Institutionen, in Fremdbestimmung und Entrechtung des Menschen bestätigte sich besonders an den Krankenhäusern, Heimen und Pflegeeinrichtungen. Kurz ausgedrückt wird das Bedürfnis des Menschen/Kindes nach Authentizität und Personalität nicht mehr gewährleistet, je mehr die Betrachtung sich auf Teilbereiche seiner Existenz konzentriert: z. B. auf die Kindlichkeit als Unreife, Unvernunft, Schutzbedürftigkeit; auf das hohe Alter als erneuter Phase von Dummheit und gesellschaftlicher Inaktivität; auf beschädigte Organe in der Medizin („die Lunge von Zimmer 12 hat geklingelt“); auf die Rolle als Patient und nicht als Mensch usw.[47]. Alle verdrängte Sterblichkeit des Menschen und der menschlichen Gesellschaft wurzelt in einer Erziehung, die den Tod nicht ernst nahm und nehmen wollte.

Und an diesem Vorgang waren viele interessiert. Das unsterbliche Leben wurde gezielt in die Erziehung einerseits hineingegaukelt, damit so der Einblick in die Wirklichkeiten, aus denen Auschwitz und Treblinka möglich wurden, verpasst werden konnte. Andererseits wurde gleichzeitig die Todesangst geschürt, damit die Sklavenhaltung besser zu realisieren war. Erst die Gaskammern und der Vietnamkrieg haben eine Besinnung darauf möglich gemacht, dass die Grenzen (des Wachstums, des Fortschritts, des medizinisch und pädagogisch Möglichen) kein Defizit, sondern eine Chance, eine Bereicherung darstellen; wir lernen wieder dankbar zu sein für die Grenzen und damit auch für die Begrenztheit des irdischen Lebens und für die pädagogische Machbarkeit.[48]

Wir haben dann versucht, uns eine Beobachtungs- und Analyse-Matrix zu erstellen, deren eine Achse von den drei Rechten nach KORCZAK, die andere von den Bedürfnissen des Einzelmenschen und damit auch des Sterbenden nach Abraham MASLOW[49] sowie von den Identitätsebenen menschlicher

Verwirklichung gebildet wurden. Auf diesem Wege gelang es uns endlich, ein Modell für die Realisation der Menschen-(Kindes-)Rechte im Augenblick des Handelns zu entwickeln. Mit diesem Modell war es möglich, Pflegekräften, ErzieherInnen, Ärzten, Intensivmedizinern, Eltern und Partnern einen Aufgabenkatalog für das sterbliche Helfen, für eine sterbliche Kommunikation und für eine Erziehung in der Sterblichkeit an die Hand zu geben (voll hochgradiger Theorie und voll erübter, erlebter Praxis). Schließlich wurde KORCZAK nochmals wichtig bei den Abwehrkämpfen gegen die neue Euthanasie, welche behindertes, krankes, ungeborenes und altes Leben für Nützlichkeitserwägungen erneut zur Disposition stellt; ein deutscher Professor verstieg sich sogar in die Diskriminierung der Verteidiger solchen Lebens als Antisemiten, weil einer der neuen Euthanasisten gebürtiger Jude ist[50].

Nun aber können wir erneut uns von KORCZAK beraten lassen, denn die Auslotung seines Werkes bezüglich einer Erziehung in der Sterblichkeit steht erst am Anfang.

a) Leben – Angst – Tod

„Die heiße, einsichtige und ausgeglichene Liebe der Mutter zu ihrem Kinde muss diesem das Recht auf einen frühzeitigen Tod zugestehen, das Recht zur Beendigung seines Lebenslaufes nicht nach sechzig Umdrehungen der Erde um die Sonne, sondern nach einem oder auch nur drei Frühjahren“ (WL 41). Die Willenskraft des Kindes, sich für und gegen das Leben zu entscheiden, ist grenzenlos und ist möglich vom Zeitpunkt vor der Geburt bis in das hohe Alter. Das haben inzwischen viele Selbsthilfegruppen erkannt und in ihre Lebenspraxis umgesetzt („Verwaiste Eltern“, „Früher Säuglingstod“ u. a.). Mit welcher Anmaßung zwingen wir oftmals die Kinder zum Leben und entziehen ihnen die Chance, sich gegen uns und unsere zu häufig doch recht lausige Welt zu entscheiden. Kinder könnten dies Leben eher bejahen, wenn ihnen erlaubt bliebe, es auch wieder zu verlassen, als wenn sie gezwungen würden, oder sich gezwungen fühlen müssten, es gegen ihren Willen zu bejahen.

Diese Formulierungen enthalten keine Aufforderung an die Erziehenden zur Fahrlässigkeit und Laxheit oder gar zur Beförderung kindlicher Selbsttötungen;

vielmehr resultiert diese Überlegung aus der Achtung vor der vollständigen Personalität des Kindes und also aus wirklicher Ver-Antwortung. KORCZAK reflektierte noch 1942 über diese für unser Denken so sehr korrektive Bejahung der Sterblichkeit. „Es ist schwer, geboren zu werden und leben zu lernen", schreibt er in seinen Erinnerungen am 21. Juli 1942; „... mir bleibt die viel leichtere Aufgabe: zu sterben. Nach dem Tode kann es wieder schwer sein, aber daran denke ich nicht. Das letzte Jahr, oder der letzte Monat, oder die letzte Stunde" (RA 332). Es ist anzunehmen, dass KORCZAK durchaus am 21. Juli keine Illusionen hatte, wie die Monate enden könnten. Und die Situationspädagogik bezieht den Erwachsenen, den Mit-Erzieher in den Prozess ein: „Azrylewicz ist heute früh gestorben. Wie schwer ist das Leben und wie leicht der Tod!", vielleicht sagt er dies, weil er wusste, dass so dem Schneider die Gaskammer erspart blieb? Aber was ist dann mit der Leichtigkeit des Todes gemeint?

„Ich möchte gern bei Bewusstsein und bei voller Besinnung sterben. Was ich den Kindern zum Abschied sagen würde, weiß ich nicht. Ich möchte ihnen so viel sagen und es ihnen so sagen, dass sie ganz frei sind bei der Wahl ihres Weges" (RA 333). Das Lebensende in der Gaskammer ist sicher ein sehr bewusstes; aber wir wissen auch, dass die meisten Menschen mit Bewusstsein sterben möchten, und – dass das Bewusstsein im Sterben tatsächlich kaum eine Grenze kennt –, vor allem, wenn man Bewusstsein nicht ausschließlich als mentale Funktion (im EEG messbar) begreift, sondern mehr noch als personale Energie. Solches Bewusstsein begleitet auch den Verwirrten im Sterben und hilft ihm, jene Freiheit für sich zu realisieren, die ihm allein das Sterben spendet. Freiheit ist hier allerdings verstanden als das Zusammenspiel einer „Freiheit von" mit einer „Freiheit zu". KORCZAKs Wunsch, die Kinder möchten frei sein „bei" der Wahl ihres Weges, ging in diesem gekennzeichneten Vollsinn also auch in Erfüllung, obwohl sie sich gegen ihre Ermordung nicht hatten entscheiden können, obwohl sie also im verkürzten Sinne alles andere als frei waren in der Wahl des sterblichen Teils ihres Weges.

Die Angst vor dem möglichen Tod eines Kindes beeinträchtigt die Bedingungen seiner körperlichen und geistigen Entwicklung, schreibt J. KORCZAK (WL

41). Wir konnten diesen Zusammenhang bis in die Krankenhäuser und Altenheime hinein verfolgen: Weil der Mensch nicht sterben darf, wird eine Mauer von Hygiene, Medizin, Apparaturen, beruflicher Kompetenz um dieses Leben herum aufgebaut. Weil ja dies oder jenes passieren könnte, dürfen keine gesunden Kinder in die Kinderstationen, keine Tiere in die Pflegeheime, müssen Stühle abwaschbar sein, auf denen der Besucher zu sitzen kommt, gibt es keine Wohnstatt für die Angehörigen in der Nähe von Intensivstationen, werden Verstorbene eher „entsorgt", als dass sie noch für kurze Zeit Teil einer Mitwelt wären usw.; aus gleichen Gründen verringern sich die pädagogischen Möglichkeiten z.B. für Klassenfahrten in den Schulen, für die notwendige Umsetzung von Erlebnispädagogik in den erzieherischen Alltag, für Werkunterricht mit Beil und Messer, für echte Abenteuer, bei denen Kind und Erzieher sich wirklich „aufs Spiel setzen", für unkontrollierte Aufenthalte im Ausland und mit Ausländern usw. „Du wirst dir die Hand brechen, man wird dich überfahren, der Hund wird dich beißen. Iss keine Pflaumen, trink kein kaltes Wasser, geh nicht barfuß, lauf nicht in der brennenden Sonne herum, knöpf den Mantel zu, bind den Schal um. Siehst du, warum hast du nicht gefolgt. Nun musst du hinken, nun tun dir die Augen weh. Um Gottes willen! Du blutest ja! Wer hat dir denn ein Messer gegeben!" (WL 43). Die Provokation ist vollkommen und konsequent: „Besser der Mensch wird geliebt, als dass er die richtige Medizin bekommt!"[51] Oder wie es bei KORCZAK heißt: „Hygiene wird groß geschrieben, aber nur selten hört man ein Lachen" (WL 75).

Die Sklaverei in unserer sterblichen Welt ist eine vom Menschen am Menschen ausgeübte, nicht eine, die durch ständige Todesgefahr entstünde. Weil wir im Neid auf die Unsterblichen alle Anzeichen bedrohten und unkontrollierten Lebens bei uns hassen, unterdrücken wir den Menschen neben uns – vor allem die Kinder. „Lauf nicht, denn du kommst ins Schwitzen. Lauf nicht, denn du machst dich schmutzig. Lauf nicht, denn mir tut der Kopf weh!" (WL 45). In einem modernen Theaterstück (Brian CLARK) heißt es: „Ich bekomme die Pille (Valium), aber wer sich beruhigen muss, sind Sie – nicht ich. Sie wissen, dass Sie nichts für mich tun können. Ich bin gelähmt – und Sie sind hilflos ... Also bekomme ich meine Pille und Sie Ihre Ruhe."

b) Von der Überwindung des Todes

Ausführlich setzt sich der Arzt J. KORCZAK mit der Gesundheit auseinander und mit der Angst um ihre Bedrohtheit. Sie wird für ihn und für die Kinder zu einer selbstverständlichen Nebensache, wenn sie von der Angst befreit wird (RA 137-143). Das Bemühen um künftige Gesundheit verpasst nicht selten den „gelebten Augenblick" (Ernst BLOCH). Deshalb kann gerade das Recht auf den heutigen Tag die Todesfurcht überwinden helfen und dem Leben neue Nahrung geben.

„Wir sollten auch die gegenwärtige Stunde achten", schreibt Janusz KORCZAK, „den heutigen Tag. Wie soll es (das Kind) morgen leben können, wenn wir es heute nicht bewusst, verantwortungsvoll leben lassen? ... Wir sollten jeden einzelnen Augenblick achten, denn er stirbt und wiederholt sich nicht, und immer sollten wir ihn ernst nehmen; wird er verletzt, so bleibt eine offene Wunde zurück, wird er getötet, so erschreckt er uns als ein Gespenst böser Erinnerungen ... In unserer Naivität fürchten wir den Tod und wissen nicht, dass das Leben ein Reigen vergehender und wieder neu entstehender Augenblicke ist" (RA 28). Die unmittelbar pädagogische Konsequenz daraus ist eine entsprechende Veränderung der Selbstwahrnehmung: Wir sind selbst ständig Verstorbene, deren Ende zur Bedingung neuen Lebens wurde. „Eine Mutter möchte ihr Kind erziehen; aber dies wird sie nicht erwarten: dass ständig eine andere Frau einen anderen Menschen verabschiedet und begrüßt" (RA 28).

KORCZAK hat das Gesagte nicht nur theoretisiert, sondern gelebt. Zunächst als er sich für *das* Kind und gegen eigene Kinder entschied. „Ein Sklave hat kein Recht auf eigene Kinder. Ein polnischer Jude unter zaristischer Herrschaft. Und sofort empfand ich das als Tötung des eigenen Ich. Mit Kraft und Stärke führte ich mein Leben, das dem Anschein nach untergeordnet einsam und fremd war. Als Sohn wählte ich die Idee, dem Kind und seiner Sache zu dienen."[52] Tötung des Ich angesichts der feindlichen Welt schafft die Freiheit zum Leben. „Freiheit von" wandelt sich in „Freiheit zu". Zwar ist es nicht ungefährlich, auf solch schmalem Grad zu wandeln, weshalb selbst J. KORCZAK nicht an den

Versuchungen der Selbsttötung gänzlich unberührt vorüber kam. Einen Menschen, ein Kind an der Ausführung einer Selbsttötung zu hindern, bedeutet ja auch in erster Linie: Bereitschaft, Garantien zu übernehmen für das „andere Leben“, das hinter dem Versuch verborgen liegt.

Auch „König Hänschen I.“ erlebte die Überwindung des Todes – nicht allein dadurch, dass er der Hinrichtung entging (KH 80), sondern auch dadurch dass ihm etwas als wichtiger erscheinen konnte als der Tod: „‚Weine nicht, Klu-Klu, wir werden einen schönen Tod haben ...‘ Ein schöner Tod, das war nun sein einziger Wunsch. Plötzlich aber erwachte seine Neugier. ‚Was mir wohl meine Feinde für ein Begräbnis bereiten?‘“ (KH 309). Und schließlich überwindet der Tod sich selbst; die Begnadigung zur Verbannung auf eine „einsame Insel“ (wer ist hier eigentlich „einsam“?) – das ist vielleicht eine der exaktesten Beschreibungen dessen, was im Sterben jedes Menschen geschieht (KH 321).

Zwei Bilder unterstreichen diesen pädagogischen Vorgang der Todesüberwindung. Da ist die versuchte Vergiftung von König Hänschen bei den Menschenfressern. Die Traumfarben im Ablauf des Sterbens: rot, blau, grün, schwarz; sie kennzeichnen den Weg vom Lebenssaft (rot) zum Ende aller Farbigkeit durch ein Zugleich aller Farben (schwarz), wie ihn viele „Reanimierte“ ebenfalls nur rückwärts träumen (KH 180). Im Umgang der Kinder mit Farben, können wir heute auch einen Zugang zu ihrer Auseinandersetzung mit bedrohlicher Krankheit und mit Tod finden. Zum Trost für den geretteten König Hänschen zeigt der Oberpriester sein Zauberkunststück von der Unverletzlichkeit gegenüber dem Todesbiss der kleinen Schlange. „Und Hänschen dachte, es habe sich doch gelohnt, ein bisschen vergiftet zu werden, wenn man dafür so viele Zaubereien zu sehen bekommt“ (KH 143).

Das andere Bild ist das des Kanarienvogels. Als König Hänschen auf der einsamen Insel seinen verstorbenen Kanarienvogel bestattet und noch zögert, ob er ein Kreuz auf das Grab stellen soll, „da ertönte plötzlich der Gesang eines Kanarienvogels, aber so laut und lang anhaltend wie nie zuvor. Und Hänschen wusste nicht, war es ein Freund des Toten, oder im Gegenteil, ein Feind, der ... ihn nun um Verzeihung bat; vielleicht aber sang die Seele des toten Kanarienvogels ihr Lied in diesem lebendigen" (EI 114); und dann grub er doch ein kleines Kreuz ein. Als Hänschen schließlich stirbt, nachdem er für Klu-Klu und Fritz noch den Weg des (weiteren) Lebens gezeigt hat, heißt es: „Auf dem hohen Berg der einsamen Insel wurde Hänschen begraben. Alo und Ala schmückten Hänschens Grab mit Blumen, und über dem Hügel singen die Kanarienvögel" (EI 199). – Wohlgemerkt „singen", nicht „sangen"!

J. KORCZAK berichtet in seinen Erinnerungen vom Tod seines eigenen Kanarienvogels, den er als Kind erfahren musste, und der zugleich zum Schlüsselerlebnis für ihn wurde. „Sein Tod warf die geheimnisvolle Frage nach dem Bekenntnis auf. Ich wollte ein Kreuz auf seinem Grab errichten. Das Dienstmädchen sagte, das ginge nicht, weil es nur ein Vogel sei, also etwas weit niedrigeres als ein Mensch. Sogar um ihn zu weinen, sei eine Sünde ... Und noch schlimmer war, dass der Sohn des Hausverwalters feststellte, der Kanarienvogel sei Jude gewesen. Ich auch. Ich bin auch Jude, und er – Pole und Katholik ... Tod – Jude – Hölle. Das schwarze jüdische Paradies. Es gab genug Grund zum Grübeln" (RA 250/51). So wird also der Tod des Kanarienvogels zum Impuls für eine Besinnung über das christlich-jüdische Verhältnis; der Tod König Hänschens löste das „schwarze Paradies" auf zugunsten des Gesangs der Vögel; der Tod Janusz KORCZAKs wird zum Anstoß, über beides neu zu „grübeln" (z.B. auch über den Beitrag frömmlerischen Christentums zur Ermordung der Juden).

Und so dachte KORCZAK über diese seine „Erinnerungen": „Nicht so sehr den Versuch einer Synthese als vielmehr einen Grabstein aus Versuchen, Erfahrungen, Fehlern. Vielleicht ist das einmal, nach fünfzig Jahren, irgendjemandem von Nutzen ..." (RA 237). Die fünfzig Jahre waren bereits 1992 vorbei! Wo erwächst uns der „Nutzen"?

c) Einsamkeit und Leid

Ein letzter Gedankengang soll unseren Blick auf jene Bereiche menschlicher Existenz lenken, die von vielen als negativ und destruktiv gewertet, jedoch heute im Anschluss an Janusz KORCZAK und andere als zugehörig und wertvoll betrachtet werden: die Einsamkeit und das Leid.

„Wir sollten auch seine (des Kindes) Misserfolge und Tränen achten“ (RA 26). Andere Übersetzungen setzen statt „Misserfolg“ das intensivere Wort „Kummer“; leider weiß ich nicht, was KORCZAK tatsächlich angesprochen hat, meine jedoch, dass der „Kummer“ mehr jene seelische Komponente ausdrückt, deren Heilung im Innern des Menschen stattfindet, und sich weniger an Äußerlichkeiten realisiert. „Kummer“ ist lebenswert, wenn er dem „Kümmern“ zuwächst: Jemand kümmert sich um den Trauernden, und der Trauernde darf sich um jemanden kümmern.[53] Jedenfalls muss die existentielle Achtung des Menschen seinen Kummer, seine Trauer, sein Leid umfassen; sie sind nicht zu „nehmen“ (durch Therapie oder/und Erziehung), sondern eben zu achten.

„Weil sie noch nicht gewohnt sind, Schmerz, Unrecht und Ungerechtigkeit zu tragen, leiden sie darunter mehr, weinen öfter; ihre Tränen reizen zuweilen sogar zu spöttischen Bemerkungen, werden nicht ernst genommen“ (RA 26). Genau dies ist gemeint: Das Leid ist das berechtigte und notwendige Gegenmittel zu Schmerz, Unrecht, Ungerechtigkeit. Jenes kommt vom leidenden Menschen, wird von ihm eingesetzt, beherrscht (auch wenn es „unbeherrscht“ erscheint), jene aber sind fremd, aufgezwungen, von Außen zugeführt.

Spätestens im Sterben ist dies Nebeneinander zu beachten: Schmerz und Unrecht müssen bekämpft, Leid muss gestaltet, gestattet, „geachtet“ werden. Nur so ist Sterbebeistand und Lebenshilfe als „Erziehung in der Sterblichkeit“ möglich. „Eigensinnige und launische Tränen – das sind Tränen der Ohnmacht und der Empörung, ein verzweifelter Versuch von Protest, ein Ruf nach Hilfe ... immer aber ein Leid“ (RA 26). Der Mensch ist Herr über sein Leid und seine Tränen, nicht aber Herr über Unrecht und Gram. – Ein Denker der Nachkriegs-Zeit, Karl RAHNER, hat dies in der Wandlung der Resignation zum „seligen Kunstgriff Gottes“ verdeutlicht, welcher uns frei macht auf die unendliche Hoffung zu.[54]

Wenn J.KORCZAK als der „traurige Doktor“ bezeichnet wurde, so enthält ein solcher Titel also kein destruktives Element, sondern ein personales. Dem zugefügten Schmerz entspricht die zugefügte Lust; dem gelebten sterblichen Leid entspricht die Freude. Deshalb dürfte es nicht ausreichend sein, wenn man KORCZAKs Grundstimmung der Traurigkeit isoliert und als Gegenaussage zu einem „Gesellschaftsaktivisten KORCZAK" ausspielt[55], also aus KORCZAK den „traurigen Einsamen" macht. Denn das allein würde nicht der „Sehnsucht nach einem besseren Leben" gerecht, „welches es nicht gibt, aber doch einmal geben wird, ein Leben der Wahrheit und Gerechtigkeit" (VV 138); die Quelle dazu ist der „Abschied" gewissermaßen als kleiner Tod.

Trauer, Leid und Tränen, das sind Kräfte und nicht Erschlaffungen. „Gib mir den Engel der Trauer. Nicht um Freude bitte ich, nicht um grüne Gipfel, nicht um blaue Träume, noch um geflügelte Strahlengarben. Wenigstens Trauer, denn ich bin wieder so allein ..." (AG 47). Deshalb kann KORCZAK auch seine Traurigkeit in die Stille und das Nichts einbetten: „Still, traurig, traurig, still. Still, traurig, auf schwarzer Welle wiegt sich der Sarg. Schwarzer Tau aus schwarzen Blumen trinkt schwarze Falter. Nie wird der Mensch zu singen anfangen, das Kind wird nicht mehr lächeln ... Es gibt nichts, nichts, mein Gott, es gibt nichts" (AG 50). Auch dieses Nichts ist ein Nichts von Etwas, sagte Franz ROSENZWEIG. Deshalb ist auch in tiefster Depression noch das Gebet möglich, wie der alttestamentliche Hiob es sprach. Vielleicht wäre es sinnvoll, an dieser Stelle auf die Möglichkeiten einer Erziehung zur Stille, einer Erziehung unter Einbezug gerade der stillen Elemente einzugehen; aber das würde den Rahmen sprengen.

Das Leid wird nicht positiv, weil es lebendig sterblich ist; aber es wird zu einem Wesensmerkmal des Menschen, das es zu beachten gilt. „Gib mir, o Herr, ein schweres, aber schönes, reiches, würdiges Leben" (RA 322). „Ich liebe meine Verrücktheiten zu sehr, als dass mich der Gedanke nicht erschreckte, es könnte mich jemand gegen meinen Willen davon zu heilen versuchen" (RA 323). Gerade solche Sätze stehen im Zusammenhang von Reflexionen J. KORCZAKs über die Euthanasie; es kann kaum einen Behandlungsgrund geben, mit welchem das Recht des Menschen unverwechselbar und einzigartig sein zu dürfen, eingeschränkt würde – auch im Sterben. Es gibt vor allem auch keine „Heilbehandlung durch Tötung", Erlösungstherapie.

„Derjenige hat ein Recht, aus Mitleid zu töten, der liebt und leidet – der selbst bereit ist, sein Leben aufzugeben" (RA 320), nur dass er dann nicht mehr in der Lage ist, zu töten.[56]

Eine ähnliche Beobachtung bei KORCZAK können wir im Zusammenhang mit der Einsamkeit finden. Mindestens im Sterben wird der Mensch einsam und alle „Vereinsamung" hat ein Ende. Diesen Gegensatz von Einsamkeit und Vereinsamung haben wir zu einem Grundsatz erhoben, bei dem wir uns durch KORCZAK bestätigt finden. Denn auch für ihn war Einsamkeit ein wertvolles Geschenk, das jenem zuteil wird, der mit sich selbst und seinem Gott Übereinstimmung sucht. „Die Einsamkeit tut nicht weh", schreibt KORCZAK (RA 306). „Ich suche keinen Freund, weil ich weiß, dass ich keinen finden werde ... Ich habe mit dem Leben vereinbart: Wir werden uns gegenseitig nicht ins Gehege kommen." Könnte es eine Aufgabe der Erziehung sein, Kindern Einsamkeit zu ermöglichen, die Chancen der Einsamkeit erfahrbar zu machen?

Vereinsamung – die mag bekämpft und behandelt werden; die Einsamkeit jedoch gilt es zu leben. „Der alte Doktor war nämlich der Meinung, dass das Kind, vor allem das Waisenkind, einen intimen, persönlichen Dialog mit Gott brauche und auch einen Platz, wo es weinen und still sein kann."[57]

Die Ehrung der nächsten Jahre muss versuchen, dem Anspruch der hier dargelegten Geschichte gerecht zu werden. Die genannten Stichworte sollten dabei hilfreich sein: die Energien des Lebens, zu denen die Angst und das Leid gehören; die volle Ernstnahme der Tatsache, dass wir sterblich sind und dass auch unsere Kinder sterben werden; die pädagogischen Kräfte der Einsamkeit und Stille für Erzieher wie für Kinder. Vielleicht wird uns dann gelingen, diese Welt gerechter zu gestalten, als sie uns bislang übergeben wurde.

Anmerkungen: Werke Janusz KORCZAKs

AG – Allein mit Gott. Gebete eines Menschen, der nicht betet. Gütersloh 1980

BE – Begegnungen und Erfahrungen. Kleine Essays. Göttingen 1972

EI – König Hänschen auf der einsamen Insel. DTV-Ausgabe. München 1975

KH – König Hänschen I. DTV-Ausgabe. München 1974

RA – Das Recht des Kindes auf Achtung. Göttingen 1972

VV – Von Kindern und anderen Vorbildern. Gütersloh 1979

WL – Wie man ein Kind lieben soll. Göttingen 1967

5. Mit ELIJA über den Jordan, den Fluss der „letzten" Hoffnung

Mit diesem Abschnitt all meiner Überlegungen kehre ich an den Anfang zurück, welcher sich ja mit der unmittelbaren Zeit des Sterbens meiner geliebten Frau befasste. Damals hatte ich mir vorgenommen, der Verstorbenen unmittelbar zu folgen, also meinem weiteren Leben selbst, selbstherrlich und vermutlich auch selbstverliebt ein Ende zu setzen. Mir war in den folgenden Tagen völlig gleichgültig, wie ein solcher Schritt innerhalb der von mir mitaufgebauten Hospizbewegung aufgenommen worden wäre, ob ich meiner eigenen, in vielen Schriften niedergelegten Ethik damit nicht gerecht geworden wäre, oder wie die christliche Gemeinschaft darauf reagiert hätte, die sich allerdings in den vielen Jahren der Begleitung meiner Frau um uns (abgesehen von dem „pflegerischen Dienst") einen „feuchten Kehricht" gekümmert hatte. Ich konnte und wollte meine (nahezu) einzige Liebe nicht loslassen, habe auch für mich das Grab (durch ein so genanntes Doppelgrab) bestimmt und wollte also (wie man es im Ruhrgebiet ausdrückt) „über die Wupper" bzw. „über den Jordan".

Hier greift nun, da ich ja weiter lebe, die Geschichte vom Lebensende des Propheten Elija aus Tishbe in das gedankliche Geschehen ein: Er, der überaus angesehene Lehrer und beliebte Prediger wird vor den Augen seines Schülers Elisäus für immer entrückt, weil dieser den geliebten Lehrer nicht loslassen will (2Kön 2,1-15). Zum Sterben müssen die Menschen „über den Jordan";

aber dieser Übergang gelingt nicht, wenn die Menschen festgehalten werden. Elija trägt einen Mantel aus Ziegenhaar als Ausweis seiner Würde; aber er hat seinen Gott JHWH ums Sterben dürfen gebeten, und dieser versagt ihm die Bitte nicht. Also begibt er sich nach Jericho „zum Jordan“; doch Elisäus möchte den Tod hindern und geht einfach mit. Als beide an den Jordan kommen, „nahm Elija seinen Mantel, rollte ihn zusammen und schlug mit ihm auf das Wasser. Dieses teilte sich nach beiden Seiten und sie schritten trockenen Fußen hindurch.“ Beide gelangen also sogar auf die Seite des Todes. Und weil Elisäus auf diese Weise den Tod zu verhindern sucht, kommt ein feuriger Wagen mit feurigen Pferden und entführt Elija in einem Wirbelsturm. Zurück bleiben der verdatterte Schüler und der Mantel, mit dem er auf dem vorherigen Weg durch Schlagen auf den Jordanfluss wieder ins Leben zurück findet.

Der Schüler geht also mit seinem Lehrer zusammen diesen Weg des Sterbens, einen beschwerlichen, langen Weg wie von der Stadt Bet-El bis nach Jericho und darüber hinaus. So lang kann sich ein Sterben hinziehen, selbst wenn dem Sterbenden und seiner Umgebung unmissverständlich klar ist, dass es keinen Weg zurückgeben wird. Die Begleitung ist gut gemeint, aber das Festhalten-Wollen ist hilflos und unbeholfen; auch Elisäus will und kann nicht loslassen, drängt sich hinein in das Sterben und wagt sich sogar dreist bis über die Schwelle des Jordan. Je fester das Halten, desto schmerzhafter das Lassen (feuriger Wagen). Was bleibt dem Haltenden? Der Geist seines Lehrers und der Mantel zur Bändigung des Todesflusses (Schlagen mit dem Mantel).

Mein Weg als pflegender Sterbebegleiter meiner geliebten Frau war ebenfalls sehr lang; er dauerte über zehn Jahre. Und auch ich war ihr Schüler; mit ihrer Hilfe hatte ich zur Poesie gefunden und deren heilende Kräfte anzuwenden gelernt. Aber mir fehlte der Mantel aus Ziegenhaar; also kam ich nicht mit ihr hinüber auf die andere Seite des Jordan, sondern blieb im Hier und Jetzt.

Wenn ein Mensch uns verlässt, bleibt oft sein Mantel zurück, der nicht aufhört, nach ihm zu riechen und von ihm zu erzählen. Noch hängen nach einem halben Jahr Mäntel meiner Frau in ihren Schränken. Vieles hab ich an Hilfsbedürftige weitergegeben; aber einige Mäntel (und ihr Brautkleid) nicht.

Bei einem meiner Vorträge in einem AIDS-Treffpunkt wollte ich nach dem Betreten der Räumlichkeiten meinen Mantel an den ersten Kleiderständer hängen. Aber man bedeutete mir, einen anderen Ständer zu nutzen, mit der Begründung, an diesem, dem Eingang nächsten hingen nur Kleidungsstücke der „zuletzt gegangenen" Freunde und Besucher. Die Mäntel der Toten neben dem Eingang würden die eintretenden Lebenden begrüßen; dazu seien sie dort.

Also erzähle ich hier folgende Geschichte um den Propheten Elija: „Schließlich starb der Prophet Elija aus Tishbe oder wie wir ihn manchmal einfach nennen, Elias", begann ich meine Ausführungen vor den Mitarbeitern und Mitarbeiterinnen künftiger Hospiz- und Palliativversorgung. „Sein Schüler, Elisäus, auch Elischa genannt, der das Sterben nicht zulassen wollte, erlebte es, wie er später erzählte, als ‚Entrückung vor seinen Augen'. Sterben ist ja wie das Übersetzen über einen Fluss. Und Elias ging tatsächlich zum Sterben über den Fluss Jordan, weshalb wir heute noch vom Sterben als von einem ‚über den Jordan gehen' sprechen.

Aber an dieser Geschichte sollten wir versuchen, die versteckte Symbolik zu verstehen, diese Entrückung des Propheten, die Verwunderung seiner Jünger, die Trauer und das Nicht-Loslassen-Können, die Wuthaltigkeit der Zurückbleibenden, den Fluss und schließlich vor allem den Mantel.

Elias streifte also vor vielen, vielen Jahren durch das alte Israel auf der Suche nach jenen Königen, denen er die Rache ihres Gottes ankündigen und austeilen sollte. Dabei war er mit einem Mantel aus Ziegenhaar bekleidet, der ihn auszeichnete, und an dem ihn jeder erkennen konnte. Dieser Mantel war wie ein Ausweis seiner besonderen Würde und Instrument seines Handelns im Leben wie eben auch im Sterben.

Im Leben berief er z.B. seinen Nachfolger Elisäus, indem er ihm diesen Mantel überwarf. Elisäus war, wie berichtet wird, gerade beim Pflügen mit zwölf Gespannen und er selbst pflügte gerade mit dem zwölften. Aber wieso zwölf

Gespanne? Und wieso pflügte er ausgerechnet mit dem letzten? Anders gezählt hätte es doch wohl auch das erste sein können.

Aber wir wissen ja: Es gab die zwölf Stämme Israels – und es würde eines Tages die zwölf Apostel geben. Nur 7.000 Menschen bleiben am Ende der Tage vom Zorne Gottes verschont, so erzählte man sich; und dann gäbe es eben die letzten Getreuen Gottes, den letzten Stamm Israels, den letzten Pflug und den bis zu diesem Zeitpunkt letzten der Propheten, dem jedoch das Sterben bevorstand, um das er selbst seinen Gott gebeten hatte.

Mit seinem Mantel wollte er also das Prophetenamt an Elisäus weitergeben; denn mit dem Mantel gekleidet verkündete er ja dem König sein bevorstehendes Ende; auf dem Weg in den zeitlichen Tod begleitete ihn der Mantel, und es war der Mantel, den er schließlich über seinen Tod hinaus zurückließ. Aber wie verläuft die Geschichte nun wirklich?

Elias hatte von Jahwe-Gott seinen Tod erbeten und die Bitte wurde ihm nun auch gewährt. Alle seine Freunde und Schüler wussten es. Er machte sich auf Geheiß Gottes auf den Weg nach Jericho und wollte unbedingt, dass sein Meisterschüler Elisäus nicht mitkommen möge. Aber dieser wollte einfach nicht loslassen und ging also tatsächlich mit. Als Gott Elias an den Fluss Jordan beorderte, geschah genau das gleiche.

Als aber beide an den Jordan kamen, nahm Elias seinen Mantel, rollte ihn zusammen und schlug mit diesem geknüllten Mantel auf das Wasser. Dieses teilte sich (wie einst beim Gang des Volkes Israel bei der Flucht aus Ägypten am roten Meer) nach beiden Seiten, und so schritten sie trockenen Fußes hindurch.

Auf der anderen Seite erbat Elisäus von Elias nur zwei Teile seines Geistes. Dieser versprach seinem Schüler die zwei Teile tatsächlich für den Augenblick seiner Todesstunde. Da plötzlich kam ein feuriger Wagen, trennte beide, den Lehrer und seinen Schüler, voneinander und nahm Elias mit sich fort. Zurück blieben Elisäus und eben der Mantel. Mit diesem schlug auch er nun auf seinem Rückweg den Fluss Jordan und gelangte auf demselben trockenen

Weg wieder zurück zu den Lebenden, also diesseits des Jordans. Alle, die ihn dort empfingen, sahen bei ihm, dass der Geist des Elias nun auf ihm ruht.

Die erste Tat, die Elisäus aufgrund dieser Vollmacht tat, war die Gesundung einer vergifteten Quelle, durch die es zu vielen Fehlgeburten gekommen war, ähnlich wie Moses einst die Bitterquelle Mara süß gemacht hatte durch ein Stück Holz, so warf Elias eben Salz in die Quelle, die daraufhin gesundete."

Hier endete meine Erzählung und ich ließ eine Besinnungs- und Verschnaufpause einfließen, gleichzeitig in der Hoffnung, dass meine Geschichte Eindruck hinterlassen hatte und man beginnen würde, die folgenden Erläuterungen zu verstehen.

„Nun, warum erzähle ich Ihnen diese Geschichte, Ihnen, die Sie sich mit Hospizhilfen, Palliativmedizin und Palliativpflege befassen? Was hat die Geschichte abgesehen von der Schilderung eines Sterbens, das allerdings einen ungewöhnlichen, vielleicht sogar heroischen Verlauf nahm, also doch keineswegs vorbildhaft sein kann, mit Hospiz zu tun? Unsere Patienten werden ja bekanntlich nicht mit feurigen Wagen ins Jenseits befördert."

Ich spürte eine stille, aber durchaus verbreitete Ratlosigkeit. Trotzdem äußerten sich einige Teilnehmerinnen. „Der Schüler geht mit seinem Lehrer den Weg des Sterbens mit und erlebt diesen Weg als beschwerlich und lang. Vielleicht soll uns das klar machen, dass sich manches Sterben hinziehen kann, selbst wenn allen Beteiligten, dem Sterbenden und seiner ganzen Umgebung, bewusst ist, dass es keinen Weg zurückgeben wird." Eine andere Deutung besagte, die Begleitung durch den Schüler sei ja gut gemeint, aber letztlich hilflos und unbeholfen. „Wie Elisäus wollen auch wir oftmals die Tatsache eines unausweichlichen Sterbens nicht wahr haben; denn auch wir wollen ja einen geliebten und geschätzten Menschen nicht loslassen."

Mit beiden Deutungen konnte ich mich durchaus identifizieren: Wie hätte ich das unausweichliche Sterben meiner Frau jemals vorher zu ertragen gewagt?

Und auch die Dauer des Sterbens und Verlöschens war mir bis zu ihrem Heimgang keine oder doch wenigsten in meinem Empfinden keine Last.

„Aber deshalb darf man sich doch nicht in dieses Sterben des anderen derart hineindrängen“, entgegnete nun jemand. „Der Elisäus geht ja wohl zu weit, wenn er sich dreist bis an die letzte Schwelle heran begibt, nämlich an den Jordan. Auch wir müssen darauf achten, dass wir die Distanz zu unseren Patienten ausreichend einhalten. Der Elisäus überschreitet sogar die Schwelle des Todes, also den Jordan, obwohl sein Freund, der Elias, ihn daran hindern wollte, weil eigentlich Begleitung ja keineswegs Mitgehen in den Tod bedeuten darf.“

Das Gespräch drohte abzudriften, als jemand auf den erweiterten Suizid, auf die gemeinsame Selbsttötung von zwei Menschen zu sprechen kam. Aber eine Teilnehmerin machte darauf aufmerksam, dass ja Elisäus nicht wirklich in den Tod mitgegangen sei, sondern lediglich gewissermaßen über die Grenze geschaut habe; das wäre ja vermutlich mit den himmlischen Pferden gemeint, welche den Sterbenden erst wirklich aus dem hiesigen Leben gerissen haben. „Der so geschilderte Vorgang ist eigentlich nichts Herrliches oder Triumphales, sondern nur schlichte Notwendigkeit, wenn die Freunde, Angehörigen, Geliebten den Tod eines Kranken nicht zulassen wollen und sich in dieser Form in den Sterbeprozess einmischen.“

„Zwei Anteile deines Geistes hat Elisäus von seinem sterbenden Lehrer erbeten“, griff ich nun in das Gespräch ein. „Und was hat er dafür bekommen? Tatsächlich zwei Dinge, den Geist seines Meisters, der seit diesem Augenblick auf ihm ruhte – und eben diesen ominösen Mantel. Sonst blieb ihm nichts.“

Ich wollte unbedingt die Aufmerksamkeit meiner Zuhörer auf diesen Mantel lenken. „Was ist denn nun das Besondere an diesem Mantel? Dass er aus Ziegenhaar hergestellt wurde? Doch wohl nicht! – Das Aufregende an diesem Mantel ist, dass man mit ihm einen Totenfluss schlagen und bändigen kann, so dass er einen trockenen Weg zulässt.“ Auch bei meiner Frau hatte ich versucht, sie „trockenen Fußes“, also ohne Schmerzen, ohne viel wundgelegene

Körperteile, ohne Atemnot und möglichst auch ohne Angst über ihren Jordan zu helfen.

„Sie haben zwar recht“, griff nun eine Teilnehmerin in meine Rede ein, „der Fluss wird zweimal gebändigt, aber einmal in den Tod hinein und einmal aus ihm wieder hinaus. Der Elias braucht den Mantel, um in den Tod zu kommen, also für sein Sterben; aber der Elisäus braucht ihn, um aus dem Reich des Todes jenseits des Jordan wieder ins Leben zu kommen.“

„Das ist richtig“, antwortete ich, „und der Weg des Elisäus ist sogar zweifach ins Leben hinein, einmal in das eigene berufliche Leben als (neuer) Prophet, zum anderen aber im Dienste der Stiftung neuen Lebens, indem er die vergiftete Quelle heilt, welche ja so viele Fehlgeburten verursacht hatte. Und Elisäus kann das, weil er durch sein Erleben des Sterbens, durch seine Sterbebegleitung nun weiß, und wirklich für sich realisiert hat, dass Sterben notwendigerweise Teil des Lebens ist, Teil des Lebens aller Lebenden. Er nimmt in sein eigenes prophetisches Handeln eine wichtige Erkenntnis mit, nämlich das Wissen um die Bedeutung des Loslassens, des Sich-Trennens von dem Geliebten.“

„Aber was bedeutet uns nun der Mantel?“, fügte ich hinzu, erhob mich, ging zur Garderobe hinaus und brachte meinen eigenen Mantel mit. „Ein Mantel schützt, wärmt, bewahrt vor neugierigen Blicken, schmiegt sich um Schultern, streichelt die Haut.“ Ich versuchte mit passenden Bewegungen meinen Worten Nachdruck zu verleihen. „Mit einem solchen Mantel kann man auch Menschen einladen, sowohl den Weg von Sterbenden mitzugehen als auch die Erinnerung an die Verstorbenen in unserem Handeln als Lebende wach zu halten.“ Dann berichtete ich von der Geschichte dieses Mantels, wo er schon überall gewesen ist, in welchen Situationen er mich beschützt hat, und warum ich ihn immer noch trage, obwohl sein Futter gerissen, eine der Manteltaschen undicht und der Saum der Ärmel nach innen offen ist.

Für einige Augenblicke verharrte ich in meiner Erzählung, um ihr Zeit zur Wirkung zu lassen. Dann zerknüllte ich meinen Mantel zu einem langgestreckten Seil und begann damit die Tische meiner Zuhörerinnen zu schlagen, so dass auch die letzte erwachte, falls sie gelangweilt eingeschlafen wäre. „Sehen Sie, so schlagen wir die Wasser des Todes, damit sie uns nicht mehr erschrecken können, und damit sie dem Sterbenden nicht den Weg versperren; aber zugleich schlagen wir den Todesfluss, damit er uns selbst nicht daran hindert in der Stunde des eigenen Sterbens über den Grenzfluss des Lebens zu gelangen. Wir wollen nicht, dass der Fluss versiegt, sondern dass er uns hinüber lässt. Das Sterben können und wollen wir nicht verhindern, aber den Tod gibt es streng genommen überhaupt nicht."

Eine Zuhörerin schaute mich mit großen, fragenden Augen an: „Aber wenn wir einen kranken Menschen begleiten, können wir uns doch nicht so aufführen, wie sie es tun und wild auf einen imaginären Todesfluss einschlagen!" „Nein", antwortete ich, „auch Elias hat ja nicht für Elisäus den Fluss verprügelt, sondern für seinen eigenen Sterbensweg. Jeder von uns muss mit seinem eigenen Mantel den eigenen Fluss zum Durchlass zwingen. Aber indem wir unseren eigenen Fluss bändigen, können wir auch jenen einen Weg hinüber bahnen, die keinen Mantel haben oder nicht wissen, wie sie den Todesfluss überwinden können."

An dieser Stelle der Interpretation angelangt, musste ich doch einige Worte über die Bedeutung von Bildern einfließen lassen, von äußerlichen Abbildungen, die ein inneres Bild entstehen lassen. Die Realitäten wie der Mantel, der Vorgang des Schlagens, das Sich-Öffnen einer Furt durch einen Fluss, sind Metaphern für wärmende Zärtlichkeit, verbissenes Kämpfen, mühelosen Hinübergang. „Aber eines dürfte auch bildlich gesprochen deutlich geworden sein: Wer die Sterbenden noch diesseits des Flusses erschlägt, um sich so ihrer Mäntel bemächtigen zu können, wie es die so genannte Aktive Sterbehilfe anbietet, der hat von palliativem und hospizlichem Verhalten nichts verstanden."

Damit hatte ich nun endlich den Dreh gefunden, auf den die Geschichte vom Mantel des Elias für diese Veranstaltung hinaus laufen sollte. „Wer einen sterbenden Menschen begleitet, gibt Palliation und erhält zugleich solche Palliation selbst. Der Zusammenhang zwischen Palliativmedizin oder Palliativpflege einerseits und der Geschichte vom Mantel des Elias andererseits ist zunächst in der Sprache gegeben. Die so genannte Palliativmedizin hat sich diesen Namen gegeben, weil sie von dem Mantel (lat.: pallium) sprechen und mit diesem handeln möchte, der sich schützend um die Schultern des Schwachen und Frierenden legt, mit dem man die Bedrohlichkeit des Todesflusses bändigen kann, und der Geborgenheit bietet. Ohne dieses ‚Pallium' würden wir alle im Todesfluss ertrinken oder von seinen Fluten hinweg gerissen, ohne wirklich am anderen Ufer anzulanden. Palliation, Geborgenheit, Wärme, Schutz können aktive Sterbehilfe, Tötung auf Verlangen usw. nicht leisten. Das wäre, wie wenn Elisäus seinen Meister, der ja den Sterbewunsch hegte, in den Jordan gestoßen hätte. Dann wäre es nicht zu den Schlägen auf den Totenfluss und nicht zur Rettung des Mantels der Palliation für die Lebenden gekommen. Aktive Sterbehilfe entzieht nicht nur dem Menschen den Mantel, sie entzieht dem Mantel sogar den Menschen; denn sie überlässt ihn letztlich den Fluten. Sie vermeidet die Arme eines liebenden Vaters oder einer liebenden Mutter, vermeidet die Wärme eines Mantels." „Übrigens", ergänzte ich wegen meiner ständigen Begeisterung an philologischen Spitzfindigkeiten, „ist Hilfe im deutschen Wortschatz sprachverwandt mit dem Wort ‚hehlen'. Begleitung dagegen ist vor allem verwandt mit dem ‚Geleiten' bis zu jener Grenze, jenseits derer gegebenenfalls sogar ein feuriger Wagen auf den Sterbenden wartet, um ihn in die andere Welt zu entführen."

Eigentlich glaubte ich, damit meinen Interpretationsversuch beenden zu können und hoffte nun auf Reaktionen, die verdeutlichen würden, dass das Verständnis von palliativ-hospizlicher Sorge vertieft werden konnte.

Aber das letzte Wort behielt ich nicht. Vielmehr blieb es einer Teilnehmerin überlassen, die Quintessenz zu ziehen. „Im Gegensatz zu Elisäus sollten ja wohl wir die Grenze der Integrität unserer schwerkranken Patienten beachten und uns nicht einmischen in ihren Hinübergang. Könnte das tatsächlich ‚Palliation' bedeuten, dass sie der Mantel in der Hand des Gehenden ist, mit dem er sich den Weg durch den Todesfluss bahnt; und dass sie gleichzeitig der Mantel in unserer Hand ist, der uns von den Verstorbenen, die wir begleiten durften, anvertraut wurde, um immer wieder den Weg zu den Lebenden zurück zu gewinnen?"

Noch klarer erlebten es die alten Griechen durch ihre Verehrung der Göttin „Merimna", einer vergöttlichten „Sorge", welcher die Menschen gehören, so lange sie leben – danach gehören sie wieder mit ihrer Seele Zeus und mit ihrem Leib dem Tellus, der Erde. Der Göttin „Sorge" entkommen wir nicht; sie ist ein Existential, ein unverzichtbarer Baustein für gelingendes menschliches Leben; ihr können wir dienen und Opfer bringen.

In Australien lebt der Feuerkäfer „Merimna atrata", der bei guter Beobachtung die Menschen vor Waldbränden warnt, weil er die Waldbrände zu seiner eigenen Versorgung und zur Eiablagerung braucht; denn er nimmt auf große Entfernung bereits kleinste Temperaturerhöhungen wahr.

Im ersten Petrusbrief werden wir aufgefordert, all unsere Sorgen auf Gott zu werfen (1Petr 5,7); denn sie lassen uns nicht schlafen und wir versuchen sie zu vertreiben. Aber „Merimna" bleibt, wenn wir die Göttin in uns bewahren, auf die wir ja die Alltagssorgen geworfen haben. Im Matthäusevangelium heißt es: „Darum sage ich euch: Sorget nicht für euer Leben, was ihr essen und trinken werdet, auch nicht für euren Leib, was ihr anziehen werdet. Ist nicht das Leben mehr denn Speise? Und der Leib mehr denn die Kleidung? Sehet die Vögel unter dem Himmel an: Sie säen nicht, sie ernten nicht, sie sammeln nicht in die Scheunen; und euer himmlischer Vater nährt sie doch. Seid ihr denn nicht viel mehr denn sie?" (6,25-26)

Der Hospizgedanke besagt genau dies: Niemand soll sein Leben „verlieren", sondern lebendig vollenden können. Denn Sterben ist nicht Niederlage, sondern Teil des Lebens; wir kämpfen nicht mehr gegen den so genannten Tod, sondern „sorgen uns" um die Lebenssättigung der Kranken und Sterbenden.

Eines Tages besuchte ich ein lebensverkürzend erkranktes Kind. Und indem ich in sein Zimmer kam, drehte es sich von mir weg, antwortete nicht auf meine vielen Ansprachen, würdigte mich keines Blickes. Hätte ich gewusst, dass dies Kind auf dem Weg war, zu vereinsamen, seinen Halt im Leben zu verlieren, weil es von vielen bereits enttäuscht wurde und nun auch erwartete, von mir enttäuscht zu werden, ich hätte vermutlich meine Aktivitäten erhöht, auf es eingeredet, ihm Angebote gemacht usw. Hätte ich jedoch gewusst oder hätte ich erspüren können, dass dieses Kind sich auf dem Weg zu einer inneren Einsamkeit mit sich, seinem Schicksal, seinem Gott befand, wo es wieder hätte „eins-werden" können, wo es sich still zu Hause hätte fühlen dürfen, ich hätte vermutlich oder hoffentlich den Mund gehalten, vielleicht sogar still den Raum verlassen, keine Angebote gemacht, vielleicht auch nur still die Situation „ertragen". Dies Letztere wäre die schwerere Aufgabe gewesen als der gelernte und vielfach geübte Aktionismus.

In der griechischen Mythologie gibt es wiederum eine Göttin: „elpis = Hoffnung". Bei der Öffnung der Büchse der Pandora, aus der alle Übel der Welt strömten, blieb diese „elpis" in der Büchse zurück. „Elpis" ist vorplatonisch nur als Voraussage, Meinung über die Zukunft verstanden. Bei Platon und Sokrates wird sie aber zur Sehnsucht nach der Befreiung (von) der Welt, zu einem Streben nach der wahren, der eigentlichen, jenseitig gedachten Wirklichkeit. Damit wird „elpis" zur vertrauensvollen Erwartung eines versöhnten Lebens nach dem zeitlichen Tode. Und so ist denn „Elpis" eine Partnerin leidvoller „Sorge", sorgender „Merimna".

Hoffnung gibt es also in den Formen einer konkreten Person, als „elpis" und als Messias, mit dem wir sprechen, ihm unsere Wünsche äußern können, als Projektion unserer Sehnsüchte und des Endes aller Trübsal; dann erscheint Hoffnung als vertrauensvolle Erwartung mit konkreten Zielen auf etwas oder jemanden gerichtet, also objektbezogen; dann als Haltung ohne konkretes Ziel, als Ausdruck der Frömmigkeit, mit erheblicher Dauerhaftigkeit und bei allen vielleicht zerstörerischen Enttäuschungen, eine Hoffnung also, wie sie sich in der Gestalt des Hiob verdichtet, den weder eigene Krankheit noch Verlust aller Lebensinhalte, Verlust des Reichtums und Verlust der geliebten

Kinder von der hoffenden Grundhaltung abbringen können; und dann als Spannungsfeld zwischen dem Schon-Jetzt und dem Noch-Nicht, wo das Gewünschte, alles Erhoffte, die Erlösung schon gegenwärtig, real, sicher und zugleich eben noch nicht sind.

Der im Lassen geliebte Mensch ist wesentlich ein hoffender, sicher befreit von Schuld und sicher der Erlösung, der Gerechtsprechung am Ende der Tage. Mit dieser Haltung unterscheidet er sich vom Tier, welches ja lediglich erwarten bzw. begehren kann.

Ein sterbendes Kind erwartet vielleicht, dass die Eltern eine Heilung und nicht den Tod erwarten, und also erwartet es, dass die Eltern bei ihm ein Nichtverstehen ihrer Erwartungen erwartet; so leben sie denn die Unheilbarkeit aneinander vorbei. Erwartungen sind diffus, können immer enttäuscht werden, sind wertneutral. Auf der Hoffnungsebene finden die Menschen wieder zueinander.

Gehen wir also auf die Suche nach der göttlichen „Sorge“, dem Leid, der Einsamkeit, der einen Angst, den abschiedlichen Trennungen und der Hoffnung! Verabschieden wir uns von der Fixiertheit auf die Alltagssorgen, auf die verschiedenen Leiden, auf die zugefügten Vereinsamungen, auf die verursachten Ängste, auf die bevorstehenden Verluste und die vielen Erwartungen. Oder besser gesagt: Angenommen, es würde eines Nachts ein Wunder geschehen, und alle Probleme wären gelöst. Was, glauben Sie, werden Sie am anderen Morgen anders wahrnehmen, so dass Sie merken, dass ein Wunder geschehen ist? Lasst uns den Mantel nehmen, mit dem wir den Todesfluss schlagen, damit er uns trockenen Fußes hinüberlässt!

Meiner geliebten Frau waren die „Ideale“ des Sterbens klar; und also glaubte ich für sie zu wissen, welchen Mantel sie beim Sterben brauchen, mit welchem sie den Grenzfluss des Sterbens bezwingen würde:

- unverzögert = ohne sinnlose „Sterbensverlängerung“
- unbeschleunigt = ohne aktive Sterbeendigung

- persönlich = nicht fremd geleitet, also auch von und bei mir
- schmerz- und symptomkontrolliert
- persönlich begleitet = mit der ihr vertrauten Musik und ihren Gedichten
- spirituell angenommen = im Vertrauen auf den Menschgewordenen und ebenfalls
- durch den leiblichen Tod gegangenen Gott
- frei von Schuld und Verdammnis = im Wissen um die sofortige Erlösung
- losgelassen, aber nicht vereinsamt
- einsam, aber nicht allein
- still, aber nicht ansprachlos = sie hatte die Sprache verloren, aber sie lechzte nach
- dem Angesprochensein durch ihren Partner, durch Pflegende und durch Gott
- angstfrei, aber nicht ohne (Ehr)Furcht
- andere Menschen nicht belastend = ich hoffe, dass sie gespürt hat, dass ihr Sterben mich trotz der Dauer nicht belastete, und dass ein Anderer sich nun um jene „sorgt", denen ihre Liebe gegolten hatte
- die eigene Biographie schließend
- sozial integriert = auch im Sterben Teil einer Gemeinschaft; deshalb lebte sie die letzten Jahre im früheren Wohnzimmer und von diesem ging eine Rampe in den Wintergarten, wo sich zumeist die Gäste aufhielten, und

- lebenssatt.

Meine über 15 Jahre anhaltende Merimna habe ich nun an jenen Gott weitergeleitet, der versprochen hat, unsere Sorgen, sowohl die meiner geliebten Frau, als auch meine eigenen, auf sich zu nehmen. Ich weiß, dass der menschgewordene und durch den leiblichen Tod hindurch gegangene Gott nun *für* sie sorgt, sich *um* sie (und mich) kümmert, mit „Bedacht" und „Ehrgeiz" die zeitlose Zukunft in seine Hände nimmt, unsere bangen Erwartungen in Hoffnung verkehrt, meinem Grübeln, Spekulieren und Forschen nochmals Sinn verleiht. Ohne seine Menschwerdung und seine Überwindung des zweiten, geistigen, vernichtzenden Todes durch das Hindurcherleben des ersten, leiblichen Sterbens müssten wir in den Sorgen des Wofür? Worum? Wonach? Wovor? und Worüber? stecken bleiben. Er sorgt dafür, dass wir uns tatsächlich im Zeit-Raum-Und-Materie-Losen spiegelbildlich wiedersehen werden.

Dank sei ihm dafür, jetzt und immerdar!

Nachspiel in Gedichtform

Im Jahre 2014 ist im Steinmann-Verlag unter dem Titel „Schwere-Stunden-Poesie“ ein Buch mit Gedichten von mir selbst und „Lautlosen Gedichten“ meiner damals bereits schwerkranken und „kommunikationslos“ gewordenen Frau erschienen. Vielleicht wäre es deshalb sinnvoll, dieses Buch ebenfalls mit einigen Gedichten zu beschließen. Es mag Leserinnen und Leser geben, denen die Gedichtform das auf vielen Seiten Gesagte noch besser erschließen kann. Denn ein Gedicht ist ja „verdichteter“ Text.

Geliebte, wann bauen wir das Floß,

zu fahren über den Regenflüssen

den Himmel hinab?

Wo finden wir die Stämme genügend groß,

wenn wir hinüber müssen?

Wie tief reicht das Wasser in unserem Grab?

Nur schwere Stämme können uns tragen

hinüber über den Strom des Vergessens.

Lass es uns trotzdem wagen;

wir sind mutig genug und vermessen.

———

Vor einem Jahr gingst Du nach Hause,

das Nichts ist so leer, welches Dein Tod hinterließ.

Nun suche ich, das Nichts wieder zu füllen,

das Nichts ist so leer, welches dein Tod hinterließ;

immer wieder fällt, was ich hineintue, ins Leere.

Dann merke ich, dass das Nichts ja ein Nichts von Dir ist,

das Nichts ist so leer, welches Dein Tod hinterließ.

Nun füllst Du Dein Nichts mit Dir gänzlich aus.

Du bist in ein anderes Zuhause gegangen;

das Nichts ist so leer.

Wo bist du, Geliebte?

Das Nichts ist so leer.

Ich suche Dich in meinem Zuhause;

ich suche dich an deinem Grab, doch

das Nichts ist so leer!

Wenigstens ist das Nichts ein Nichts von Dir.

Meine Tote steht ganz stumm

am Bahnsteig der Vergangenheit.

Der Zug fährt weiter durch die Zeit,

und ich weiß nicht, warum.

Was redest du, es mache Sinn,

das Weiterleben?

Die Tote schaut ins Sonstwohin,

und ich ins Gottergeben.

Was soll die Fahrt ins Nirgendwo?

Gibt's dort ein Wiedersehen?

Der Bahnhof fährt dem Zug voran

und bleibt nur für den Ausstieg stehen.

Die Tote wartet aber an der Endstation,

die's gar nicht gibt.

Sie ist vermutlich doch nur Illusion,

Baustein nur für's Manuskript.

Der Fahrtwind kreischt im Dauerton.

Meine Tote füllt das Vakuum

im leeren Zugabteil.

Der Zug fährt schnell und viel zu weit,

und ich weiß nicht, warum.

———

Gegenrede

mit zwanzig verliebte ich mich

ohne Zwang

dann kamen die Kinder

erwünscht

wir haben studiert

erfolgreich

wir lebten unsere Unternehmungslust

bis in die Siebziger unseres Lebens

als wir mit achtzig noch einmal zu leben versuchten

blieben wir zusammen

und sagten Ja zu Anstand und Treue

als wir mit neunzig verbraucht und enttäuscht waren

haben wir ein ruhiges Bett

auf dem Friedhof gefunden

liebe Gemeinde

ihr bejaht zu wenig

ihr horcht zu wenig

ihr lebt zu wenig

Du

Noch spür ich deinen Atem auf den Wangen,

den tiefen Schnauferl, als du gingst.

Mit einem letzten Blick hast du mich eingefangen,

als meine Schwäche, mein Versagen du einfingst.

Die linke Hand hielt dein ganz müd gewordnes Haupt,

die rechte stützte dir den wunden Rücken.

So hat der Tod dich mir geraubt.

Der Kampf um Unverbrüchlichkeit, er musste ja missglücken.

Noch streichelt sanft dein Atemzug mir das Gesicht,

über deine Lippen schlich kein Seufzer mehr.

Nach sehr viel Tagen schreib ich dies Gedicht.

So endet all mein Mühn, stirbt auch die Gegenwehr.

Wer bin ich

Da Gott mich anders wollt,

als ich geworden bin,

erlaub ich mir, mit ihm zu hadern.

Ich hab ihm darob niemals Lob gezollt,

fand meinen Weg allein, wohin

das Herzblut fließt durch Zornesadern.

Hätt Gott mich wirklich einst gewollt,

so wie ich wurd,

warum erhielt ich diesen Wirrwar von Talenten?

Er hätte mich beteiligen gesollt;

doch letztlich blieb ich irgendwie absurd

versperrt zu den von ihm gewollten Dolcefarnienten.

Ich sprach mit ihm, und kleinlaut gab er zu,

dass ich nicht so geworden,

wär'n wir seit Anfang schon ein Team

gewesen vor seiner Sonntagsruh

hier in Europas kaltem Norden.

Ertappt

Immer öfter ertappe ich mich dabei,

nach durchweinter Nacht

morgens zu hoffen,

tot aufzuwachen.

Und bin dann tatsächlich so frei,

weil niemand mit mir lacht,

starrköpfig darauf zu pochen,

wenigstens mit mir selbst darüber zu lachen.

Das Ende

Meine Ruh ist hin, mein Herz ist schwer,

ich zittere und warte.

Die Sonn geht unter, der Mond versinkt im Meer,

Und ich sitze, schreibe, warte.

In fernen Landen stirbt ein Freund;

den Abschiedsbesuch bei ihm hab ich versäumt.

Neben mir siecht meine Liebe;

der Abschiedsschmerz wirft Sand mir ins Getriebe.

Und mir fällt wenig Bessres ein,

als zittern, warten, schreiben.

Es wird doch nicht das Letzte sein,

was mir Erleichtrung gibt im Leiden!

Meine Ruh ist hin, mein Herz stockt sein sonores Pochen,

hab mich ins Schreiben, Warten, Zittern wohl verkrochen.

Ich schau der Sonne und dem Mond beim Sinken zu.

Mein Herz ist schwer, gibt keine Kraft, gibt keine Ruh.

Wenn mir die Liebsten sterben,

und Mond und Sonn verderben,

dann wird das Herz mir schwer,

dann ist die Ruhe hin.

Schreiben, Warten, Zittern vor mich her,

ergeben nun wohl kaum noch einen Sinn.

Meine Ruh ist hin, mein Herz ist schwer,

ich zittere und warte.

Die Sonn geht unter, der Mond versinkt im Meer,

Und ich sitze, schreibe, warte.

Anmerkungen

1) Vgl. zum Begriff: Max Stirner, Der Einzige und sein Eigentum. Reclam: Leipzig 1892. Vgl. Martin Buber, „Der Einzige" und „der Einzelne". In: Synthese. Maandblad voor get geestesleven van onzen tijd. Vol. 1, Nr. 10, 1936, 300-308.

2) Wladimir Solowjew, Übermensch und Antichrist. Über das Ende der Weltgeschichte. Herder: Freiburg 1958.

3) Vgl. Theodor Schwegler, Die biblische Urgeschichte. Pustet: München 1962,67.

4) Joachim Gnilka, Das Matthäusevangelium. Herder: Freiburg 1986,439.

5) Vgl. (in leicht abgewandelter Form) Franco Rest, Trotzdemgesänge. Leidgeprüfte Lieder. deutscher-lyrik-verlag: Aachen 2010,43).

6) Vgl. zu all diesen Überlegungen Joachim Gnilka, Bibel und Koran. Was sie verbindet, was sie trennt. Herder: Freiburg / Br. 2005.

7) Petrus Abaelardus, Theologia summi boni: tractatus de unitate et trinitate divina (lat.-dt.). Hg. Ursula Niggli. Meiner: Hamburg 1997. Zu seiner Bedeutung im Religionsdialog vgl.: Dialogus inter philosophum, iudaeum et christianum.

8) Michael Krupp, Den Sohn opfern? Die Isaak-Überlieferung bei Juden, Christen und Muslimen. Gütersloh 1995

9) Elie Wiesel, Ani maamin, ein verlorener und wiederaufgefundener Gesang. In: Ders., Jude heute. Wien 1987, 217 ff.

10) Vgl. Franco Rest, Ach Rodrigo, unheiliger Vater. Ein Brief an Papst Alexander VI. In: Raul Niemann (Hg.), Auch du, Brutus? Briefe an Mörder. Gütersloh 1992, 47 ff.

11) Ausdrücklich billigt das Neue Testament sogar diese Handlung oder verurteilt sie doch wenigstens nicht (Hebr 11,32).

12) Martin Buber, Reden über Erziehung. Lambert Schneider: Heidelberg 1962,36.

13) Vgl. den Columba-Altar, von 1455 in der Alten Pinakothek, München.

14) Alle Zitate aus: Hans Jonas, Der Gottesbegriff nach Auschwitz. Frankfurt - Baden-Baden 1987, 25 ff.

15) Vgl. Virginia R. Mollenkott, Gott eine Frau? Vergessene Gottesbilder der Bibel. München 1984, 94-98

16) Vgl. das Fehlen von Besinnungen zu Schifra und Pua (Ex 1), Elija und Elisäus (2 Kö 2) oder Tabea und Petrus (Apg 9). F. Rest, Sterbebegleitung statt Sterbehilfe. Freiburg/Br. 1997, 27 ff.

17) Spätestens seit 1999 haben sich diesbezüglich der Lutherische Weltbund und die Katholische Kirche darauf verständigt, dass die Rechtfertigung, also der Gerechtsprechung auch und gerade des Sünders durch eine „gratia gratis data“ keine Frage mehr des Streites, sondern der Gemeinsamkeit in der Seelsorge ist. „Durch die gerechte Tat Christi wird es >für alle Menschen zur Gerechtsprechung kommen, die Leben gibt< (Röm 5,18)“.

18) Vgl. Dr. Arnold Mettnitzer: „felix culpa“ – Schuld als Chance in Seelsorge und Psychotherapie (Vortrag 6.11.2004).

19) Hermann Faber, Sünde und Schuld – seelsorgerisch. In: Religion in Geschichte und Gegenwart Bd. 5 (1931), 902. Auf die weitere Problematik des

„per Christum" und „propter Christum" kann hier nicht näher eingegangen werden.

20) K. Rahner, Selige Resignation. In: Wird es denn überhaupt gehen? Beiträge f. W. Dirks. München-Mainz 1980, 252 ff.

21) M. Hausmann, Gebet um Verzweiflung. In: H. Giesen **u.a.** (Hg.), Der mündige Christ. Stuttgart 1960, 298-299.

22) Stefan Zweig, Triumph und Tragik des Erasmus von Rotterdam. S. Fischer: Frankfurt 1981 (1938), 103.

23) „... Die Härte der Bulle hat alle anständigen Leute beleidigt, da sie der Milde des Heiligen Vaters völlig unwürdig ist. – Von allen Universitäten haben nur zwei Luther verdammt, und diese haben ihn nicht widerlegt ... Das Beste auch für den Papst wäre, die Sache durch angesehene und unverdächtige Richter beilegen zu lassen ... Die Welt dürstet nach dem wahren Evangelium, und der ganze Zug der Zeit geht dahin, dem soll man sich nicht auf so gehässige Weise entgegensetzen." Vgl. Max Richter, Desiderius Erasmus und seine Stellung zu Luther auf Grund ihrer Schriften. Salzwasser: Paderborn 2012 (1907), 21.

24) „De libero arbitrio", vom freien Willen handelt die entscheidende Schrift, die Erasmus sich widerstrebend gezwungen sah, gegen Luther zu veröffentlichen.

25) Ein Zitat: *„Unter den vielen Schwierigkeiten, die einem in der Heiligen Schrift begegnen, ist kaum ein so unergründlicher Irrgarten wie der vom freien Willen. Vor kurzem wurde dieser Gegenstand wieder hervorgeholt von Martin Luther. Alles, was Menschen tun – und seien sie noch so fromm – wäre Sünde, die ewige Verdammnis eintrüge, wenn nicht der Glaube und Gottes Barmherzigkeit sich ins Mittel legte."*

26) Luther versteigt sich sogar zur Blasphemie mit den Worten: „Wenn ich bete, geheiligt werde dein Name, so fluche ich wider Erasmus und alle Ketzer, die Gott lästern und schänden".

27) Erstmalig deutete Luther bereits im Dezember 1518 in einem Brief an Johannes Lang (Erfurt) an, dass er den Papst für den Antichristen halte. Im Juni 1520 schrieb er dann öffentlich: „Wenn wir die Diebe mit dem Galgen, die Räuber mit dem Schwert, die Häretiker mit dem Feuer strafen, warum greifen wir nicht viel mehr diese Magister des Verderbens, diese Kardinäle, diese Päpste und diese ganze Dreckansammlung des römischen Sodom, die die Kirche Gottes ohne Ende zerstört, mit allen Waffen an und waschen unsere Hände in ihrem Blut, so wie wir uns und die unsern von einem allgemeinen und für alle höchst gefährlichen Brand befreien?" Vielleicht stammen diese Worte allerdings nicht von Luther, sondern von Melanchthon; aber das mildert nicht ihre Wirkung.

28) Vgl. dazu u.a. Otto Hermann Pesch, Luther und der Papst. Die Geschichte der Trennung und die ökumenischen Chancen der Gegenwart. In: Christ in der Gegenwart, 2. Juli 2017.

29) Zulassung aller zum jeweiligen „Herrenmahl" ist (noch) nicht „Mahlgemeinschaft", wäre aber ein wichtiger Schritt in diese Richtung.

30) Vgl. dazu seine pansophischen und panpädagogischen Schriften.

31) Anna KAMIENSKA, Die Lüge des Doktor Korczak. In: J. KORCZAK, Von Kindern und anderen Vorbildern. Gütersloh 1979, 10.

32) Zum Verhältnis von Halten und Lassen in der Liebe vgl.: Martin BUBER, Urdistanz und Beziehung. Heidelberg 1960; Franco REST, Das Damascus der Liebenden. In: Ders., Kehrtwendung im Menschenleben. Freiburg/Br. 1990, 67 ff.

33) Igor NEVERLY, Zeittafel. In: J. KORCZAK, Wie man ein Kind lieben soll. Göttingen 1967, 300.

34) Vgl. Friedrich HUSEMANN, Vom Bild und Sinn des Todes. Stuttgart 1979, 153. Vgl. auch Franco REST, Sterbebeistand - Sterbebegleitung - Sterbegeleit. Stuttgart 1989, 73 ff.

35) Igor NEVERLY, Einleitung. In: WL, a.a.O., XXIII.

36) Franz ROSENZWEIG, Der Stern der Erlösung. (1921/1930) Haag 1976, 3-5.

37) Ebd. 472.

38) Vgl. seinen Brief vom 11. 11. 1916.

39) Helma HOPFER, Leben und Wer des Janusz Korczak. In: J.K., Die Kinder zuerst. Berlin 1982, 163; in vielen Quellen wiederholt.

40) Elisabeth KÜBLER-ROSS, Leben bis wir Abschied nehmen. Stuttgart 1980, 18. Mit dem Hinweis ist keine "Qualitätsaussage" über ihre Schriften verbunden.

41) Vgl. dazu G. HERRMANN / K.v. LÜPKE (Hg.), Lebensrecht und Menschenwürde. Behinderung, Eugenische Indikation und Gentechnologie. Essen 1991.

42) Franco REST, Pädagogik des Todes - Hilfe zum Sterben. In: Theorie und Praxis der sozialen Arbeit 25, 1974, 422-432.

43) Ebd. 424/425.

44) Zur Geschichte der Sterbe- und Sterbebeistandsforschung vgl. J.HOWE / r. OCHSMANN (Hg.), Tod Sterben Trauer, Frankfurt/M. 1984; F. REST, Sterbebeistand – Sterbebegleitung – Sterbegeleit. Stuttgart 1991 (2. Aufl.)

45) Vgl. zum Korczak-Forschungs-Stand F. BEINER (Hg.), Korczak-Forschung und -Rezeption 1984. Zweites Wuppertaler Korczak-Kolloquium. Wuppertal 1984; weitere Literatur beim Wuppertaler Korczak-Archiv.

46) Wie man ein Kind lieben, verstehen und achten soll. In: Ders., Janusz Korczak - Zeugnisse einer lebendigen Pädagogik. Heinsberg 1982, 20-29; E. LAX / h. KIRCHHOFF / F. BEINER, Die Rechte des Kindes im Spiegel der Kinderbücher Korczaks. In: Ebd., 100-125.

47) Vgl. zu all diesen Stichworten meine Bücher z.B. Praktische Orthothanasie (Sterbebeistand) im Arbeitsfeld sozialer Praxis. 2 Bde. Opladen 1977/78; Den Sterbenden beistehen – Ein Wegweiser für die Lebenden. Heidelberg 1991 (3.Aufl.); Sterbebeistand – Sterbebegleitung – Sterbegeleit (Studienbuch Krankenpflege). Stuttgart 1991 (2. Aufl).

48) Vgl. die unmittelbar pädagogischen Besinnungen Franco REST, Kehrtwendung im Menschenleben. Freiburg/Br. 1990; Ders., Jenseits von Waldorf und Wassermann – Beiträge zur praktischen Anthropologie. Dortmund 1987.

49) Vgl. Abraham MASLOW, Motivation and Personality. New York 1954.

50) Vgl. dazu Franco REST, Tötungsethik – eine nachmilitärische Sozialstrategie? In: SAFE – Sicherheit-Abrüstung-Frieden-Entwicklung. Berlin 1990, 212-230. Der genannte Diskriminierer ist Georg MEGGLE, Bemerkungen zur Singer-Affäre. In: SEMIT, 3, 1990, 33 ff.

51) So lautet eine provokante Zwischenthese in meinen Schriften z.B. F. REST, Sterbeerziehung: Hilfe zum Leben. In: päd.extra Sozialarbeit 3, 1979, 34.

52) Helma HOPFER, a.a.O., 129.

53 Vgl. Franco REST, Den Sterbenden beistehen, a.a.O., 133.

54) Karl RAHNER, Selige Resignation. In: F. BOLL/M. LINZ/T. SEITERICH, Wird es denn überhaupt gehen? Beiträge für W. DIRKS. München-Mainz 1980 252-254.

55) Erich DAUZENROTH, zitiert nach Werner LICHARZ, Janusz Korczak : Pole, Jude, Vorbild der Menschheit. In: W. LICHARZ (Hg.), Janusz Korczak in seiner und in unserer Zeit. Frankfurt/M. 1981, 9.

56 Vgl. zur Frage des Tötens aus Mitleid: Klaus DÖRNER, Tödliches Mitleid. Zur Frage der Unerträglichkeit des Lebens. Gütersloh 1988. Vgl. auch Franco REST, Das kontrollierte Töten – Lebensethik gegen Euthanasie und Eugenik. Gütersloh 1992.

57) Hanna MORTKOWICZ-OLCZAKOWA, zitiert nach Janusz TARNOWSKI, Janusz Korczak: Sein Leben und seine Aktualität. In: W. LICHARZ, a.a.O., 22.

Literatur des Verfassers

Es werden einige der wichtigsten Veröffentlichungen genannt, in denen die in diesem Buch ausgeführten Ideen ausführlicher behandelt werden, und die zugleich Grundlagen meiner Theologie und Philosophie von Leben und Sterben / Tod begründen.

- Pädagogik des Todes – Hilfe zum Sterben. Versuch über Orthothanasie im Arbeitsfeld sozialer und pflegerischer Praxis. In: Theorie und Praxis der sozialen Arbeit 25, 1974, 422-432.

- Wie die Sterblichen ihren Tod gestalten. Soziale Euthanasie und wie man sie überwindet. In: Deutsches Allgemeines Sonntagsblatt (DAS) 4. 11. 1977.

- Praktische Orthothanasie (Sterbebeistand) im Arbeitsfeld sozialer Praxis. Teil 1: Entwicklung von Verhaltensmerkmalen für den Umgang mit Sterbenden auf der Grundlage partizipierender Feldforschung in Einrichtungen der Altenhilfe. Westdeutscher Verlag: Opladen 1977 (Forschungsbericht des Landes NRW 2698) / Teil 2: Dokumentation in- und ausländischer Literatur zur multidisziplinären Auseinandersetzung mit Tod und Sterben unter besonderer Berücksichtigung des Umgangs mit Sterbenden. Westdeutscher Verlag: Opladen 1978 (Forschungsberichte des Landes NRW 2763).

- Den Sterbenden beistehen. Ein Wegweiser für die Lebenden. Quelle & Meyer Verlag: Heidelberg-Wiesbaden 1981 (4. Erweiterte Aufl. 1998).

- Von der „Richtigkeit der Diagnose“ zur „Wahrheit am Krankenbett“. In: Fortschritte der Medizin. Prima folia. 101, 1983, 297-298. 320.

- Das Recht des Kindes auf seinen Tod. Die Bedeutung Janusz KORCZAKs für die Erziehung in der Sterblichkeit. In: F. Beiner (Hrsg.), Zweites Wuppertaler Korczak-Kolloquium 1984. KORCZAK-Forschung und-Rezeption. Universitätsdruck: Wuppertal 1984, 221-236.

- Vom Handeln im Angesicht des Unausweichlichen. Über die Bewältigung des Leids. In: Wege zum Menschen 37, 1985, 281-289.

- Christliches Menschenbild im Gegenüber zur Anthroposophie. Ergänzung oder Widerspruch. In: Christliches und anthroposophisches Menschenbild. Hrsg. v. Kath. Akademie Ludwig Windthorst-Haus. Lingen 1986, 35-58 / Mensch werden – Mensch sein. Wege zu einem gelingenden Leben aus christlicher Sicht. In: Ebd. 77-97 / Waldorf-Erziehung. Gedanken eines Außenseiters. In: Ebd. 98-138.

- Jenseits von Waldorf und Wassermann. Beiträge zur praktischen Anthropologie. Alternativverlag für Literatur u.a. B. Bierhoff: Dortmund 1987.

- Waldorfpädagogik und christliches Menschenbild. Informationen Nr. 104 der Evang. Zentralstelle für Weltanschauungsfragen (EZW). Stuttgart 1987.

- Vom sozialen Ort des Sterbens. Ein Vertrag zwischen einem Schwerkranken und seinem „Freund“. In: Deutsche Krankenpflegezeitschrift 41, 1988, Nr. 1, 38-41.

- Sterbebeistand – Sterbebegleitung – Sterbegeleit. Studienbuch für Krankenpflege, Altenpflege u.a. Kohlhammer-Verlag: Stuttgart 1989 (Handbuch für den stationären und ambulanten Bereich. Als 5. völlig überarbeitete und erweiterte Auflage. Kohlhammer: Stuttgart 2006.

- Damaskus oder der Versuch einer Annäherung an das Jenseits. In: Wege zum Menschen 41, 1989, 344-355 / Wiederabdruck in: Evang. Akademie Baden - Bad Herrenalb (Hg.), Sag mir, wie der Himmel ist. Jenseitsvorstellungen und ihre Kritik. Bad Herrenalb 1990, 7-29.

- Kehrtwendung im Menschenleben – Damaskus-Erlebnisse in Geschichte und Gegenwart. Herder Verlag: Freiburg/Br. 1990 (Herder TB: 1683).

- Es gibt nicht eine Wahrheit im Angesicht des Todes, sondern viele Antlitze der Wahrheit. In: Börsenblatt des Deutschen Buchhandels 30 (10. 3. 1992), 57-68.

- Das Kontrollierte Töten. Lebensethik gegen Euthanasie und Eugenik. Gerd Mohn Verlag: Gütersloh 1992.

- Ach, Rodrigo, unheiliger Vater. Brief an Papst Alexander VI. In: R. Niemann (Hg.), Auch du, Brutus. Briefe an Mörder. Gerd Mohn Verlag: Gütersloh 1992, 47-52.

- Waldorfpädagogik. Anthroposophische Erziehung als Herausforderung an öffentliche und christliche Pädagogik. Matthias Grünewald Verlag: Mainz / Quell-Verlag: Stuttgart 1992.

- Geistige Hintergründe der neuen Euthanasiediskussion in Deutschland. In: Conversation Circle, Palais de l'Europe, Strasbourg (16. Juli 1993), 50-56 / Die Hospizbewegung in Deutschland. In: Ebd., 82-86.

- Bewußt-Sein statt Bewußt-Haben. Zur Kultur der Bewußt-Losen. In: Christel Bienstein / Andreas Fröhlich (Hrsg.), Bewußtlos. Eine Herausforderung für Angehörige, Pflegende und Ärzte. Verlag Selbstbestimmtes Leben: Düsseldorf 1994, 58-63.

- Die Bewußtseine des Menschen und unser Umgang mit Bewußtlosigkeit. In: Evang. Fachverband f. Kranken- und Sozialpflege e.V., Stuttgart/Frankfurt, MITTEILUNGEN (3) 1994, 5-12 / Ethik am Lebensende. In: Ebd. 12-21.

- Menschenbild und Menschenwürde - Grundfragen zum Personbegriff, zur Selbstbestimmung und zur Ethik. Aus der Sicht eines wissenschaftlich fundierten Sollens. In: Ministerium für Arbeit, Gesundheit und Soziales, Düsseldorf (Hg.), Hospizbewegung in Nordrhein-Westfalen. Ethische und philosophische Grundlagen. Düsseldorf/Köln 1994, 45-52.

- Sterbende im Gebet und rituell begleiten. Ein theologisch-seelsorgerisches Nachwort. In: Erhard Domay (Hg.), Wende dich zu mir. Gebete mit Sterbenden. Gütersloher Vlg.: Gütersloh 1995, 109-119.

- Leben und Sterben in Begleitung. Vier Hospize in Nordrhein-Westfalen. Konzepte und Praxis. Gutachten im Anschluß an eine wissenschaftliche Begleitung. (gefördert Stiftung Wohlfahrtspflege in NRW). LIT-Vlg.: Münster/Westf-Hamburg 1995.

- Nirgendwo darf ein Mensch besser oder schlechter sterben als anderswo. Die Hospizidee als Gedanke des Lebens für das Sterben in unserer Zeit. Vortrag auf dem zentralen Hospiztag in Braunschweig. 1. 10. 1994. In: Roswitha Kottnik (Hg.), Dokumentation zum ersten Ökumenischen Hospizkongreß. Stuttgart/Freiburg 1995, 17-32 // Besinnung auf das, was nachher kommt. Materialien zum Verständnis des Todes in der spirituellen Begleitung Sterbender. Ebd. 138-147.

- Personenwürde angesichts des Sterbens oder Heilbehandlung durch Tötung? Zum Standort der Sterbebegleitung. In: Helmut C. Berghaus, Karl-Heinz Napic, Uta Sievert (Hg.), Ekel und Gewalt gegenüber alten Menschen – Sterbehilfe im Alter. (Kuratorium Deutsche Altershilfe: Themen 111) Köln 1995, 6-22.

- Leid und Tod als Grenzerfahrung im Alltag. In: Lebenswege. Werkheft für Familien und Gruppen. Heft 3, 1996, 35-38.

- Sterbebegleitung statt Sterbehilfe. Damit das Leben auch im Sterben lebenswert bleibt. Herder-Verlag: Freiburg/Br. 1997.

- Der tote Mensch als Sache oder als Person. In: Ministerium für Arbeit, Gesundheit und Soziales im Lande NRW (Hg.), Abschied und Verabschiedung von Verstorbenen. Dokumentation eines Werkstattgespräches. Düsseldorf 1997, 34-39.

- Den Sterbenden beistehen. Ein Wegweiser für die Lebenden. Quelle & Meyer Verlag.

- Zur Würde des sterbenden Menschen. In: Neue Ordnung (Hg. Institut für Gesellschaftswissenschaften, Walberberg) 52, 1998, 281-293.

- Hoffnung aus durchlebtem Leid. Hoffnungsimpulse aus Verlust, Anfechtung, Einsamkeit, Krankheit und dem Sterbenlernen. In: Katechetische Blätter (München) 124, 1999, 102-107.

- Forum „Was ist eigentlich Zeit?" In: Jürgen Manemann (Hg.), Befristete Zeit. Jahrbuch Politische Theologie Bd. 3. Münster-Hamburg-London 1999, 6-9.

- Wandelt euch um durch die Erneuerung eures Sinnes. In: „Sinn suchen". Predigten. Dortmunder Hochschulgottesdienste WS 1999/2000 am 14. November 1999. Hg. v. Initiativkreis Hochschulgottesdienst. Selbstverlag 2000, 6-15.

- (mit Walter Rest) Wer seid ihr eigentlich, Christen? Briefwechsel über zwei Jahrtausende mit DIOGNET – zugleich eine Neuerschließung des Glaubensbekenntnisses. LIT-Verlag: Münster-Hamburg-London 2000 (Reihe Philosophie Bd. 38).

- Vorauseilende Trauer beim Einsatz für sterbende Geschwister. Auswirkungen auf die Haltung und das Handeln der Begleitpersonen. In: Wolfgang Holzschuh (Hg.), Geschwister-Trauer. Erfahrungen und Hilfen aus verschiedenen Praxisfeldern. Pustet Verlag: Regensburg 2000, 11-29.

- Können wir aus deutscher Euthanasie-Geschichte lernen? In: Landgericht Essen (Hg.), Aktive Sterbehilfe oder Lebenshilfe für Sterbende. Wohin geht Europa? Essen (Selbstverlag) 2001, 7-12 // Rechtliche Entwicklungen zur aktiven Sterbehilfe in den Niederlanden. In: Landgericht Essen (Hg.), a.a.O. 24-26 // Beiträge von Medizin, Ethik und Recht zur Selbstbestimmung des Menschen im Angesicht des Sterbens unter besonderer Berücksichtigung der Patientenverfügungen. In: Landgericht Essen (Hg.), a.a.0. 32-39 // Ambulante und stationäre Versorgungsmöglichkeiten sterbender Menschen in der Bundesrepublik Deutschland. In: Landgericht Essen (Hg.), a.a.O. 63-69.

- „Tod“ als Konstrukt des lebenden Menschen. Über die spirituelle Sicht des Sterbens. In: Michael Schlagheck (Hg.), Theologie und Psychologie im Dialog über Sterben und Tod. Bonifatius Vlg.: Paderborn 2001, 103-144.

- Zwischen Zeit und Ewigkeit. Vom Umgang mit der Zeit Sterbender und ihrer BegleiterInnen. Hrsg. Diakonisches Werk der Evangelischen Kirche von Westfalen, Hospiztag Westfalen 29. Mai 2001.

- (Herausgeber) Soziale Arbeit im Blick auf die Menschenrechte. Dortmunder Schriften zur sozialen Arbeit. Klartext-Verlag: Essen 2001 // Die Würde des Menschen ist antastbar – vom Ende der Aussonderung der Menschen aus der Schutzwürdigkeit. In: F. Rest (Hg.), Soziale Arbeit im Blick auf die Menschenrechte. Ebd.: 27-44 // „Magna Charta“ der Freiheiten – Grundrechte auch für Alte und Kranke. Ebd.: 127-138.

- Wenn ich dich bitte „Töte mich“, dann rette mich! Der Hospizgedanke als Euthanasieprophylaxe. In: ETHICA – Wissenschaft und Verantwortung 9, 2001, 3, 245-265.

- Hoffnung gegen Hoffnungslosigkeit angesichts der Unausweichlichkeit von Verlust und Trennung. In: R. Bauer-Mehren, K. Kopp-Breinlinger, P. Rechenberg-Winter (Hg.), Kaleidoskop der Trauer. Roderer-Vlg.: Regensburg 2003, 12-35.

- „Palliatives“ Handeln als Baustein der Hospizlichkeit. Eine biblische Besinnung zur Entrückung des Elias. In: OMEGA-Rundbrief 1, 2003, 1-3 // Eine Geschichte vom „Und“. Ebd.: 14-16.

- Gibt es eine Umwandlung vom Leiden zum Leid? - Philosophische Aspekte zur Poesietherapie. In: Gisela Rest-Hartjes, Wörter bauen Brücken. Handbuch zur Poesietherapie. BoD: Norderstedt 2005, 69-77.

- Macht in der Kommunikation mit Krebspatienten. In: Hartmut Reiners / Landesarbeitsgemeinschaft Onkologische Versorgung Brandenburg (Hg.),

Kommunikation und Kooperation in der Onkologie. Reihe: Medizin und Gesellschaft Bd. 11, 73-87.

- Möglichkeiten und Grenzen der Sicherung der Würde unserer Kinder. Die Hospizidee in Deutschland angesichts persönlicher und gesellschaftlicher Herausforderungen. In: Deutscher Kinderhospizverein e.V. (Hg.), Kinderhospizarbeit - Begleitung auf dem Lebensweg. (Schriftenreihe des Deutschen Kinderhospizvereins e.V. Bd. 1) Wuppertal...Hospizverlag 2006, 33-48.

- Die „Würde der Leiche“ ist unantastbar. Aspekte des Zusammenbruchs eines Menschenbildes. In. Liselotte Hermes da Fonseca / Thomas Kliche (Hg.), Verführerische Leichen – verbotener Verfall. „Körperwelten“ als gesellschaftliches Schlüsselereignis. Pabst Science Publishers: Lengerich 2006, 46-64.

- Tötungsheilbehandlung aufgrund mutmaßlicher Zustimmung. In: ETHICA. Wissenschaft und Verantwortung 15, 2007, 3, 281-287.

- Palliative Spiritualität und spirituelle Hospizlichkeit (aus christlicher Sicht). In: ALPHA (Hg.), Hospiz-Dialog NRW 35/2008/April 11-13.

- Ansichten zu Leben und Tod. Gibt es ein Leben nach dem Tode? Der christliche Umgang mit den Sterbenden. In: hortus dialogus. Mitteilungen der buddhistischen Laienbewegung. 12, 2008, 3, 21-27.

- Kinder lassen nicht gleichförmig los. Eine pädagogische Herausforderung an die Hospizarbeit. In: Gesellschaft der Franziskanerinnen zu Olpe – GSO (Hg.), Kinderhospiz Balthasar – 10 Jahre Wesentliches. Olpe 2008, 61-66.

- Trotzdemgesänge. Leidgeprüfte Lieder. Deutscher Lyrik Verlag: Aachen 2010.

- Mit Tränen vertrocknete Brunnen füllen und Scheiterhaufen löschen. In: OMEGA-Rundbrief, Juli 2010, 9-15.

- Ängste und Angst. Ein philosophischer Impuls. In: Hospiz-Dialog Nordrhein-Westfalen. 46, 2011, 12-13.

- Dürfen Menschen sterben, wie sie wollen? – Ethische Grundlagen im Umgang mit Sterbenden und Sterbewilligen. In: Stefan Koch, / Bernd Müller-Senftleben (Hg.), Wirklichkeiten und Visionen in der Onkologie. LIT-Verlag: Berlin 2011, 29-48.

- End-liches Erleben. Leidgeprüfte Gedichte und Geschichten. Künstlerisch begleitet von Angela Schneevoigt-van Dyck. Hospiz-Verlag: Ludwigsburg 2011.

- Philosophie und Poetik mit Kindern und Jugendlichen. In: Deutscher Kinderhospizverein (Hg.), Lebenskünstler und ihre Begleiter. (Schriftenreihe Band 3) der hospiz verlag: Ludwigsburg 2011, 182-202.

- Dennochgesänge. Leidgeprüfte Lieder. Ergänzt um einige lautlose Lieder von Gisela Rest-Hartjes. deutscher lyrik Verlag (dlv): Aachen 2011.

- Spirituelle Verfügungen als positives Handlungsinstrument. In: pflegen : palliativ Heft 15, 18-21 // Spirituelle Verfügung (Text). Ebd.: (Materialpaket zu Heft 15), 18-23.

- Lebenslust und Lebensangst. Erzählungen aus einem Leben mit Sterben und Tod. der-hospiz-verlag: Ludwigsburg 2013.

- Der Schatten, unheimlicher Begleiter. Mehr als ein Märchen: Vor 200 Jahren schrieb Adelbert von Chamisso seine Novellem über „Peter Schlemihl“. In: Die Tagespost, 10. 1. 2013, 10.

- In Gleichzeitigkeit mit Christus leben. Sich mit der eigenen Existenz vor Gott verantworten. Zum 200. Geburtstag des dänischen Philosophen Sören Kierkegaard. In: Die Tagespost (Feuilleton) 4. Mai 2013, S. 10.

- Gottes Plan mit den Menschen. Ein historischer Roman zum Leipziger Religionsgespräch aus dem Jahr 1913. Zur Debatte zwischen Franz Rosenzweig und Eugen Rosenstock – und ihren Wirkungen bis in die Gegenwart. LIT-Verlag: Münster 2013.

- Hundert Jahre Leipziger Nachtgespräch. Philosophie und Religion im Dialog. In: Forschungsinstitut für Philosophie, Hannover 8. Juli 2013: http://philosophie-indebate.de/880/hundert-jahre-leipziger-nachtgesprach-philosophie-und-religion-im-dialog.

- Mit Kindern philosophieren. Geht das und wenn wie? In: http://philosophie-indebate.de/category/schwerpunktbeitrage (28. 10. 2013).

- Sterben ist lebenswert. Theologische und biblische Aspekte eines gemeinsamen Weges. In: Die Neue Ordnung. 68, 2014, 4-18.

- Für das Davor und das Danach. Die Spirituelle Verfügung als Instrument der Lebenssättigung. In: Praxis Palliative Care (Materialheft) 22, 2014, 2-23.

- Christlich sterben – Hospizlich begleiten. In: Katholische Bildung 115, 2014, 348-357.

- Was mir wichtig ist, wenn ich nicht mehr selbst entscheiden kann. – Die spirituelle Verfügung. In: „vorsorgen – verfügen – bevollmächtigen" Jahresheft 6 „Praxis Palliative Care" (Hg. Andreas Heller) 2014, 46-49.

- Edith Stein und Rosa Luxemburg – Frauenleben zwischen Bekenntnis und Hass. In: Katholische Bildung 115, 2014, 481-493.

- Leiden und Leid – von der Knechtschaft zur Freiheit. Über die Semantik von Leid, Leiden und Einsamkeit. In: Praxis Palliative Care 26, 2015, 24-27.

- Mythen der Islam-Freunde. In: Die Neue Ordnung 69, Februar 2015, 55-62.

- Liebe ist Lassen-Können. Vom abschiedlichen Leben: Verlust – Trennung - Hoffnung. In: Katholische Bildung (Sept.) 2015, 345-352.

- (zus. Mit Gisela Rest-Hartjes) Schwere-Stunden-Poesie. Gedichte und Poetik im Angesicht des Todes und anderer Krisen. Steinmann-Verlag: Rosengarten b. Hamburg 2014.

- Ein Kinderspiel: „Wer hat Angst vor dem Islam?" – „Niemand!" – „Aber wenn er kommt?" – „Dann bleiben wir!" Was braucht eine gelingende Integration? In: Katholische Bildung. (Nov.) 117, 2016, 11, 450-464.

- (mit Gisela Rest-Hartjes) Engel trifft man überall. Geschichten und Gedichte von einer anderen Weihnacht. Karin Fischer: Aachen 2016.

- „Ein Gott" ist keine ausreichende Basis für den Religionsdialog. Zur sachlichen Abgrenzung von Islam und Christentum. In: Katholische Bildung 118, 2017,49-56.

- Die zwei Nobelpreisträger vor 100 Jahren. Warum man Rolland und von Heidenstam noch lesen kann. In: Literatur und Kritik. (Otto Müller, Salzburg) 511, 2016, 54-62.

- Geliebt – Beweint – Erlöst. Vermischte Brosamen zur Zeit. Selbstverlag: Dortmund 2017.

- Die andere Waldpädagogik. Eine Hommage an Henry David Thoreu und Emil Adolf Roßmäßler. In: Die Freilerner. Zschr. f. selbstbestimmtes Leben und Lernen 75, 2017, 46-48

- ... und in schlechten Tagen ... Letzte Brosamen vom Tisch eines ehelichen Lebens. Selbstverlag: Dortmund 2017.

- Gefährdet das Sozialisationsdenken die Würde unserer Kinder? In: Katholische Bildung 119, 2018, 13-23.

- Die Würde unserer Kinder ist eben doch antastbar. Gedanken zu einer subjektbezogenen Sozialisation schwerkranker Kinder. In: Edith Droste (Hg.), ... die zweite Geige spielen, damit der Solist sich entfalten kann.

Subjektorientierung und gelingende Kommunikation. Hospiz-Verlag: Esslingen 2018, 193-208.